高度重视 精心谋划

财政部作为全国会计工作的主管部门，历来高度重视会计人才建设工作，始终将会计人才摆在推动会计行业发展的重要位置，在我国经济社会建设的不同时期，特别是改革开放以来，制定并实施了一系列重大会计人才政策，为国家经济建设和会计行业发展培养和集聚了宏大的会计人才队伍。

财政部党组书记、部长谢旭人听取会计人才建设工作汇报

财政部党组副书记、副部长廖晓军与会计领军（后备）人才座谈

财政部党组成员、副部长、中国注册会计师协会会长李勇调研注册会计师行业人才工作

财政部党组成员、副部长王军主持研究制定会计行业中长期人才发展规划

中国会计学会会长金莲淑主持召开会计学会常务理事会会议

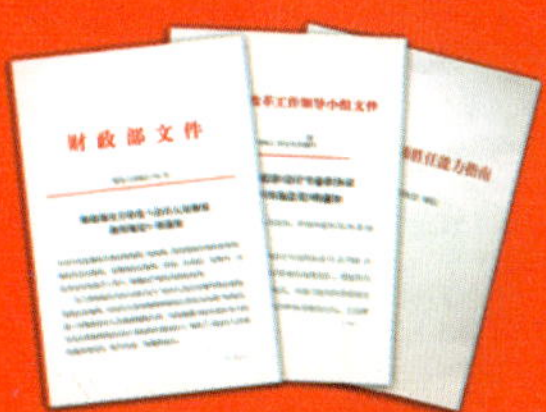

财政部文件

中华人民共和国会计法

中华人民共和国注册会计师法

会计人才制度建设是推动会计人才工作的重要前提和基础

会计人才管理格局

- 财政部
  - 会计司
    - 中国会计学会
  - 中国注册会计师协会
  - 会计资格评价中心
  - 国家会计学院

会计从业人员管理

积极适应经济社会发展需求，会计从业人员队伍得到稳步增长，会计从业人员素质得到显著提升，会计从业人员结构得到明显优化，会计从业人员成长成才环境得到持续改善。

截至2010年底，全国共有近1400万人通过会计从业资格考试。图为会计司司长杨敏巡视考试情况。

截至目前，全国28个省级单位实施了会计从业资格无纸化考试。

全国已经基本完成了省级会计人员管理信息系统建设。

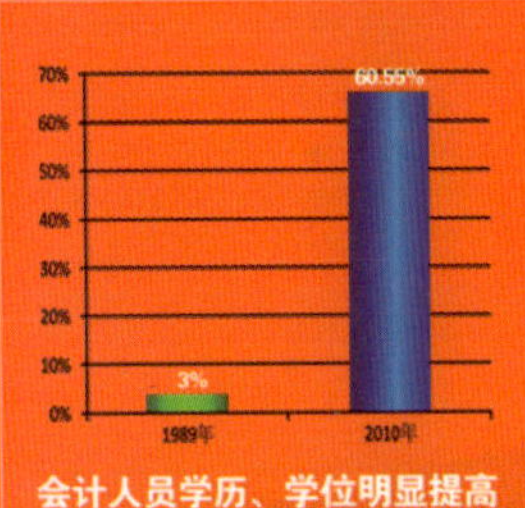

会计人员学历、学位明显提高

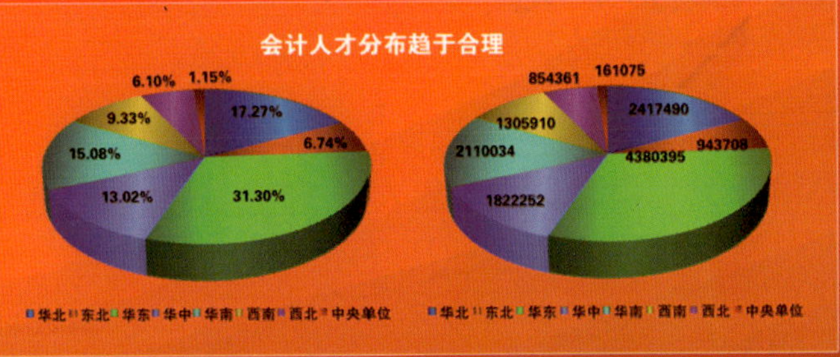

会计人才分布趋于合理

财政部先后6次开展了全国范围的先进会计工作者评选表彰活动，有20位全国先进会计工作者被授予全国“五一劳动奖章”。

首批50名全国会计领军人才经过6年时间的培养，顺利毕业。

会计人才评价

2001年专门成立了全国会计考办和财政部会计资格评价中心，二者相互配合、各司其职，形成了财政部门组织考试、人事部门监督指导的会计专业技术资格考试管理格局。

为加强全国会计资格考试和会计人才评价工作管理，2001年经中编办批准，部党组决定成立会计资格评价中心。

领导十分重视全国会计资格考试工作。图为会计资格评价中心主任肖书胜巡视考试情况。

1992年会计资格考试制度实施以来，2733万人报考初、中级会计资格。此图为考试报名现场

全国会计专业技术资格考试已全面实现了网上报名、网上编排考场、网上打印准考证、网上评卷、网上公布成绩、网上证书查询，使考试管理科学化精细化水平上了新台阶。

会计资格评价中心推出会计资格考试（初、中级）年度“金银榜”发布制度。截至2011年7月底，共计推出金银榜考生8267人。2011年，会计资格评价中心启动“优秀考生跟踪评价计划”，帮助加入该计划的会计人员持续提升专业胜任能力。

全国会计专业技术资格考试1992–2011年总合格人数统计表（单位：万人）

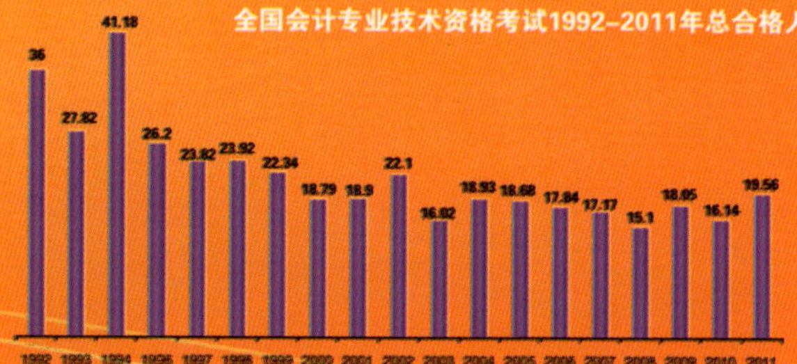

1992年以来，280多万人取得初级资格证书，130多万人取得中级资格证书。会计资格考试已成为参加人数最多、社会影响最大的“品牌”职称类考试之一，为我国会计人才队伍建设和经济社会发展做出了积极贡献。

会计领军人才培养工程

会计领军人才

知识拓展阶段	组织教学、跟踪管理（第1年–第3年）
能力提升阶段	高层论坛、大跨度交流（第4年–第5年）
使用提高阶段	工作实践、推荐使用（第6年）

领军人才培养工程的社会认可和品牌效应，带动了全国会计人员队伍建设。

提高企业经营管理水平，实施"走出去"战略。图为企业类领军班学员在境外培训。

促进行业发展，形成国际竞争比较优势。图为王军副部长与注册会计师行业领军（金融审计方向后备）人才首期集中培训班学员座谈。

丰富我国会计理论体系，占领国际学术制高点。图为学术类领军人才开展西部之行活动。

提高行政事业单位现代化管理水平，推进财政科学化、精细化管理。图为行政事业类领军人才集中培训。

聚是一团火，散是满天星。各地方财政部门参照财政部领军培养模式，纷纷开展本地区高端人才培养工作。一支至下而上，上下联动的会计领军人才梯队雏形初显。

境外会计组织也对全国会计领军（后备）人才培养工程给予了高度认可。2009年，英国特许管理会计师协会（CIMA）、美国管理会计师协会（IMA）等多家国际知名会计行业组织主动来华与我方洽谈合作事宜；多家境外知名院校主动邀请在训学员赴该校学习、访问。

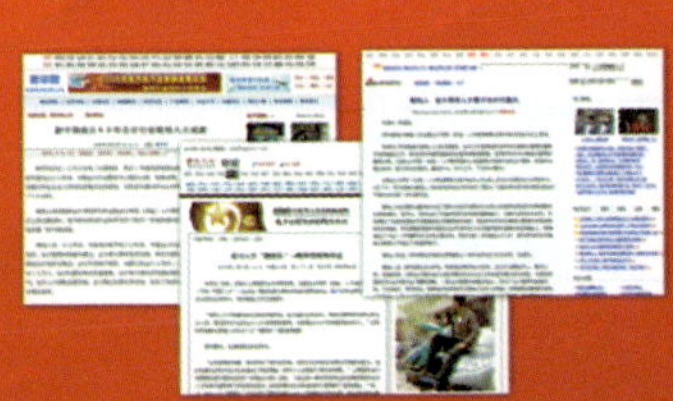

国际影响

我国已广泛参与各类国际会计组织，中国声音已成为国际会计审计标准制定中的重要音符。

2008年11月王军副部长出席第25届联合国国际会计和报告标准政府间专家组会议

基金会受托人刘仲藜会长

财政部派代表参加第十七届世界会计师大会

国际会计组织任职情况表

李　勇	财政部党组成员、副部长、中注协会长	2002年至2003年担任亚太会计师联合会主席
王　军	财政部党组成员、副部长	从2005年起至今担任国际财务报告准则咨询委员会委员
杨　敏	财政部会计司司长	从2011年起担任国际会计准则理事会新兴经济体工作组副主席
刘玉廷	财政部企业司司长	从2008年起至今担任国际财务报告准则咨询委员会委员
陈毓圭	中注协副会长兼秘书长	2004年至2009年担任国际会计师联合会理事会理事
杨志国	中注协副秘书长	从2010年起至今担任国际会计师联合会理事会理事
梁立群	中注协党委副书记	2010年至2011年担任亚太会计师联合会理事会理事
张为国	中国证监会原首席会计师	从2007年起至今担任国际会计准则理事会专职理事
娄　洪	财政部国库支付中心副主任	从2007年起至今担任国际会计师联合会国际公共部门会计准则理事会理事
唐建华	中注协专业标准与技术指导部主任	2008年至2010年担任国际审计与鉴证准则理事会委员
梁　晶	中注协国际及港澳台事务部副主任	从2011年起担任亚太会计师联合会理事
陈龙伟	中注协专业标准与技术指导部干部	从2011年起担任国际会计师联合会中小事务所委员会委员
叶　欣	中注协原国际及港澳台事务部主任	从2006年至2011年担任国际会计师联合会中小事务所委员会委员
李飞龙	中国海洋石油有限公司财务部总监	从2010年起至今担任国际财务报告准则解释委员会委员
陈箭深	天健正信会计师事务所董事长兼首席合伙人	从2010年起至今担任国际审计与鉴证理事会理事
张卓奇	立信大华会计师事务所合伙人	从2010年起至今担任IFAC发展中国家委员会委员
杨　丹	西南财经大学教授	从2010年起至今担任亚太会计师联合会在国际会计教育准则理事会咨询顾问组的代表

会计人才培养与教育

会计人才培养管理制度得到不断加强，会计人才培养组织形式得到不断丰富，会计人才培养基地软硬件环境得到不断优化，会计人才培养师资得到不断充实。

在中央领导同志的大力倡导和亲切关怀下，三所专门致力于培养高端会计人才的国家级培训基地——北京、上海、厦门国家会计学院拔地而起，在世界上开创了集一国之力抓会计人才培养工作的先例，“诚信为本，操守为重，坚持准则，不做假账”这十六个字国家会计学院校训，时刻激励、警示着广大会计人员诚信执业、依法理财。

会计教育、理论工作者队伍不断壮大

为了贯彻《中华人民共和国会计法》，宣传新会计准则，普及会计知识，扩大会计工作的社会影响，财政部委托中国会计学会承办全国会计知识大赛。

会计教育科研人员职称构成情况

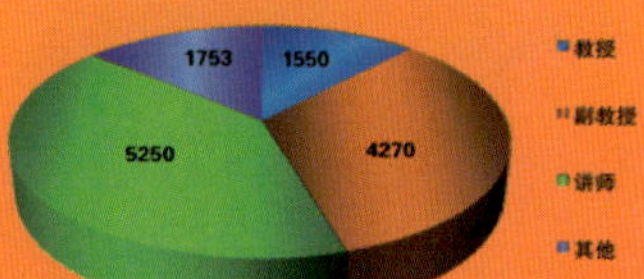

截至2010年12月31日，全国共有会计教育科研人员12823人。

具有会计博士授予权高校发表论文情况

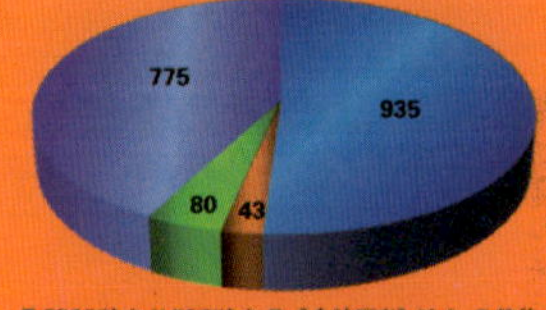

具有会计博士授予权高校承担课题情况

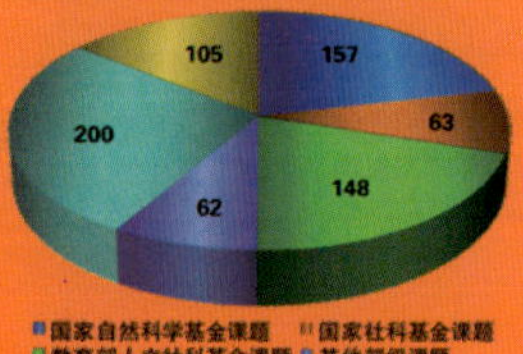

2010年会计教育科研人员取得的科研成果硕果累累，其中具有会计学博士学位授予权的高校，科研成绩尤为突出。

9月25日下午，第一次全国会计人才工作座谈会在北京国家会计学院隆重召开（大会现场1）

9 月 25 日下午，第一次全国会计人才工作座谈会在北京国家会计学院隆重召开（大会现场 2）

财政部副部长王军主持全国会计人才工作座谈会并作重要指示

财政部人事教育司副司长杨宝安宣读财政部党组书记、谢旭人部长的书面讲话

中组部人才局副巡视员郭先魁出席座谈会

人社部专技司副司长俞家栋出席座谈会

财政部会计司司长杨敏在大会上作题为《解放思想、开拓创新，深入贯彻实施会计人才规划》的主题发言

财政部会计资格评价中心主任肖书胜作题为《开创会计资格考试与会计人才评价工作新局面》的发言

中国注册会计师协会副秘书长董新钢作题为《铭记光荣使命，致力人才建设》的发言

北京国家会计学院院长高一斌作题为《坚持特色、树立品牌，努力培养高端会计人才》的发言

广西壮族自治区财政厅副厅长曾纪芬作题为《实施拔尖会计人才培养工程，主动服务我区经济社会发展》的发言

江苏省注册会计师协会秘书长黄中茂作题为《以人为才、以人施材、以人兴业》的发言

上海财经大学副校长孙铮作题为《关于会计人才培养的若干思考》的发言

铁道部财务司副司长张群作题为《健全培养体系，强化人才使用，持续推进铁路系统会计人才培养》的发言

中国航天科工集团公司党组成员、总会计师刘跃珍作题为《高起点建设总会计师队伍，全方位发挥会计专业作用》的发言

全国会计领军人才培养工程企业二期班学员、北京首都创业集团有限公司副总经理谢德春作题为《牢记使命、勇于担当，践行会计领军之路》的发言

与会代表认真学习会议材料

与会代表认真学习会议材料

牢固树立科学发展人才观
全面推进会计人才建设

——全国会计人才工作座谈会专辑

财政部会计司　编

中国财政经济出版社

图书在版编目（CIP）数据

牢固树立科学发展人才观　全面推进会计人才建设：全国会计人才工作座谈会专辑/财政部会计司编．—北京：中国财政经济出版社，2011.12

ISBN 978－7－5095－3287－4

Ⅰ.①全…　Ⅱ.①财…　Ⅲ.①会计－人才培养－中国－文集　Ⅳ.①F233.2－53

中国版本图书馆CIP数据核字（2011）第249320号

责任编辑：温彦君　　　　版式设计：康普宝蓝

中国财政经济出版社出版

URL：http：//ckfz.cfeph.cn

E－mail：ckfz@cfeph.cn

社址：北京市海淀区阜成路甲28号　邮政编码：100142

发行处电话：88190406　财经书店电话：64033436

河北零五印刷厂印刷　各地新华书店经销

787×1092毫米　16开　24.5印张　290 000字

2011年12月第1版　2011年12月河北第1次印刷

定价：60.00元

ISBN 978－7－5095－3287－4/F·2782

（图书出现印装问题，本社负责调换）

本社质量投诉电话：010－88190744

前　言

2011年9月25日，财政部在北京国家会计学院组织召开全国会计人才工作座谈会。本次座谈会回顾总结了“十一五”时期会计人才工作取得的成绩和经验，深入贯彻科学发展人才观，对未来一个时期的会计人才建设作出总体部署。

财政部部长谢旭人在发言中指出，会计人才是维护市场经济秩序、推动科学发展、促进社会和谐的重要力量。改革开放以来特别是近年来，在党中央、国务院的正确领导下，财政部门立足经济社会发展大局，围绕落实国家人才战略部署，以推进法律法规建设、管理体制建设、高端人才机制建设等为重点，积极创新评价方式，优化人才结构，健全人才成长环境，会计人才队伍规模持续扩大，较好地满足了经济社会发展对会计人才的客观需要。特别是抓住经济社会发展对高端会计人才的急切需求，创新会计人才培养模式，着力实施全国会计领军（后备）人才工程，起到了高端引领的辐射和带动作用。

谢旭人要求，会计人才工作要牢固树立和落实促进科学发展的人才观，将服务经济社会发展作为会计人才队伍建设的出发点和落脚点；要着力培养造就大型企事业单位具有国际业务能力的高级会计人才、培养造就具有国际认可度的注册会计师、培养造就具有国际水准的会计学术带头人；要准确把握经济社会发展的新形势、新任务、新要求，不断解放思想，改革创新，健全机制，努力建设一支高水平的会计人才队伍，为促进我国经济社会发展提供更加扎实的会计人才保障。

财政部副部长王军在座谈会讲话时指出，谁拥有人才，就拥有发展的先机，拥有灿烂的未来。在会计人才培养方面，我们已经取得了可喜的成绩，但是仍面临更加繁重的任务和挑战，对此必须要有清醒的认识。王军要求，各级财政部门和中央主管单位要各尽其责，齐心协力，形成合力，扎实推进会计人才规划的全面贯彻落实。财政部门要把会计人才培养作为一项重要工作来抓，用人单位要重视会计人才的培养使用。要突出重点、打造亮点，继续着力推进会计领军人才培养工程，着力培养提升总会计师、主任会计师、会计院系负责人的能力和水平，努力打造成具有国际影响力的名片。要解放思想，开拓创新，把“十二五”时期打造成会计人才长足发展的重要时期。要戒骄戒躁，埋头苦干，与时俱进，再创辉煌。

财政部会计司司长杨敏作了主题报告，财政部会计资格评价中心、中国注册会计师协会、北京国家会计学院、中国航天科工集团公司等单位相关负责同志出席座谈会并发言。会议讨论了《财政部关于落实〈会计行业中长期人才发展规划（2010—2020年）〉实施意见》（征求意见稿）。

中组部人才工作局、人力资源和社会保障部专业技术人员管理司负责同志以及国家有关部委财务司（局）负责同志、中央企业分管会计工作的负责同志，各省、自治区、直辖市、计划单列市财政厅（局）分管会计工作的厅（局）长、会计处长，各省级注册会计师协会秘书长，全国会计专业学位研究生教育指导委员会委员、高等院校和会计师事务所代表，财政部有关单位负责同志以及全国会计领军（后备）人才培养工程学员等参加了座谈会。

为方便大家学习，贯彻此次座谈会精神，扎实推进会计人才工作，我们将会议有关材料以及各地区、各部门印发的会计人才规划、实施办法汇编成集。希望大家不断解放思想、开拓创新，努力开创会计人才工作新局面。

财政部会计司

二〇一一年十一月

目　　录

第一部分
部领导讲话

努力培养和造就一大批
高素质的会计人才

——在全国会计人才工作座谈会上的书面讲话

财政部部长　谢旭人

同志们：

在《国家中长期人才发展规划纲要（2010—2020年）》和《会计行业中长期人才发展规划（2010—2020年）》颁布实施一周年之际，召开全国会计人才工作座谈会，具有重要意义。在此，我代表财政部，向大会的召开表示热烈的祝贺！向全体与会代表并通过大家向全国1 400万会计人员致以亲切的慰问！向关心支持会计人才成长的各级领导和社会各界表示衷心的感谢！

会计人才是我国人才队伍的重要组成部分，是维护市场经济秩序、推动科学发展、促进社会和谐的重要力量。改革开放以来特别是近年来，在党中央、国务院的正确领导下，财政部门立足经济社会发展大局，全面推进会计改革与发展，大力完善会计法制，积极推进国际趋同，加快健全会计标准、建立发布内控规范，推动注册会计师行业做大做强，取得了显著成绩。与此同时，作为会计工作不可或缺的有机组成部分，会计人才工作围绕落实国家人才战略部署，以推进法律法规建设、管理体制建设、高端人才机制建设等为重点，积极创新评价方式，优化人才结构，健全人才成长环境，取得了新的成绩。会计人才队伍规模持续扩大，较好地满足了经济社会发展对会计人才队伍的客观需要。广大会计人员奋发有为、开拓创新，在规范市场经济秩序、促进资本市场健康可持续发展、深化国有企业改革重组、强化企业财务管理等方面，发挥了重要作用。一个由财政部门牵头负责、相关部门和单位协调配合的立体化会计人才管理体制基本形成；高中低层次清晰、分门别类协调推进的会计人才队伍初步构建。特别是抓住经济社会发展对高端会计人才的急切需求，创新会计人才培养模式，着力实施全国会计领军（后备）人才工程，起到了高端引领的辐射和带动作用。按照《国家中长期人才发展规划纲要（2010—2020 年）》总体要求，2010 年财政部率先发布了《会计行业中长期人才发展规划（2010—2020 年）》，这一规划的贯彻实施必将进一步推动会计人才工作发展。

人才是第一资源，是国家发展的战略资源。胡锦涛总书记在“七一”重要讲话中明确指出：“中国特色社会主义道路能不能越走越宽广，中华民族能不能实现伟大复兴，要看能不能不断培养造就大批优秀人才，更要看能不能让各方面优秀人才脱颖而出、施展才华。”这为做好新形势下的会计人才工作指明了方向。当前和今后一段时期，经济社会发展的新形势、新任务对会计人才队伍建设提出了更高要求，也为实施会计人才战略提供了广阔的舞台。做好会计人才工作，要高举中国特色社会主义伟大旗帜，以邓小平理论和“三个代表”重要思想为指导，深入贯彻落实科学发展观，全面落实《国家中长期人才发展规划纲要》和《会计人才规划》提出的各项目标任务，努力培养和造就一大批高素质的会计人才。

一是要明确方向，服务发展。要牢固树立和落实促进科学发展的人才观，将服务经济社会发展作为会计人才队伍建设的出发点和落脚点。企事业单位的会计人才要不断拓展工作领域，积极参与单位内部经营管理；注册会计师要着力提升职业素质，拓展业务领域，不断提高服务经济社会发展能力；会计教育工作者要潜心钻研，锐意创新，不断提高学术水平和教学质量；会计管理工作者要立足服务经济社会发展全局，积极探索，大胆创新，不断提升会计管理水平。

二是要突出重点，统筹推进。要着力培养造就大型企事业单位具有国际业务能力的高级会计人才、培养造就具有国际认可度的注册会计师、培养造就具有国际水准的会计学术带头人。要以全国会计领军（后备）人才培养工程为重要平台，培养造就一批具有国际视野、知识结构优化、实践经验丰富、创新能力突出、职业道德高尚的高层次会计人才，带动会计人才队伍整体发展。同时，统筹推进各类别、各层级会计人才队伍建设，促进会计人才队伍结构更加协调，有效满足经济社会发展对各层次会计人才的需要。

三是要改革创新，健全机制。要准确把握经济社会发展的新形势、新任务、新要求，不断解放思想，改革创新，着力解决阻碍会计人才发展的突出矛盾和问题，调动方方面面做好工作的积极性。要把用好用活人才、提高人才效能作为会计人才队伍建设的重要任务，把深化改革、创新会计人才培养机制作为推动会计人才发展的根本动力，牢固树立以人为本、人才是科学发展第一资源的理念，加快构建与社会主义市场经济体制相适应、有利于推动科学发展和经济发展方式转变、充分体现人才价值的会计人才发展体制机制，让一大批高素质的会计人才不断涌现出来。

同志们：

今年是中国共产党成立 90 周年，也是“十二五”开局起步之年，实施好《国家中长期人才发展规划纲要》和《会计人才规划》意义重大。让我们在以胡锦涛同志为总书记的党中央坚强领导下，坚持科学发展，明确努力方向，大胆开拓创新，努力建设一支国际一流的会计人才队伍，为促进我国经济社会发展提供更加扎实的会计人才保障，为全面建设小康社会宏伟目标做出新的更大的贡献！

乘势前进　奋发作为　大力推动
“十二五”会计人才建设再上新台阶

——在全国会计人才工作座谈会上的讲话

财政部副部长　王　军

同志们：

今天，我们召开全国会计人才工作座谈会的主要任务是：深入贯彻落实全国人才工作会议、《国家中长期人才发展规划纲要（2010—2020年）》（以下简称《人才规划纲要》）和《会计行业中长期人才发展规划（2010—2020年）》（以下简称《会计人才规划》）精神，总结“十一五”时期会计人才工作成绩，交流会计人才工作经验，部署“十二五”时期的会计人才工作。

座谈会开得非常成功。一是时机选择恰当。适逢《会计人才规划》发布实施一周年，此时召开座谈会，系统总结“十一五”时期，特别是最近一年来的成绩和经验，科学谋划下一阶段会计人才工作，时机选择非常恰当。二是领导高度重视。中央组织部、人力资源和社会保障部有关领导在百忙之中莅临参加座谈会，充分体现了国家人才主管部门对会计人才工作的高度重视和大力支持。特别是谢旭人部长因出国不能到会，专门发来书面讲话，充分肯定了会计人才工作取得的成绩，并对当前和今后一个时期做好会计人才工作提出了明确要求，具有很强的针对性和指导性。三是经验交流反响热烈。各位代表非常翔实地介绍了本地区、本部门、本系统、本单位会计人才培养方面的经验和做法，各具特色，很值得借鉴。四是内容丰富多彩。本次座谈会既有领导讲话，又有工作报告；既有代表发言，又有经验交流；既有宣传图册，又有板报展示。内容丰富，形式多样，全方位、多角度展现了会计人才工作的风采。

总之，这次座谈会达到了统一思想、凝聚共识、坚定决心、交流经验、推动工作的目的，势必对今后一个时期会计人才建设工作产生积极而深远的影响。

下面，结合学习谢旭人部长讲话精神，结合学习其他同志发言精神，我讲几点意见，算是为本次座谈会作一小结，供大家参考。

一、谁拥有人才，就拥有发展的先机，拥有灿烂的未来

人才是强国之本，拥有怎样的人才资源，决定一个国家的未来。晚清中兴名臣胡林翼曾精辟地指出：国之需才，如鱼之需水，鸟之需林，人之需气，草木之需土，得之则生，不得则死。一国经济发展、社会发展，归根结底是为了人的全面发展；硬实力、软实力，归根结底要靠人才的实力。自然资源和物质资源终归是有限的，唯有人力资源，才是永不枯竭的战略资源；人才优势是最需培育、最有潜力、最可依靠的优势。当今世界，综合国力竞争的广度和深度前所未有，谁掌握了人才竞争这个关键，谁就能永续发展、长盛不衰。新兴经济体在抢抓机遇，发达市场经济体更是重视有加。美、欧、日等发达国家和地区为谋取长期发展优势，已制定并实施了新的人才战略。2010 年、2011 年世界经济论坛年会连续热

议“人才流动”话题，凸显国际人才竞争日趋白热化。我国作为经济规模全球第二的新兴经济体，要稳步迈过“中等收入陷阱”，就必须加快转型：从人口红利向人才红利、从“中国制造”向“中国创造”、从招商引资向招才引智、从硬件建设到软件建设、从投资拉动型经济向人才拉动型经济、从资源密集型到知识密集型经济增长、从只重视经济科技创新到社会创新并重的发展模式，等等。所有这些转型，关键在高质量的人才。只有抢占了人才制高点，才能把握主动权，才能增强国家核心竞争力，赢得未来！

人才对于一个国家是如此，对于一个地区、一个行业是如此，对于一个单位同样也是如此。这一点已经被无数事实予以证明，将来还会被更多的事实进一步验证。刚才，广西财政厅、航天科工等单位代表的发言，有力地说明了这一点。这里，我想以美国苹果公司为例作补充说明。苹果公司创始人之一、原 CEO 乔布斯 1974 年和伙伴创办了苹果公司，在其领导下，经过六年的经营，苹果公司成功上市，迎来了公司发展的第一个顶峰；随后，1985 年乔布斯离开苹果公司，苹果公司随即发展受阻，经营困难，一蹶不振。1997 年，乔布斯再次回到苹果公司担任 CEO，凭借自己对 IT 行业的准确把握，凭借自己卓越的领导才能，凭借自己突出的个人魅力，苹果公司相继推出 iMac、ipod、iphone、ipad 等一系列 IT 个人产品，占据了世界 IT 终端的主要份额，一跃成为全球 IT 产业龙头企业，苹果公司股价也扶摇直上，突破了每股 400 美元大关。今年 8 月 24 日，因身体原因，乔布斯辞去了苹果公司 CEO 的职务，一夜之间，世界为之震惊，苹果公司股价当天下跌 6%。有人不禁感叹，没有乔布斯这样的人才，就没有苹果公司的今天。

会计人才资源属于重要的管理人才资源，是我国人才资源不可或缺的重要组成部分，是维护市场经济秩序、推动科学发展、促进社会和谐的重要力量。希望各级财政部门、中央主管单位、高等院校、大中型企事业单位和会计师事务所能够从战略和全局的高度，充分认识会计人才建设的重要性，增强做好会计人才工作的责任感、紧迫感和自觉性。我国会计人才队伍规模庞大，占全国人才资源总量的近10%，又广泛地分布于政府部门、企事业单位、会计师事务所、大专院校及其他各类组织。回顾昨天，正是在这样一支诚信、精干、高效、专业、务实的会计人才团队的共同努力下，会计行业开拓创新、锐意进取，在服务经济社会发展进程中，取得了有目共睹的成就！展望明天，只有拥有总体数量适当、整体质量优良的会计人才队伍，我们才能赢得会计行业发展的先机，才能拥有会计行业美好灿烂的未来！

二、戒骄戒躁、直面挑战、勇于担当、奋发作为

近年来，在党中央、国务院的正确领导下，在中央组织部、人力资源和社会保障部等国家人才主管部门的支持帮助下，各级财政部门和中央主管单位解放思想，开拓创新，锐意进取，扎实工作，会计人才服务经济社会发展的基础性作用日趋增强，推动人才强国战略实施卓有成效，会计人才工作不断迈出新步伐，取得新突破。成绩可圈可点，令人振奋。具体情况，刚才几位代表的发言，已经作了详细介绍，我不再赘述。我想强调的是，成绩属于过去。历史经验教训告诫我们，现实的经验教训提醒我们，未来的事实还将告诉我们：骄傲就会停滞，就会落后，就会被动，就会出事。下一步工作中，我们面临的挑战更多，任务更重，责任更大，任重而道远。对此，我们要有清醒的认识，须臾不可放松，丝毫不能满足现状，更不能骄傲自满，否则，就不可能开创会计人才建设新局面，已经取得的成果也可能会丧失。

挑战来自哪里？一是会计人才建设自身仍有较多亟待改进之处。首先，会计人才数量虽多，但高层次会计人才依然缺乏，与《人才规划纲要》所提出的战略目标仍存在一定差距。截至2010年末，已有会计从业人员约1 400万人，其中：获得初级会计专业技术资格的有273万人，占比约19.5%；获得中级会计专业技术资格的有144万人，占比约10.3%；获得高级会计师资格的有11.6万人，占比约0.8%。另外，部分省、区开展正高级会计师评价试点评出正高级会计师仅948人。这些数据表明，我国初级会计人才数量在会计从业人员总量中占比不高，中高级占比就更低了，离《人才规划纲要》所提出的高级（含正高）、中级、初级专业技术人才比例达到10：40：50的要求相距甚远。其次，会计人员素质虽然普遍提高，但与经济社会发展要求相比仍存在一定差距。从事传统会计核算工作的会计人员仍是会计从业人员队伍的主体，占到会计从业人员总量的近41%。随着资本市场、生产要素市场和信息技术的快速发展，会计核算、列报的工具和载体已向信息化发生根本性转变，会计、审计职能作用已向价值管理、资本运营、风险控制、决策支持等进行转型，各项重大会计改革将全面推进，等等。所有这些既离不开大批通晓国际规则和我国国情、熟知会计审计业务、熟悉现代企业经营管理知识和信息技术等专业技能的复合型会计人才参与政策、标准的建设、推广和使用，更离不开大批能够熟练运用会计审计专业知识、熟练掌握现代企业经营管理知识和信息技术等专业技能的复合型会计人才立足本职岗位，深化各项会计审计改革成果。因此，全面统筹会计人才建设，任务仍很艰巨。

二是其他行业人才建设有不少“高于我之处”。会计行业人才建设起步早，也取得了一些成绩，积累了一些经验。但更应看到，其他行业、其他类别的人才建设从来没有停止过创新的脚步，特别是近年来，他们在贯彻落实《人才规划纲要》方面正创造越来越多的经验和办法，培养培育了许多优秀乃至问鼎世界的一流人才。我们还缺乏具有国际影响力的会计大家，没有像航天科工集团那样整齐划一、令人羡慕的专家领军团队。所有这一切，均给我们开展会计人才培养工作形成了新的压力、带来了新的动力。我们要切实增强危机意识、忧患意识，放下身段虚心向其他行业、其他类别人才建设工作取经。

三是会计人才国际竞争激烈。会计是典型的智力密集型行业。发达市场经济国家的会计行业，始终将人才建设放在优先位置。比如，我们熟知的 ICAEW、ACCA，甚至国际“四大”会计师事务所，都在不断地创新高端会计人才培养机制。国内，MBA 教育也在探索国际化道路方面取得了不少成绩。对此，我们要放眼全球，顺时应势，在会计人才国际化培养方面多动脑筋、多下功夫、多想办法。既要借鉴国际上先进、成熟的会计人才建设模式，注重在存量培养方面下功夫，还可考虑在增量方面“引进”想办法，统筹开发利用国内国际两种人才资源。经济全球化时代，人才资源在全球范围的流动是大势所趋。中国的迅速发展为包括会计人才在内的各类人才提供了广阔的舞台。只要我们有国际化的视野、开阔的胸襟、完善的政策，定能迎来“揽得天下英才”和“人才辈出”的喜人局面，定能在全球化竞争中抓住和用好机遇，赢得未来发展的主动权。

挑战和机遇并存，机遇大于挑战。《人才规划纲要》、《会计人才规划》在科学谋划未来的同时，对会计人才工作提出了新任务、新要求、新挑战。立足当下，会计人才工作正处在战略机遇期、黄金发展期。希望各级财政部门、中央主管单位、高等院校、大中型企事业单位和会计师事务所牢记使命、强化责任，直面挑战、奋发作为。唯有如此，我们才能不辜负1 400万会计人员的重托，才能在服务经济社会发展大局中通过抓好会计人才建设工作，彰显我们的服务能力，彰显我们的服务效率，彰显我们的服务业绩。

三、各尽其责、通力协作，全力推进《会计人才规划》贯彻落实

《会计人才规划》贯彻《人才规划纲要》总体要求，总结行业人才建设经验，适应经济社会发展对会计行业人才的需要，提出了“四大主要任务”、“十大政策措施”和“六大重点工程”，这是我们开展会计人才培养工作，确立我国会计人才竞争优势，建设国际一流会计人才队伍的行动纲领。制定政策的目的在于执行，而执行重在到位，关键又在于落实。《会计人才规划》发布实施一年来，在各地财政部门和中央主管单位的共同努力下，在社会有关各方的大力配合下，《会计人才规划》整体落实工作取得了阶段性成果。全国会计人才建设工作呈现出你追我赶、整体推进的可喜局面。目前，已经有22个省、市或中央主管单位印发了区域性会计人才发展规划或相关实施意见，给其他省、市财政部门和中央主管单位开了一个好头，起到了很好的示范作用。但是，与党中央提出的建设人才强国战略要求相比，与谢旭人部长“全面落实《会计人才规划》提出的各项目标任务，努力培养和造就一大批高素质的会计人才”相比，还存在不小的差距，要推进的工作还有不少。“为政贵在行，以实则治，以文则不治。”要确保《会计人才规划》各项政策措施真正落地生根，有效发挥作用，就要各尽其责其能，落实落实再落实；就要迎难而上，奋发作为，开拓开拓再开拓；就要心往一块想，力往一处使，相互支持，密切配合，齐抓共管、形成合力，协同推进会计人才发展战略贯彻落实工作。只要大家齐心协力地抓，

持之以恒地抓，一项一项地抓，就一定能抓到位、出实绩、见成效。

抓好《会计人才规划》的贯彻落实，需要建立工作责任制。财政部有关单位应当切实履行牵头抓总职责，按照各自的职责分工，明确目标责任，各司其职，各负其责，加强宏观指导，督促各地财政部门和中央主管单位搞好会计人才调查研究，总结成绩经验，找准薄弱环节，抓紧制定区域性会计人才发展规划和具体措施，尽快在全国范围内形成自上而下、完整统一的《会计人才规划》实施体系。在日常工作中应当提倡“合”文化，在会计人才建设推进上形成全国“一盘棋”，建立会计人才工作联席会议机制，及时交流会计人才培养工作的好经验、新作法，有效整合会计人才工作资源，群策群力推进会计人才培养工作。

各地财政部门和中央主管单位应当高度重视《会计人才规划》的贯彻落实工作，将会计人才培养作为财政和财务工作的一项重要工作列入议事日程，抓实抓细，抓出成效。今天的座谈会结束后，希望参加会议的各位厅（局）长们要及时将本次会议精神向党组作一次专题汇报，同时就下一步《会计人才规划》的贯彻落实工作向党组请求指示和支持。尚未制定区域性会计人才发展规划的各地财政部门和中央主管单位，应当组建专门领导机构，配备专家咨询团队，搭建专业工作班子，根据《会计人才规划》有关精神，结合会计人才工作现状和本地实际需求情况，尽快启动制定区域性会计人才发展规划。已经制定区域性会计人才发展规划的财政部门和中央主管单位，应当进一步明确责任单位和责任人，落实工作力量和工作经费，切实抓好贯彻落实工作，使《会计人才规划》和具体政策措施充分发挥作用，为各类各级会计人才成长成才、施展才干创造良好条件。

希望用人单位要高度重视《会计人才规划》的贯彻落实对企事业单位长远发展的基础性作用。要积极搭建会计人才培养平台，通过提供实习基地、合作培养等方式，推动应用型会计人才培养，切实履行社会责任。要改革会计人才使用机制，完善会计人才评价方式，创新会计人才使用方法，科学合理使用会计人才。要提供必要的学习条件、保证充足的学习时间，营造会计人才发展的良好内部环境，鼓励支持会计人才提高业务素质和工作能力。

四、突出重点、打造亮点，着力将会计领军人才培养工程编织成一道魅力无限的风景线

从总体上看，我国已经是会计人才大国，但还远不是会计人才强国，同欧美等发达国家相比还有较大差距，与加快转变经济发展方式、推动科学发展的要求还远不适应。现实的难题是，“千军易得，一将难求”。高端、急需紧缺的复合型会计人才的培养，在较长时期内始终是会计人才队伍建设的重中之重。群雁高飞头雁带！高端会计人才就是会计行业腾飞的头雁，是会计行业发展的标杆。中国会计的希望在于会计人才培养，尤其在于高端会计人才培养。要实现会计人才强国目标，需要统揽全局、悉心谋划、奉力笃行。

2005 年，财政部先行先试，正式启动全国会计领军（后备）人才培养工程。到 2010 年底，分别企业类、行政事业类、注册会计师类、学术类四类，已经累计招收 19 个班、713 名学员。其中，首期企业类会计领军学员 50 人经过六年的艰苦磨炼，已经圆满完成培训，顺利毕业。全国会计领军人才品牌已经树立，社会认可度深入人心。目前，已有 11 个省、市财政部门和中央主管单位相继开展了会计领军人才培养工程，取得了很好的实效。但是，与《会计人才规划》提出的“到 2020 年，培养 2 000 名左右的全国会计领军人

才”这一宏伟目标相比，与谢旭人部长“要以全国会计领军（后备）人才培养工程为重要平台，培养造就一批具有国际视野、知识结构优化、实践经验丰富、创新能力突出、职业道德高尚的高层次会计人才”要求相比，还有许多工作要做，还有许多事情要抓，任务还很艰巨。这就要求各级财政部门和中央主管单位进一步采取有效措施，共同努力，共同培养打造会计领军人才这一高端会计人才。

财政部有关单位应当按照《会计人才规划》提出的总目标和新要求，及时调整全国会计领军人才工作部署，进一步修订完善《全国会计领军（后备）人才培养十年规划》，建立健全高端会计人才培养的长效机制。要着力在会计领军人才选拔、培养、考核、使用机制方面进行创新，始终坚持“以科学的机制发现人才、以科学的手段培养人才、以科学的考核激励人才、以科学的方法使用人才”的科学人才培养观，始终坚持“单位推荐与自愿报名相结合、脱产集中培训与在岗跟踪管理相结合、会计理论学习与执业能力培养相结合、境内教学与国际拓展相结合、政府集中培养与单位量才使用相结合”的培养机制，择天下英才以育之，着力将全国会计领军人才培养工程编织成一道魅力无限的风景线。要进一步开拓工作思路，创新体制机制，加大对总会计师、主任会计师、会计系主任（或会计学院院长）的培养力度，着力将会计领军人才推向这些岗位，将这些岗位的年轻俊才打造成会计领军人才。

各地财政部门和中央主管单位应当高度重视会计领军人才培养工作，将其作为会计管理工作的重中之重。要比照全国会计领军（后备）人才培养工程做法，大力开展本地区、本部门、本系统的会计领军人才培养工程。尚未开展会计领军人才培养工程的各地财政部门和中央主管单位，应当加强调查研究，因地制宜地开展独具特色的会计领军人才培养工作，在为本地区、本部门、本系统发展提供高端会计人才资源的同时，也为全国会计领军人才队伍提供后备人才。已经开展会计领军人才培养工程的各地财政部门和中央主管单位，要进一步拓展会计人才培养工作思路，着力打通地方会计领军人才与全国会计领军人才的对接通道，选拔优秀的地方会计领军人才进入全国会计领军人才团队，形成阶梯式、递进式会计领军人才培养格局。

希望用人单位要着眼于本单位发展战略，鼓励和支持本单位会计人才参加各类各级会计领军人才培养工程，为会计人才成长成才创造条件。要注重与各级财政部门和中央主管单位在会计领军人才培养方面的合作，围绕用好用活会计领军人才多做文章，给他们压担子、加任务，在工作中培养和锻造会计领军人才。要着力为会计领军人才营造良好的单位内部发展环境。环境对人才成长与发展十分重要。环境好，则人才聚，事业兴；环境不好，则人才散，事业衰。希望用人单位为会计领军人才提供鼓励创新、宽容失误的工作环境；待遇适当、无后顾之忧的生活环境；特别是公开平等、竞争择优的制度环境，在培养、选拔单位领导干部时，进行政策倾斜，重点培养和使用。要着眼于增强本单位管理能力，结合本单位发展实际，发挥会计领军人才的引领、带动作用，促进本单位会计人才队伍素质的整体提升。

五、进一步解放思想、开拓创新，把“十二五”打造成会计人才建设长足发展的重要历史时期

“十一五”时期，会计行业努力践行科学发展观，以改革为动力，以创新谋发展，在会计工作体制机制建设方面取得了长足发展。着眼于规范市场经济秩序、促进资本市场健康可持续发展、深

化国有企业改革，我们修订发布了与国际会计审计准则趋同等效的会计审计准则体系；着眼于有效应对国际金融危机、提升企业经营管理水平和风险防范能力，我们建立了企业内部控制规范体系；着眼于促进会计师事务所做大做强、切实维护国家经济信息安全，我们制定并经国务院办公厅转发了《关于加快发展我国注册会计师行业的若干意见》；着眼于全面推进会计信息化工作，做到数出一门、资源共享，我们制定了企业会计准则通用分类标准和《可扩展商业报告语言技术规范》系列国家标准；等等。回过头来看，“十一五”时期会计工作取得的很多成绩，集中到一点，就是我们狠抓了与国际接轨的一系列会计制度建设。在某种意义上，“十一五”时期就是我国加快会计制度建设的五年。

今年是“十二五”规划的开局起步之年，也是《人才规划纲要》和《会计人才规划》贯彻落实的关键之年。展望“十二五”时期，会计法律制度建设任务依然艰巨，需要进一步完善会计审计准则、企业内部控制规范体系和会计信息化标准体系，需要推动行政事业单位体制改革、建立新型政府会计标准体系，需要深度参与国际会计审计准则制定、争夺国际标准话语权，需要加快体制机制创新、促进注册会计师行业做大做强“走出去”。所有这些工作任务的背后，都透着对国际一流会计人才队伍的强烈需求。从更好地促进经济社会发展、促进改革开放角度看，也需要加力推动复合型、应用型、通晓国际规则的会计人才建设。以我国实施企业“走出去”战略为例，对高端会计人才建设的需求不可小觑。据统计，2010 年，我国对欧投资流量 59. 6 亿美元，较上年增长 101% ；2011 年 1—9 月份，对欧直接投资又出现快速增长，其中对欧非金融类直接投资同比增长 99. 2% 。目前，我国对欧盟的投资已经覆盖欧盟 27 个国家，涉及制造业、金融业、租赁和商务服务业、批发和零售业等十多个行业大类。截至2010年年底，我国在欧盟共设立直接投资企业近1 600家，存量达125亿美元，中资企业雇佣欧洲雇员3.77万人。除了对欧投资，我国对世界其他地区投资的规模也在持续扩大。截至2010年年底，我国非金融类对外直接投资累计超过3 000亿美元，设立境外企业1.6万家，分布于全球177个国家和地区，资产总额超过1万亿美元，对外投资规模居发展中国家之首。“走出去”的中国企业为东道国创造了超过100万个就业岗位，纳税超过100亿美元。我国的企业可以“走出去”，我国的会计人才尤其是注册会计师为什么不可以稳步地“走出去”呢？潜在的原因或者不到位的方面是不是有高端人才缺乏这个关键性因素呢？这值得我们反思！希望各级财政部门和中央主管单位要牢固树立促进科学发展的人才观理念，紧紧围绕服务经济社会发展大局，服务财政改革和发展中心工作，进一步解放思想，勇于开拓，加大会计人才特别是会计领军人才培养力度。如果说“十一五”时期是我国会计制度加快建设的五年，我希望在“十二五”时期，我们能够集中精力将其建设成为与国际水准接轨的会计人才队伍建设最为辉煌的五年，确保我国会计人才尤其是高端会计人才建设得到长足的发展。目前，有一部正在热播的电视剧叫《媳妇的美好时代》，我希望“十三五”时期将是中国会计人才发挥作用、一展身手的“美好时代”。到那时将会是我国会计人才到国际会计和国际资本市场乃至国际经济发展这个大舞台上展示“中国会计符号”的美好时期！

同志们，我们所处的时代是快速发展、催人奋进的伟大时代，我们所干的事业是充满希望的开创性事业。伟大的时代是英才辈出的沃土，伟大的事业需要一批又一批包括会计人才在内的高素质人才去开创。只要我们牢固树立人才资源是第一资源的理念，遵循社会主义市场经济规律和人才成长规律，坚持服务发展、人才优先、以用为本、创新机制、高端引领、整体开发的人才工作指导方针，扎实推进《会计人才规划》确定的各项任务，就一定能够培养造就一支规模宏大、结构优化、布局合理、素质优良的会计人才队伍，建设国际一流的会计人才战略目标就一定能够实现！

第二部分
会议发言

解放思想　开拓创新
深入贯彻实施会计人才规划

财政部会计司司长　杨　敏

尊敬的王副部长、各位领导、同志们：

大家上午好！

会计工作是推进财政科学化、精细化管理的重要内容和基础工作，是夯实财政管理基础和加强财政基层管理，实现财政科学化、精细化管理的重要支撑。财政部历来高度重视会计工作，尤其是会计人才工作。建国以来，特别是改革开放以来，在各级政府领导同志和相关部门的关心和支持下，在财政部党组的正确领导下，在各级财政部门会计管理机构的共同努力下，在广大会计工作者的积极参与下，财政部以改革促发展，大力推进会计人才战略，各项会计人才建设取得重大成就。

——会计人才相关法律制度体系基本建立。以1985年1月21日第六届全国人大常委会通过《中华人民共和国会计法》为开端，会计人才相关法律法规不断得到加强。1990年、1993年相继出台了《总会计师条例》和《中华人民共和国注册会计师法》，在此基础上，财政部不断建立健全会计人才相关制度体系，全面规范会计行业准入、日常监管、继续教育、能力评价等管理，会计人才工作逐步走上制度化、规范化轨道。

——会计人才管理格局初步理顺。会计人才管理机构是推动会计人才队伍科学发展的重要支撑和中坚力量。近年来，随着政府机构改革的不断深入和各机构管理职能的不断细分，会计人才管理机构不断扩充，会计人才管理团队不断壮大，会计人才行政管理体制、会计专业技术资格考试管理体制、会计学会协会管理体制和会计人员培训教育管理体制得到基本理顺，一个由财政部门牵头负责、相关部门和单位协调配合的会计人才管理体制基本形成，为加强会计人才工作提供了有力保障。

——会计人才队伍不断壮大。坚持“凡进必考”原则，会计人员数量稳步增长。截至2010年年底，全国共有近1 400万人通过会计从业资格考试，其中，共有417万人取得初、中级会计专业技术资格，11.6万人取得高级会计师资格，另有部分省、市通过试点，评审产生了948名正高级（教授级）会计师；注册会计师行业平稳发展，已有30多万从业人员，18.1万人取得注册会计师资格，执业注册会计师已达9.6万人；会计教育、科研工作者队伍不断壮大，在开设本科以上学历教育的高等院校及科研单位中从事会计教育科研工作的人员已达1.3万人。这支规模可观的会计人才队伍，基本满足了经济社会发展对会计人才队伍的客观需要。

——会计人才整体素质和专业能力稳步提高。会计人员彻底告别了“师傅带徒弟”学徒式培养教育方式，基本实现了通过系统的学历、学位教育方式培养会计人员。以会计从业人员为例，截至2010年年末，全国受过高等教育（大专及以上）的会计从业人员已占全国会计从业人员总量的60.55%，较1986年3%的比例有显著提高；会计从业人员中35岁及以下的青年人共有699万人，占会计从业人员总数的49.96%，一大批年富力强、掌握最新知识的青年人充实到会计从业人员队伍中，并成为骨干力量；会计人才分布趋于合理，会计从业人员总数在2010年年末排名前十名的地区与2010年GDP排名前十名的省、市大致相同。这也再次印证了“经济越发展，会计越重要”。

——会计人才成才环境得到不断改善。经济社会发展为会计人才成长与发展提供了广阔舞台，会计人才成长与发展的社会环境、外部政策环境和单位内部环境得到明显改善，会计职业业已成为公认的热门职业，受到社会的推崇和尊重，仅2010年全国就有430多万人报考会计从业资格；会计工作者评选表彰机制得到进一步完善，一大批坚持准则、诚信职业、恪尽职守、甘于奉献的先进会计工作者得到社会的认可和有关部门的表彰，并先后有20位会计工作者获得全国“五一”劳动奖章；会计人才参与单位经营管理活动的程度不断加深、作用不断显现，会计人才日益受到单位的重视和肯定，会计职能作用与地位得到进一步巩固和提高。

在看到成绩的同时，我们也应清醒地认识到，当前我国会计人才发展的总体水平同世界先进国家相比仍存在较大差距，与我国经济社会发展需求相比还有一些不相适应的地方，突出地表现在：高层次复合型会计人才缺乏，会计人才结构和布局不尽合理，会计人才发展的体制机制有待完善，会计人才市场管理亟待加强，等等。

纵观国际国内形势，经济全球化深入发展，企业跨国经营、资本跨境流动日益频繁，科技进步日新月异，知识经济方兴未艾，会计人才在经济社会发展中的基础性、战略性、关键性作用更加凸显，会计人才的竞争已经成为国家、地区和单位间竞争的焦点之一。当前和今后一个较长时期，是我国基本建成创新型国家、全面实现小康社会建设目标的重要时期，是深化改革开放、加快转变经济发展方式的攻坚时期，也是我国会计行业发展的重大机遇期。

面对机遇和挑战，我们牢记使命，统筹规划，深化改革，重点突出，整体推进，进一步开创了会计人才工作新局面。2010 年 4 月，党中央、国务院颁布《国家中长期人才发展规划纲要（2010—2020 年）》（以下简称《人才规划纲要》），明确提出了未来一个时期国家人才建设的总体方针、任务、政策、措施，并将会计人才作为经济社会发展重点领域急需紧缺专门人才纳入其中，对下一阶段会计人才工作提出了新的更高的要求。遵照《人才规划纲要》关于规划的头五年“重点在制度建设、机制创新上有较大突破”的总体部署，财政部迅速行动起来，一年来，围绕贯彻落实《人才规划纲要》，以制定实施《会计人才规划》为重点，创新机制、夯实基础，作了大量有益的、卓有成效的工作。

一、科学制定《会计行业中长期人才发展规划（2010—2020 年）》

《人才规划纲要》印发后，财政部党组高度重视，立即行动起来，认真学习领会、广泛调查研究，在全面总结我国会计人才建设取得成就和经验，深刻分析当前和今后一段时期会计人才发展面临新形势、新任务和新挑战的基础上，于 2010 年 9 月份在各行业中率先制定并印发了《会计行业中长期人才发展规划（2010—2020 年）》（以下简称《会计人才规划》）。

《会计人才规划》是建国以来第一个会计行业人才发展规划，是未来一段时期我国会计行业人才建设工作的行动纲领和重要指南，确立了会计人才发展的指导方针，提出了会计人才发展的战略目标，明确了着力培养造就大型企事业单位具有国际业务能力的高级会计人才等四大任务，制定了加快会计领军人才培养等十大政策措施，规划了全国会计领军（后备）人才培养工程等六大工程，勾画了我国会计行业人才发展的宏伟蓝图。

《会计人才规划》印发后，各地财政部门和中央有关主管单位纷纷响应，立足实际，抓紧制定本地区、本部门、本系统会计人才发展规划、实施方案。截至目前，已有22个省、市或部门印发了区域性（本部门）会计人才发展规划或启动了区域性（本部门）高级会计人才培养工作。可以说，上下贯通、衔接配套的会计人才规划体系正在逐步形成。

下一步，我们将抓紧制定《会计人才规划》实施意见，进一步统一思想，创新思路，建立健全《会计人才规划》实施的监控、评估机制，强化过程监管，力争保质保量地完成《会计人才规划》确定的各项人才工作任务。

二、继续深化全国会计领军人才培养工程

为加快我国经济社会发展急需的高层次、复合型、国际化会计人才的培养步伐，财政部于2005年启动了全国会计领军人才培养工程，分别企业类、行政事业类、注册会计师类和学术类等四类培养会计领军人才。截至目前，全国会计领军人才培养工程已招收763名学员，并有50名学员于2010年顺利毕业。经过六年多的实践探索，学员素质得到明显提升，培养工程社会认可度得到显著提高，会计领军人才品牌业已形成，并逐渐具备了国际影响力。根据《人才规划纲要》和《会计人才规划》有关精神，我们紧紧围绕进一步做实做优会计领军人才培养工程积极开展工作。

第一，加强培养机制研究。为进一步优化会计领军人才培养机制，今年年初，我们会同上海国家会计学院专门成立了课题组，就

全国会计领军人才培养能力框架进行专题研究，寄希望通过课题研究，找准会计领军人才的定位，摸清单位用人需求，重新规划会计领军人才培养课程体系，创新会计领军人才培养选拔机制、考核机制和使用机制，让更多的会计人才通过培训真正受益、得到提升，让更多的单位通过培训发现人才、获得真正需要的人才。目前，该课题项目已经列入亚行技援项目。

第二，不断创新培养思路。秉承“服务经济社会发展”的培训理念，不断增强会计领军人才培养的针对性、实战性和时代特色。如针对由金融风暴所引发全球性经济危机以及我国虚拟经济、金融创新等发展现状，为满足社会对高层次金融人才需求的迫切性，一方面由中注协专门组织招收了一期金融审计方向的注册会计师领军班，系统教授金融业审计、金融企业风险防控、金融产品创新、金融产品组合等知识，为服务我国金融市场审计储备和提供人才支撑；另一方面，在企业类培训班课程中加大了对金融风险防控、金融产品选择和管理等方面知识的授课比重，开展相关案例解析和案例讨论，受到学员和用人单位的普遍欢迎。

第三，大力推动培养成果转化。人才培养，以用为本。为切实发挥会计领军人才的作用，促进人才培养工程成果转化，我们积极引导学员抓住当前热点、难点问题，理论与实践相结合，用所学、所知为经济社会发展和会计改革服务。

展望未来，会计领军（后备）人才培养任务艰巨。我们将继续深入研究会计领军人才培养机制和模式，积极探索举办“医改领军班”、“金融领军班”等；同时，大力推动各地、各部门广泛开展区域性、行业性会计领军人才建设，逐步形成自下而上、上下衔接的高端会计人才梯队，满足经济社会快速发展对高端会计人才的迫切需求。

三、加快推进会计人员管理信息化

在信息化时代的今天，如何借助信息化技术其数据处理和平台技术优势，优化会计人员管理和服务，实现会计人员科学化精细化管理，一直是广大会计管理机构追寻实现的重要目标。为适应会计行业自身快速发展需要，贯彻落实《会计人才规划》关于“要重视会计人员信息化管理平台建设，强化各类别、各层级会计人员的科学化精细化管理”具体要求，会计人员管理信息化建设进程全面提速。

第一，加快修订会计从业资格管理办法。机制创新，制度先行。为配合会计从业资格管理技术升级，我们及时启动了《会计从业资格管理办法》等管理制度的修订工作。主要修订的内容包括：适应经济社会发展需要，适当提高了会计从业资格的准入要求；适应信息化管理实际，优化了会计从业资格管理的工作流程；适应会计行业管理需要，明确了会计从业资格的退出机制，增加了继续教育学分制要求。截至目前，经过反复征求意见和会商，《会计从业资格管理办法》修订稿基本确定，修订工作平稳顺利，争取今年年内印发。

第二，加快推广会计从业资格无纸化考试。实行无纸化考试是贯彻落实科学发展观，积极构建节约型社会的有力举措，是资格考试发展的必然趋势。自 2008 年起，我们在总结地方经验的基础上，启动了以无纸化考试为核心的考试改革工作。截至目前，全国已有 39 个省级单位完成了会计从业资格无纸化考试系统开发，29 个省级单位实施了会计从业资格无纸化考试。今年年初，我们根据《会计从业资格考试大纲》，组织建设完成了全国统一的会计从业资格无纸化考试题库，并在安徽、贵州、辽宁、青岛等第一批试点地区成功试点的基础上，向 20 个省级单位下发了全国题库，从而向“统一大纲、统一题库、统一标准”的会计从业资格考试改革目标迈出了坚实的一步。

第三，加快会计人员管理信息系统建设。2006 年年初，会计行业管理网正式上线，标志着会计人员管理信息系统建设工作正式启动。经过近六年时间的建设，目前已基本完成各省级会计人员信息化管理系统建设，全国会计人员信息管理平台建设取得了阶段性成果，全国会计人员信息数据库正得到不断充实和完善，会计人员跨省级信息调转平台已经启用并试运行。特别是，在今年执行中央人才工作小组交办的 2010 年度全国财会人才资源统计工作过程中，全国会计人员信息管理系统发挥了重要作用，确保了我们在规定时间内，保质保量地完成了对 1 400 万会计人员的数据统计分析工作。

下一步，我们将进一步完善会计人员信息化管理系统建设，并在此基础上，不断延伸信息化管理触角，不断提高信息化管理水平，结合新的《会计从业资格管理办法》的出台，修订、完善《会计人员继续教育规定》等办法，努力实现会计人员科学化精细化管理。

四、着力培养高层次应用型会计人才

大力培养高层次应用型人才，是顺应时代要求、服务经济社会发展的客观需要。《会计人才规划》明确指出，要“适应经济社会发展对高素质应用型会计人才需求，加大应用型高层次会计人才培养”。为妥善解决会计类应用型人才短缺的瓶颈，我们以会计硕士专业学位（MPAcc）建设为抓手，全面推进会计应用型学科建设。

第一，坚持制度建设，夯实培养基础。先后制定了规范性文件 30 多项，涵盖招生、培养、学位授予等各环节，以此不断强化制度管理，夯实会计硕士专业学位研究生教育的培养基础。

第二，坚持科学管理，全面提升质量。通过开展师资培训与课程研讨工作，提高了教师的教学水平；通过定期召开管理工作会议，促进了各培养单位管理经验的交流；通过开展调研工作并切实加以指导，及时掌握了各培养单位实际情况；通过开展教育质量评价工作，有力促进了各培养单位的教学改革。

第三，坚持结合实际，强化实务导向。在工作中强调紧密结合会计行业的实际工作开展会计硕士学位教育，高度重视案例教学，实施了校内教师与校外专家相结合的双导师制，设置了专门的调研课程，注重学员论文的实际应用价值。通过将实务导向转化为发展优势，有力地推动了会计硕士专业学位研究生教育更好地发展。

第四，坚持改革创新，着眼长远发展。在不断规范管理工作、切实提高教育教学质量的同时，我们积极谋划会计硕士专业学位的长远发展，于 2010 年制定了《中国会计专业学位教育改革方案》（以下简称《教学改革方案》），力争设立全日制和非全日制会计硕士专业学位、高级会计硕士专业学位和会计博士专业学位等四个系列，形成应用型高级会计人才培养的梯次结构，实现会计专业研究生教育从以学术型人才培养为主向以应用型人才培养为主转变的目标。与此同时，经国务院学位办批准，成立“全国会计专业学位研究生教育指导中心”，与会计硕士专业学位研究生教育指导委员会秘书处相互配合，进一步加强对会计应用型学科教育的指导工作。

下一步，我们将在国务院学位办的指导下，认真抓好 MPAcc 学位建设，积极推动申请 EMPAcc 学位，扎实落实《教学改革方案》，加强教学指导，努力提高办学质量，为社会输送更多高素质的应用型会计人才。

五、统筹推进其他会计人才工作

在抓紧抓好上述重点工作的同时，一年来，我们还围绕贯彻落实《会计人才规划》，统筹推进其他会计人才工作。

第一，进一步深化会计职称制度改革。会计职称制度是会计人才评价的重要制度安排，为社会推举、甄别、输送了一大批会计人才，并激励着广大会计人员不断加强业务学习、持续提升专业素养。截至目前，全国已有初中级会计人员417万人，高级会计师11.6万人。为进一步完善会计职称制度，一年来，我们在不断加强会计专业技术资格考试考务管理，提高考试公正性、科学性和考务管理现代化水平的同时，大力推进会计专业技术资格评价体系建设，抓紧研究制定《高级会计师评审办法》，积极探索和广泛开展正高级（教授级）会计师试点工作，为下一步深化会计职称制度改革夯实工作基础，营造良好氛围。

第二，进一步强化总会计师职能作用。总会计师是单位主要管理人员，承担着经济预测、决策、控制、分析等工作。《会计法》明确规定，“国有的和国有资产占控股地位或者主导地位的大、中型企业必须设置总会计师。”根据最新统计数据，截至2010年年末，全国已有总会计师、财务总监20万人。这既是《会计法》、《总会计师条例》等相关要求的具体体现，更是企业根据自身发展需要的自发行为。随着我国市场经济体制的不断健全和发展，总会计师的职责范围不断延伸，其专业要求越来越高，其重要性日益凸显，其职能作用必须予以加强。为此，我们适时启动了总会计师制度专项研究，计划通过研究，找准总会计师职能定位和能力要求，推动《总会计师》条例修订工作，明确总会计师职责范围，进一步提高总会计师地位，并探索建立总会计师（财务总监）资格认证制度。

第三，进一步推动先进会计工作者评选表彰工作。依法开展会计人员评选表彰活动，是会计行业自身发展的内在要求，也是贯彻落实《人才规划纲要》的重要举措。财政部自1990年起在全国开展先进财会工作集体和先进会计工作者评选表彰活动，并发布实施了《全国先进会计工作者评选表彰办法》，为会计行业树立了一大批时代楷模，塑造了良好的行业形象。在总结以往经验的基础上，2010年，我们组织开展了会计管理工作者系列的全国先进会计工作者评选表彰活动，评选出10位全国先进会计工作者，并被中华全国总工会同时授予“五一”劳动奖章。2011年，结合注册会计师行业创先争优活动，我们组织开展了注册会计师系列的全国先进会计工作者评选表彰活动。目前，各地通过评选，上报了符合条件的33名候选人，将于近期在媒体上进行公示，并接受社会公众投票。下一步，我们将在有关部门的指导下，进一步规范全国先进会计工作者评选表彰工作，做到统一研究、统一部署、统一考核、统一表彰，通过开展全方位和经常化的先进会计工作者评选表彰活动，积极营造良好的会计人才培养、成长环境。

十年光阴，弹指一挥间。要实现《会计人才规划》所提出的总体战略目标，任重而道远。值得庆幸的是：各级领导高度重视和关心会计人才工作，为推进会计人才工作营造了一个良好的工作环境；未雨绸缪，始终坚持人才先行的行业发展理念，为推进会计人才工作赢得了一个良好的发展先机；广大会计人员充分理解、全力配合，为推进会计人才工作奠定了一个良好的群众基础。我们将以此次全国会计人才工作会议的顺利召开为契机，在国家人才主管部门和财政部党组的正确领导下，坚持促进科学发展的人才观，继续深入贯彻落实《人才规划纲要》和《会计人才规划》，继续解放思想、真抓实干，稳妥推进，积极开创会计人才工作的新局面！

开创会计资格考试与会计人才评价工作新局面

财政部会计资格评价中心主任　肖书胜

尊敬的各位领导、各位来宾：

大家上午好！首先感谢大会给我这次发言机会，向大家汇报会计资格考试和会计人才评价有关情况。我汇报两点：

一、会计资格考试和会计人才评价工作在改革中发展

胡锦涛总书记在今年“七一”讲话中指出：“人才是第一资源，是国家发展的战略资源”。市场经济越发展，抓好人才工作越显得重要。会计工作是管理经济的一项重要工作，是财政工作的基础。做好会计工作，首先必须培养选拔出一大批适应经济社会发展需要的会计人才。

我国会计专业技术资格考试制度于 1992 年建立，开考伊始即成为全国报考人数最多、规模最大的专业技术资格考试，以后又逐步成为合理引导配置使用会计人才的一种有效方式。截至目前，已成功举办 19 次考试，2 733 万人次报考，419 万人合格，为社会培养

选拔出一大批优秀会计人才。

财政部党组历来十分重视人才工作，为了切实抓好会计人才队伍建设，经中编办批准，于2001年8月成立了财政部会计资格评价中心。我们与“全国会计考办”密切配合，积极开展全国会计资格考试与会计人才评价工作。

十年来，在财政部党组正确领导下，在有关部门大力支持下，在各地同志共同努力下，我们坚持科学发展观，紧紧围绕服务财政经济工作和会计人员，秉承公开、公平、求实、创新精神，以改革求发展，以改革上台阶，改革考试管理方式，拓展评价工作领域，加强内部管理，取得了一点成绩。

总结十年来工作，我们有以下几点体会：

一是要坚持运用现代科技手段不断提高考试管理工作效率。十年来，我们坚持运用现代科技手段实施精细化管理，积极开展信息化建设，创建评价网，建立网络办公系统，全面在网上实行报名、编排考场、打印准考证、评卷、公布和查询成绩等，极大地提高了考试管理工作效率。

二是要以市场需求为导向科学评价会计人才。我们深入调查研究，了解各种需求，开展试题分析，改进考试方式，完善考试内容，增强考试的科学性，提高会计人才的实用性。

三是要以维护考试公平公正为宗旨坚决打击考试作弊等不法行为。为了维护考试的公平、公正，我们积极与有关方面合作，发挥各方面积极性，大力加强安全保密工作，采取多种有效措施，积极防范、坚决打击考试作弊，特别是利用科技手段作弊等不法行为，收到了较好的社会效果。

四是要以促进社会发展为理念努力提升服务质量。为更好服务广大考生，满足社会需要，我们不断调整、增加服务内容，精心组织编写考试辅导教材，提供各种网上答疑，推出成绩网上查询，开通证书网上查询系统，等等。

五是要建立和完善考试后跟踪评价体系。为拓展考试与评价工作的功能，实现由一次性考试向考试与会计职业生涯跟踪评价相结合的转变，我们自2008年度开始每年公布考试“金银榜”，截至目前公布了8 267名。我们还搜集用人单位需求，建立优秀会计人才信息库，推进会计人才合理配置，实施“优秀考生跟踪评价计划”。

二、开创会计资格考试和会计人才评价工作新局面

展望未来十年，机遇与挑战并存。我们要深入贯彻落实《会计人才规划》，建立健全适合我国国情，并与国际接轨的会计人才培养选拔和配置机制。为此，我们根据财政和会计行业“十二五”规划，起草了《考试与评价“十二五”规划》。针对目前工作中存在的一些问题，今后一个时期，我们将重点抓好以下两方面工作：

一是深化会计资格考试制度改革，提高考试管理工作科学化信息化水平。

改革完善现行考试制度。适应发展需要，改革考试方式，完善考试内容，规范管理制度，优化工作流程。加强安全保密工作，严厉打击考试作弊等违纪违规行为。完善会计人才知识结构，构建能力框架，提升职业道德水准，形成初、中、高等级层次清晰、相互衔接、体系完整的会计资格体系。积极参与推进会计资格考试与会计专业硕士等学历教育的衔接。

加强信息化建设。进一步整合现有数据库资源，在保证信息安全的基础上，实现会计从业资格、初、中、高级会计资格数据库信息共享。完善“考试信息服务平台”，优化考试办公自动化系统。

加强国际比较研究及成果的应用转化试点工作。加强与国际会

计组织交流，推进合作。积极参与推进会计资格国际认可和考试科目互免工作。

二是搭建会计人才交流平台，推动会计人才有效配置。

完善考试后跟踪评价机制。实施“优秀考生跟踪评价计划”，加强会计人才库建设，盘活考生信息资源。以会计人才交流平台为媒介，提供会计人才需要的多种形式的服务。

推动会计人才有效配置。搜集、分析用人单位需求，发布会计人才供需信息与市场需求变化趋势报告。探索建立会计人才“超市”。组织会计人才论坛等活动，在用人单位和会计人才之间发挥桥梁作用，引导社会人才资源的有效配置。

开展青年会计英才计划。每年重点选拔一批35岁以下的青年拔尖人才，通过各种方式进行定向跟踪培养，储存一批国家亟需的高素质、专业化、复合型青年会计英才。不断完善会计资格考试“金银榜”发布制度。

回顾过去十年，硕果累累；展望未来十年，任重道远。

最后，我谨代表财政部会计资格评价中心，向多年来支持我们工作的各位领导、各位朋友表示诚挚的谢意！

铭记光荣使命　致力人才建设

中国注册会计师协会副秘书长　董新钢

注册会计师行业作为专家行业，是社会经济监督体系的重要组成部分，也是现代服务业的一支重要力量，在规范社会主义市场经济秩序，维护国家经济信息安全，促进资本市场健康发展，提高经济社会发展质量等方面发挥着重要作用。人才是注册会计师行业的智慧源泉和价值体现，建立健全完备的高素质人才培养机制是实现注册会计师行业的转型升级和跨越发展，更好地服务和促进我国经济社会全面进步的必要条件，是服务国家经济社会健康快速发展不可或缺的力量。

一、行业人才培养工作取得的成绩

经过三十余年的努力，特别是以《中国注册会计师协会关于加强行业人才培养工作的指导意见》（以下简称人才培养“三十条”）发布为里程碑标志的行业人才战略实施以来，行业人才培养工作取得了长足进展。截至2010年12月31日，中国注册会计师协会共有会员181 717人，其中，执业会员96 494人，非执业会员85 223人。执业会员中，在具有证券资格会计师事务所执业的注册会计师为20 590 人，在其他会计师事务所执业注册会计师75 904 人，海外会员469 人。

在所有的执业注册会计师中，31—40 岁年龄段的CPA 所占比例为37.49%，41—50 岁年龄段的CPA 所占比例为26.57%，这一部分注册会计师也正是目前国内会计师事务所的业务骨干。可以说，今天的注册会计师队伍是一支年富力强、充满朝气的队伍！在教育背景方面，具有本科以上学历CPA 所占比例为44.86%，其中不乏具有博士研究生学位人员。他们为我国超过3 500 家境内、外上市公司年报、季报及IPO 提供审计、咨询等各类服务。可以说，今天的注册会计师队伍是一支知识扎实、经验丰富的队伍！在高层次人才培养方面，自2005 年以来，协会先后从行业公开选拔200 多名行业领军人才进行跟踪培养，3 000 余名注册会计师取得了境外知名会计师职业组织的执业资格或者会员资格。可以说，今天的注册会计师队伍是一支视野开阔、志在千里的队伍！

行业人才培养取得的成绩离不开财政部门各级领导的关心、支持，离不开每家会计师事务所的投入、奉献，表明了以人才培养“三十条”为指导，以《中国注册会计师胜任能力指南》为标准，以《中国注册会计师继续教育制度》、《中国注册会计师协会非执业会员继续教育制度》等为政策依据的行业人才队伍建设制度体系的逐步完善，体现了以中注协为龙头、国家会计学院为依托、地方注协为支柱、会计师事务所为基础，培训内容各有侧重，面授培训、远程教育、网络教育等多种形式相结合的多层次培养体系的有效运作，验证了以行业领军人才和国际化人才培养为重点，以执业注册会计师继续教育为基础，以行业后备人才培养为重要补充，分阶段、分层次、点面结合、自主培养与联合培养相结合的人才培养机制的生机与活力。

回顾行业人才培养工作取得的成绩，协会推进的各项人才培养举措离不开以下三条经验：

一是坚持遵守人才培养的市场规律。与其他行业相比，注册会计师需要践行终生学习的执念，行业人才培养更为强调执业经验的积累、分享，特别是在入行的头十年，需要坚持一份学习、奉献的执著。行业人才培养各项工作紧密围绕激发注册会计师的主动学习意识这一中心，精心设计培训课程，辅以最为科学的培养方式，确保各项人才培养工作取得实效。

二是坚持遵循协会为主导的培养机制。注册会计师行业是一个相对辛苦的职业，注册会计师往往投入很多的时间、精力在工作中，疏于思考大局。行业协会推行的各项举措立足于提升整个行业的执业质量，把握行业发展的大局，以强有力的执行机制，保障了注册会计师的学习时间，做好各类专业知识储备，实现了人才培养的可持续性。

三是坚持尊重以人为本的培养理念。无论是精雕细琢高端领军人才的培训课程，还是积极推进后备人才的境外实习计划，协会推进的各项人才培养举措都突出了对不同类别培训对象的学习需求的尊重，提高了各类培训项目的针对性，切实帮助注册会计师学有所得、学有所获。

二、开展行业人才培养工作的启示

在行业人才培养工作不断取得成绩和突破的同时，也应清醒地认识到，当前行业人才发展总体水平还不能完全适应我国经济社会发展需要，行业人才队伍素质还不能完全适应行业做强做大、新业务领域拓展等战略要求。总结过去的经验，有几点启示有助于我们更加清醒认识目前行业人才发展现状，规划未来工作格局。

一是人才培养需要有往前看的前瞻视野。从十多年前的“大水坑”培养第一批行业证券业务骨干开始，到近些年配合审计准则趋同战略开展“一竿子插到底”的准则培训，今年开始在领军人才培养中引入金融审计专业方向人才选拔，协会开展的各项人才培养工作都立足于行业中长期发展的人才需求、人才储备，保障的是行业可持续发展。

二是人才培养需要有动脑想的敏锐分析。行业人才培养是一项系统工程，执业会员和非执业会员的培训需求不一样，同样是执业会员，同在一家会计师事务所做项目的注册会计师，因为服务的专业客户不同，对培训内容、培养方式的需求也会不同。行业组织的人才培养工作既要满足社会公众对注册会计师行业人才的入门知识期望，也必须把握能够引领整个行业发展的高端领域，同时兼顾那些“未来”的注册会计师们，关注注册会计师方向专业的在校大学生。

三是人才培养需要有动手做的踏实作风。以最近五年为例，2006 年至今协会已委托三所国家会计学院举办培训班 179 期，共培训注册会计师 27 126 余人。中注协积极利用网络和远程传媒技术的发展，逐步建立了全国范围的远程教育网络。2006 年至今，协会先后举办了远教（视频）培训班 38 期，培训学员近 10.2 万人次。素质过硬的培训干部队伍是确保培训工作落到实处的坚强保障。

在行业人才培养工作不断取得成绩和突破的同时，我们也应清醒地认识到，当前行业人才发展总体水平还不能完全适应我国经济社会发展需要，行业人才队伍素质还不能完全适应行业做强做大、新业务领域拓展等战略要求，未来五年、十年行业人才培养工作依然任重道远。

三、深化行业人才培养工作的未来规划

"国以才立，政以才治，业以才兴"。《国家中长期人才发展规划纲要（2010—2020 年）》和《会计行业中长期人才发展规划（2010—2020 年）》的发布为注册会计师行业人才培养工作带来了新的发展契机。值此《会计行业人才发展规划》发布一周年之际，《注册会计师行业人才发展规划（2011—2015 年）》也已经提交理事会审定，这一文件提出了未来五年行业人才培养的目标是：注册会计师人才资源总量稳步增长，执业注册会计师达到 12 万人，会员人数达到 25 万名左右；着力培养 350 名领军人才、600 名国际认可的注册会计师、5 000 名新业务领域复合型业务骨干。

为实现上述目标，注册会计师行业人才培养工作要坚持以人为本，坚持德才兼备、品德为先的原则，科学规划，改革创新，突出重点，分类推进，切实落实三个"有利于"：

一是有利于培育注册会计师行业的爱才、惜才、育才的文化氛围，提升行业整体形象。

以注册会计师行业服务国民经济建设的积极作用为主题，大力开展注册会计师行业人才宣传工作。全面展示注册会计师行业为社会经济发展作出的突出贡献，树立注册会计师诚信、正直的行业形象，培养注册会计师和行业从业人员对注册会计师行业的荣誉感、自信心，留住业内人才；强调注册会计师行业为专家人才成长提供专业助力，营造注册会计师行业爱才、惜才的良好氛围，吸引更多优秀人才进入注册会计师行业，促进行业人才可持续发展。建立完善人才推荐机制，推荐和支持国内优秀、高端注册会计师参与国际组织合作项目，到国际组织担任职务；推荐优秀注册会计师参与党政机关、科研院校的相关研究项目。

二是有利于整合各种培训内资源，发挥各方的积极性和主动性，形成行业人才培养合力。

积极倡导会计师事务所建立完善的人才录用、人才使用、人才评价、内部晋升机制，指导会计师事务所为所内注册会计师设计职业规划，配合会计师事务所开展员工满意度调查，培养注册会计师对所在会计师事务所、对行业的荣誉感、归属感，指导会计师事务所在做好人才培养的同时留住人才。

巩固各级行业协会培训主体的作用，调动注册会计师参加继续教育培训的主动性和积极性，依托国家会计学院，加强师资队伍建设，分层次开发注册会计师继续教育培训教材，提升行业人才培养工作的质量和效果。

三是有利于现行各项培养工作的有机结合，形成注册会计师行业人才建设的系统工程。

进一步完善以终身学习和体现胜任能力评价为理念的考试制度，加快与境外会计职业组织的考试互惠磋商进度和力度，推动注册会计师考试的国际认可度，提升注册会计师考试的国际化水平，实现我国注册会计师职业资格与国际普遍认可的注册会计师职业资格互认，为中国注册会计师打造国际“通行证”。

以会计师事务所人才培养示范基地工程、注册会计师行业领军人才培养工程、国际化人才培养工程和产学研联盟工程“四大工程”为把手，坚持“整合技术优势、突出重点培养”，在保障各项人才培养工作纵向深化的同时，深入解读以注册会计师专业方向教育、执业会员继续教育、高端领军人才培养为核心的各项培训工作在培养目标设计、课程安排、跟踪培养、资源投入以及人才使用等方面的共性特点，确定注册会计师行业人才培养的一般规律，提炼各项人才培养工作的关键推动力，以提升职业胜任能力为核心，创新开发注册会计师行业人才培养模型，确定分层次、分梯队行业人才培养的各项指标与侧重点，将相对独立的人才培养工程统一为科学、规范的人才培养、使用、评价机制，有效整合各项培训资源，提高人才培养的效率和效果。

风物长宜放眼量！“十二五”时期是全面建设小康社会的关键时期，是深化改革开放和转变经济发展方式的攻坚时期，也是注册会计师行业把握机遇实现新跨越的重要时期。行业人才建设是实现行业跨越式发展，更好地服务国家建设的基础和保障。这一事业值得我们为之奋斗，这一事业需要我们为之努力！

坚持特色　树立品牌
努力培养高端会计人才

北京国家会计学院院长　高一斌

北京国家会计学院作为高端人才培养基地，始终以中央人才强国战略为指导，认真贯彻财政部《会计行业中长期人才发展规划》等重要战略部署，大力弘扬诚信理念，着力培养高端人才，持续推进教学改革，努力树立特色品牌，取得了一定成效，目前已形成年短期培训25 000多人、培养会计硕士研究生160多人、为近30 000名会计审计人员提供远程教育服务的规模。现将学院培养高端会计人才的有关情况汇报如下。

一、明确定位，积极配合会计人才战略的实施

高端会计人才培养，必须紧密结合经济社会发展和会计行业发展战略的总体部署和要求。从现实和趋势看，会计行业已经或正在发生许多重大变化：

——会计行业已发生重要转型。企业会计已从以传统记账、算账、报账为主向以价值管理、战略决策、风险控制等为主转变；行

政事业单位财务会计、预算管理、绩效评价等工作全面升级。与此相适应，我国会计师事务所不断做大做强，为促进经济社会发展发挥重要作用。

——会计管理日益加强。会计改革全面推进，实施了与国际趋同的企业会计准则体系、审计准则体系和企业内部控制规范体系，大力发展会计信息化和国际化，全面提升会计行业为市场经济服务的水平。

——会计人才战略摆到突出位置。持续实施会计专业技术资格考试、注册会计师考试、会计继续教育等制度，选拔优秀人才。2005 年，财政部实施了会计领军人才工程，依托三家国家会计学院，计划用 10 年时间培养 1 000 名会计领军人才。2010 年，财政部发布了《会计行业中长期人才发展规划（2010—2020 年）》，进一步科学规划会计行业人才发展的宏伟蓝图。

——高端会计人才需求旺盛。尽管会计行业人才培养工作取得重要进展，但高素质会计人才的需求与供给脱节的矛盾仍较突出。会计行业需要一大批熟悉金融、财税、法律、企业管理等方面知识，能够参与经营决策和解决复杂经济问题的业务骨干；需要一批熟悉市场规则和企业管理，能够进入管理决策层实施企业战略和价值最大化的高级会计人才；更需要一批熟悉国际资本市场规则、精通跨国经营管理，能够在大型企业集团、跨国公司担任高管以及在会计行业管理部门、行业组织发挥重要作用、引领会计行业发展的领军型会计人才。与此相适应，会计师事务所等中介机构、证券公司等经纪机构、行政事业单位、行业组织等都需要不同层次的高级会计人才。

基于以上的形势判断和需求分析，学院提出为会计行业人才战略服务的基本定位是：

（一）以“三个面向”为服务重点（面向财会行业、面向总部基地、面向董事单位），由高中初级培训向高端培训转变，突出培养高层次、应用型、复合型、国际化人才；

（二）以会计能力框架为指导，由会计审计专业培训向全面提升执业能力、管理能力转变，将弘扬“诚信为本，操守为重，坚持准则，不做假账”的职业理念贯穿始终；

（三）以培养领军人才、总会计师、注册会计师等高端人才为重点，推动高级专业技术人才和经济管理干部继续教育，探索国际合作办学和培养国际化会计人才；

（四）以课程开发、教学改革、师资队伍为核心要素，短期培训、学位教育、远程教育相结合，全面提高服务水平，争创“国内一流，国际知名”培训机构。

二、坚持特色，着力培养高端会计人才

高起点、高标准培养高层次人才，是学院为会计行业服务的重要职责。学院针对会计行业的人才结构和知识需求，精心设计课程，创新教学方法，逐步形成了培养高端会计人才的特色和品牌。

（一）精心培育会计领军人才。根据财政部的统一部署，学院侧重培养注册会计师行业领军（后备）人才。在中国注册会计师协会的组织下，该项目已进行了六年多时间，累计招收8期220名学员，这些学员中已有一大批崭露头角，在国际会计组织、国内行业组织和会计行业发展中发挥重要引领作用。同时，学院还连续承担了三次全国会计领军（后备）人才联合集中培训，一批院士、知名教授、政府高官等精英人士，向学员展示了各自领域的最新前沿，使学员们充分领略了领军人才的成长之路和成材之道。此外，学院还与广西、山西、北京注册会计师协会以及河南省财政厅合作，为

地方财政部门、注册会计师协会培养了142名会计领军人才。六年来，学院在开展会计领军人才培养过程中，形成了以下特色：

一是脱产培训与在职跟踪相结合。将培训分为集中培训和跟踪管理两部分，除每年安排集中脱产培训外，对学员在职期间实施跟踪管理，安排一定的学习、科研、实践任务，组织资深专家跟踪辅导，及时解答学员在学习、工作中遇到的问题，使培训真正实现学用结合、学用相长。

二是课堂教学与能力锻炼相结合。科学设置培训课程，使培训做到“量体裁衣”。培训课程主要分三类：一是专业课程，主要就国际业务发展前沿和国内业务难点进行研讨；二是管理类课程，引导学员由核算者向管理者、决策者转变；三是拓展类课程，引导培养学员健康的情趣、向上的态度、探索精神和树立正确的职业道德观。能力锻炼主要是让学员参加科研、制度研讨等实务工作。

三是案例教学与交流碰撞相结合。培训坚持“实战”的培训指导思想，积极开展案例教学，并将交流碰撞贯穿培训始终。课堂上，教师以生动的案例进行授课，安排一定时间与学员交流互动；课堂外，学员每天都会对所授课程进行分组交流讨论，并提交讨论报告。灵活的培训方法使知识在交流中吸收，能力在碰撞中提升。

四是分类培训与联合培训相结合。除每年分类别组织培训外，还组织一次短期跨类别的联合集中培训，聘请一流专家、学者开设讲坛，把四类学员聚集起来交流碰撞、互通有无，让他们找伙伴、结对子，促进会计领军人才团队的形成。

五是培养使用与考核淘汰相结合。培训建立健全激励约束机制，制定了包括《学员量化评分考核办法》等在内的8项日常管理制度，通过项目组对培训班进行全程跟踪管理，并实施分阶段淘汰。与此同时，建立人才库，邀请学员到学院授课，推荐学员参与财政部、中国注册会计师协会、中国会计学会的科研活动，在实践中培养和提高。

（二）多种形式开展高级会计继续教育。为高级会计人员提供全方位、多层次继续教育，是学院的业务重点，其中，总会计师岗位知识培训项目、注册会计师继续教育项目、行政事业单位高级继续教育项目、企业内部控制培训项目、单位领导人会计知识培训项目等已成为学院品牌，在业内具有一定影响。经过不断努力和探索，学院在高级会计继续教育方面已形成了以下特色：

一是开发了一批精品课程。经过持续开发和在教学实践中检验，学院已形成了一整套以会计能力框架为指导，由专业基础类、管理能力类、知识拓展类组成，面向国有大中型企业、行政事业单位、社会中介机构的完整的课程体系，形成了“六大培训模块”，即：总会计师培训模块、财务总监培训模块、企业领导人财务审计知识培训模块、行政事业单位会计培训模块、注册会计师培训模块、财经类公务员培训模块，这些培训模式可以应客户要求相应调整，同时适应发展需要及时充实、完善。

二是组建了精干的专业培训团队。学院组建了一支由专家、教授、培训师组成的培训团队。以学院和清华大学会计研究所为核心的专业师资队伍，拥有教授、副教授24 名，以博士、硕士为主体的教学管理团队30 余人，来自政府、企业界、学术界的专家、学者组成的兼职师资库400 余人。

三是形成了适应应用型人才特点的培养模式。几年来，学院积极探索适应应用型高级会计人员继续教育要求的培养模式，不断改革创新教学方式，突出应用型、实践型教学，注重解决复杂实务问题能力、管理能力和领导能力的培养和提升，取得了良好效果，得到了广泛认同。

四是实施了严格的教学评价体系。为了保证教学质量，学院建立了严格的课程与教师授课评价体系，及时把学员的意见和建议反馈给授课教师，以此促进教师与学员需求的一致。

五是建立了远程教育网络。为给不同群体参加继续教育提供更多选择，学院建立了远程教育系统，利用计算机网络提供便捷的继续教育服务。目前，学院已与两个省、市财政部门、8 个省级注册会计师协会、18 个集团客户开展远程教育合作，效果良好，各方面对学院远程教育系统丰富的课程体系以及系统所具有身份认证、在线选课、在线考试、在线打印证书、学习论坛等服务功能给予充分肯定。

（三）为会计行业输送应用型硕士研究生。为会计行业培养和输送具有扎实理论功底和解决复杂实务问题能力的应用型高级人才，既是会计行业发展的内在要求，也是学院知名商学院发展的重要机遇。自 2002 年以来，学院与清华大学合作，联合培养了 147 名总会计师方向 MBA 研究生、470 名会计硕士专业学位（MPAcc）研究生，为进一步开展应用型硕士研究生培养积累了丰富经验和宝贵资源。2011 年 2 月，国务院学位委员会批准我院为硕士专业学位授予单位，学院已取得会计、审计硕士专业学位办学资格，目前正在全面招生。几年来，学院在开展会计硕士专业学位（MPAcc）教育过程中，形成了以下特色：

一是明确以提升职业能力为导向的培养目标。学院制定的培养方案，紧密适应会计职业需求，借鉴学院在继续教育方面的成功经验，提出着力培养学员职业胜任能力、管理能力和领导能力的目标，并将这一培养目标体现在教学实施环节，努力为会计行业输送具有国际视野、创新精神和领导能力的总会计师（财务总监）、会计师事务所高层从业人员。

二是与用人单位紧密结合，注重学以致用。学院在办学过程中，从会计职业需求出发，从用人单位的实际需要出发，开拓创新，大胆实践，探索出一条学用结合的新路子。首先，在招生环节，学院实行大企业战略，与中央企业人才培养、干部队伍建设规划紧密结合，报考学员由学员单位根据岗位性质、工作业绩、发展潜质等因素推荐参加全国联考。其次，在培养环节，根据集团客户要求“量身定做”培养课程，同时，学院定期走访学员单位，介绍教学、学习情况，听取用人单位意见，定期邀请学员单位领导来学院举办讲座或与学员座谈，提出会计、企业管理实务问题，引导学员深入思考、研究问题。最后，在毕业论文环节，学院请学员单位领导提出论文题目、参与论文指导，促进学用结合。

三是突出应用型人才培养特点，注重实践型、启发型教学。学院针对应用型人才培养的特点，设计的教学内容丰富多彩，教学方法灵活多样。培养中高度重视案例教学。充分利用世界银行资助开发的案例库和与国外著名商学院合作开发的案例库，将优秀案例应用到教学之中。目前，学院拥有各种案例 70 多个，其中，案例《河南华为》被评为2008 年全国 MPAcc 优秀教学案例。培养中充分利用会计实验室，着力培养学生实际操作和应用能力。会计实验室建成了会计电算化模拟环境、课程模拟教学环境、企业综合管理模拟基地和教学辅助平台，引进了风险管理模拟教学应用系统、计算机审计模拟教学软件、财务报表分析模拟软件、ERP 沙盘模拟软件、金碟 ERP - K3 系统、用友 ERP - NC 集团企业管理系统、巨灵财经金融终端等，为学员提供丰富的基础数据库、案例库和知识库，利用会计实验室为学员开设的风险管理、财务报表分析、管理信息系统、沙盘模拟等课程。培养中注重开辟“实践课堂”和“第二课堂”。定期组织学员和任课教师参加社会实践，深入企业一线调查研究，与企业高层研讨会计、企业管理等实务问题，相继到中国石油、中国神华等10多家企业开展了社会实践活动。同时，有效利用学院远程教育中心的课程资源，为学员免费提供“第二课堂”服务。培养中积极构建交流平台。相继邀请了全国人大、财政部、中国证监会、商务部、中国人民银行等政策制定部门的领导和专家，以及中国石油、中国神华、中国交通等中央企业领导，为学员举办专题讲座，深化交流研讨，开阔学生视野。

四是严格教学管理。对授课教师实行资格认证，对教学质量实行严格的质量评估，以确保师资和教学质量。对学位论文，严格答辩和认真审查，以确保论文质量。近年来，有两名学员的学位论文被全国会计硕士专业学位教育指导委员会评为优秀论文，有11名学员的毕业论文被清华大学评选为优秀论文。

五是充分利用校友资源。针对脱产集中学习的特点，学院注重在校学员的文化生活，定期组织丰富多彩的文体活动；定期邀请校友返校，组织“校友论坛”，与新学员交流学习心得、成功之道，探讨业务问题，为校友构建广泛的交流平台；同时，聘请杰出校友担任授课教师、指导教师。

（四）积极探索培养国际化人才。近年来，学院与国外知名高校合作开展学位教育项目，与境外会计行业组织联合开展培训项目，积极开拓国际合作办学、培养国际化人才的新途径。与法国及我国香港地区开展了学位教育合作，同时，在财政部、国家发改委、商务部等董事单位的大力支持下，相继举办了“发展中国家城镇政府管理”、“区域经济发展与社会进步”、“非洲国家城镇发展规划”、“东盟+中国应对金融危机挑战和后危机时代振兴”、“上合组织城镇经济发展与规划分析”等高级研修项目，取得了良好效果，积累了一定的国际培训经验，使学院在师资配备、语言人才、教学设施、后勤保障等也经受了检验，来自境外各国学员对学院的服务和教学环境非常满意。

三、开拓创新，努力打造一流人才培养基地

学院坚持机制创新和管理创新，加强师资队伍建设、课程体系建设和教学方法改革，提高核心竞争力，强化基地建设。

（一）切实加强师资队伍建设。学院以应用型、实务型教学为导向，探索出一条适合应用型高级人才教育的师资培养和引进机制，初步建立了一支以兼职为主、专兼职相结合的高水平的师资队伍。为引导教师理论联系实际，鼓励教师密切跟踪国际国内会计准则发展前沿和深入研究实务问题，学院定期选派优秀教师到政策制定部门研修实习，与大型企业、会计师事务所合作建立教师实习进修基地，定期组织教师深入企业、事务所调查研究，鼓励教师在不影响教学工作前提下到企业、中介机构、科研机构兼职，以充分吸取营养、拓展视野、丰富经验，更好地开展应用型教学工作。

（二）深化课程开发和科研工作。学院充分利用世行贷款，通过外包、自主开发、翻译引进等形式，开发了一批继续教育教材和课程，自主开发和汉化了70多个教学案例，初步完成了会计实验室的教学模拟软件库、数据库、案例库和知识库等“四库”建设，组建了内部科研机构和研究团队，承担了财政部、中国会计学会等组织的一批科研课题，建立了有利于理论创新和多出成果的科研激励机制，形成了一批支持学院学科体系建设和继续教育的科研成果。

（三）重视校园文化建设。学院重视内部管理和团队建设，健全激励约束机构，充分调动教职工的积极性和创造性，积极倡导和努力构建“敬业、奉献、创新、和谐”的校园文化，一支健康、向上的团队为创建一流人才基地而勤奋工作，为我国高端会计人才培养奉献聪明才智。

实施拔尖会计人才培养工程
主动服务我区经济社会发展

广西壮族自治区财政厅副厅长　曾纪芬

2006年，我厅审时度势，深入贯彻自治区党委、政府“人才强桂”战略，以提高会计人才服务广西经济社会发展的能力为出发点和落脚点，全面贯彻落实财政部全国会计领军（后备）人才培养方案，大力实施“十百千”拔尖会计人才培养工程，形成了有广西特色的地方培养高端会计人才模式，并取得了显著成效。

一、立足长远，全面规划

2006年，我们通过调研发现，全区会计人员26万人中，本科以上学历不到8%，高级会计师只有800人，执业注册会计师只有1 100余人，远低于全国平均水平，高层次管理型会计人才远远不能满足全区经济社会发展的需要。经过深思熟虑，我厅决定实施“十百千”拔尖会计人才培养工程，从2007年起，在全区范围内，分企业、行政事业、学术、注册会计师四大类型，分别选拔一批有潜力的高层次会计人员进行集中培训和跟踪管理，争取用10年左右时间，培养造就10名左右在全国有较高知名度的复合型会计专家，100名左右在全区有知名度的高级管理型会计人才，1 000名左右在市县有知名度的会计行家，以此形成高端会计人才团队，通过发挥高端会计人才的引领、辐射作用，带动全区会计人员整体素质的提高。

二、搭建平台，逐级推进

主要是搭建和用好三个平台，层次由高到低逐级推进：一是努力用好财政部的全国会计领军人才培养平台，积极向全国会计领军人才培养工程输送更多的广西学员。目前，广西已有10人进入全国会计领军人才培养班。二是搭建自治区级的“十百”层次拔尖会计人才培养平台，由自治区财政安排专项资金，在全区范围内选拔高层次会计人才进行培养。迄今为止，共招收企业一期、企业二期、行政事业一期、注册会计师一期共4个班191名学员。其中企业一期44名学员和行政事业一期48名学员已完成集中培训，顺利结业，进入跟踪培养阶段。今年，我厅按计划开展了注册会计师二期、学术一期、行政事业二期学员的选拔工作。三是搭建地市级的“千”层次拔尖会计人才培养平台，积极推动各市财政部门开展本地拔尖会计人才培养。目前，玉林市“千”层次行政事业类拔尖会计人才培养，经过严格的笔试、面试环节后，已进入集中培养阶段。钦州、贵港、柳州等市已经制定会计人才培养计划，培养工作正在有条不紊地开展。

三、严格选拔，择优录取

培养对象的选择在某种程度上决定着培养的质量。因此，我们采取“推荐+考试+考核”的选拔方式，从全区企事业单位高层次财务会计管理人员、会计师事务所高级经理和高等院校中青年会计学术人才中，通过推荐申报、资格审查、选拔笔试、集中面试、业绩考核五个环节进行严格选拔，选拔出我区最优秀的会计人才参加培训，经过培养，学员职称、学历得到进一步提升。招收的191名学员，高级会计师由培养前的45人增加到104人，有42人取得了注册会计师、注册资产评估师、注册税务师、注册建造师等多种职业资格，有2人取得正高级职称，有2人考取上海财经大学的在读博士，有27人正在攻读会计专业硕士，研究生以上学历由38人增加到70人。

四、创新方式，提升能力

在培养方式上，我厅精心设计培训课程，方式灵活多样，注重培养学员实践能力。一是以能力提升为重点，以财会知识为核心，构建多学科交叉融合的课程体系，并针对不同类别的学员，设计不同的培训模块和培训内容，提高培训的针对性。二是实行集中培训和跟踪管理相结合的培养方式。集中培训每年两次，每次1个月。学员离校期间实施跟踪管理，由导师对学员进行网上辅导，学员定期报送学习心得、案例研究、考察报告等，实现学习的持续性和系统性。三是采取灵活多样的培训方式。培训注重案例教学、交流讨论、实地考察，以提高学员的运用水平和实战能力。

五、强化管理，奖优汰劣

在学员管理方面，坚持“严进严出”，奖优汰劣。一是严格学员的日常管理。建立学员档案，系统记录学员在培训期间的学习、科研、实践、出勤等情况。二是建立学员情况反馈机制。每次集中培训和年度学习结束之后，将学员学习情况及时通报单位，了解单位对学员培训的满意度和培训要求。三是实行激励和淘汰制。每年对学员参加集中培训、完成自学任务、发表学术论文、参加论坛、工作业绩、获奖情况、单位满意度等进行量化考核，奖优汰劣。如企业一期和行政事业一期共招收101名学员，有92名学员顺利结业，淘汰9名学员。

六、培用结合，多方举荐

我们坚持培养人才与使用人才相结合，给学员“压担子”，向有关各方大力举荐学员，使学员在干中学，学中干，学用相长。一是在学员中择优推荐两名学员为财政部会计准则咨询专家，聘请37名学员为自治区会计咨询专家、会计人员继续教育培训师资、广西高级会计师评审专家等。二是在课题立项、投标与经费支持方面对学员给予适当倾斜，让学员参与自治区重点会计管理课题研究，在会计、内控、财务管理等课题研究中发挥重要作用。四年来，学员在国内财会公开刊物上共发表内部控制、融资、预算管理、资本运作等财会论文达到200篇，有20%的论文获得不同级别的优秀论文奖。三是建立推举机制。向自治区党委组织部、人力资源和社会保障厅、国有资产监管部门、大中型企业等推荐使用优秀学员，促使学员进入自治区级人才库。目前，有13名学员被组织部选为重点培养对象，有43名学员职务得到晋升，进入单位管理领导层，担任总会计师、财务总监等职务的学员由培养前的14人增加到27人，有1名学员被提拔为厅级干部。

七、注重实践，效益凸现

学员通过培训，不仅增长了知识，更新了理念，更重要的是将所学知识运用到实际工作中去，在单位执行企业会计制度、推行内部控制规范体系、加强财务管理等方面发挥了重要作用，取得了明显效益。例如，广西农垦集团的学员在单位积极推行全面预算管理、资金集团化集中管理、成本分析管理等，实现资金在集团企业间的调剂，节约了资金沉淀成本，提高了企业利润；中国联通广西分公司共有10名“十百千”学员，以他们为核心的财会团队，积极推动集团内部控制建设，完成了该公司成立16年以来最大最全的内部业务规范流程操作指南，共涵盖6大模块、41个环节、470个流程，涉及风险点2 011个，控制点2 982个，此外，还推行县区及分公司完全损益核算考核制度、资金管理系统、利润预算趋准制、价值链经营管理模式等先进理财方法，每年为集团节省财务费用1.14亿元，节约投资成本逾1亿元，创造直接经济效益近7 000万元。

经过四年的培养，在取得显著成绩的同时，我们也深刻地认识到会计人才培养是一项长期工作，人才要培养，更要使用。今后我们要加强如下几个方面的工作：

一是健全培养和使用机制，确立拔尖会计人才培养的长效机制和永久性措施。将拔尖会计人才培养列入《广西会计行业中长期发展规划（2010—2020年）》，加强与组织、人力资源和社会保障以及有关主管部门的沟通协调，建立合作培训、引入管理、推荐使用等机制，推动实现拔尖会计人才培养与全国领军会计人才培养、广西会计人才小高地、会计专业技术职称制度、会计专业学位教育制度的有机衔接，为我区拔尖会计人才的培养和使用提供机制保障。

二是建立广西会计人才小高地，为拔尖会计人才成长成才提供平台。充分利用人才小高地的资金激励机制、筛选机制、成果应用机制、绩效评估机制与淘汰机制，将拔尖会计人才的使用评价与其在单位、岗位的工作实绩结合起来，创造条件让拔尖会计人才脱颖而出，成为优秀的总会计师、会计名家和注册会计师。

三是加大举荐力度，拓宽拔尖会计人才发展空间。通过与组织部门沟通，推荐“十百千”学员进入组织部后备干部库，联合开展高等院校总会计师专项培养班，为高等院校选拔总会计师提供备选人才。

四是实施青年后备会计人才培养计划，建立完善会计人才梯队。由企事业单位或者高等学校推荐、选拔青年后备会计人才，由我区“十百千”拔尖会计人才培养工程的学员担任导师，对青年后备会计人才的职业规划、实践操作、业务能力、学术研究等进行指导，扶持青年后备会计人才的成长，源源不断地为“十百千”拔尖会计人才和全国会计领军人才培养工程等输送后备人才。

五是实施面向东盟会计人才培养计划，培养拔尖会计专门人才。通过举办中国—东盟会计论坛、讲座，采取广西高校与东盟国家高校会计学生的交流和委托培养等形式，有针对性地组织我区“十百千”拔尖会计人才、青年后备会计人才开展东盟会计、审计、经济环境、对外贸易、金融、税务等知识的专题培训，推动学术界加强中国与东盟会计的比较研究，着力培养部分在全国有一定知名度和影响力的东盟会计研究学术专家，以适应开拓东盟市场和经济发展的需要。

六是设立注册会计师行业专项资金，培养高层次注册会计师。我厅计划从明年开始设立注册会计师行业发展专项资金，专项用于扶持注册会计师行业的发展，在培养高层次的注册会计师方面给予资金支持，重点对会计师事务所负责人、部门经理、合伙人或者具有评估、税务、造价等多重执业资格的注册会计师进行培养，为会计师事务所做大做强提供人才支持。

健全培养体系　强化人才使用
持续推进铁路系统会计人才培养

铁道部财务司副司长　张　群

为落实人才强国战略，强化铁路财务管理，2006 年，铁道部制订下发了《关于加强全路财会队伍建设的意见》，明确铁路系统财会队伍建设的指导思想和总体目标，提出 20 条加强财会队伍建设的措施。以此为契机，铁路系统以全路高级财会骨干人才和会计专业硕士培养为核心，健全高端人才培养体系，狠抓重点人员培养，共组织骨干人才培养 5 期 207 人，会计专业硕士培养 4 期 186 人；以继续教育培训为主线，精选培训师资、丰富培训形式、严格培训管理，努力提升全员素质，“十一五”期间，共组织会计人员培训 14.94 万人次；强化管理，建立人才跟踪、使用机制，将 125 名高级骨干人才提拔或交流到重要工作岗位。经过努力，会计人员素质得到极大提升，至 2011 年 7 月底，在 3.57 万名在岗会计人员中，具有中级及以上会计专业技术资格的占 35.12%，比 2006 年末提高 6.27 个百分点，具有本科及以上学历的占 34.52%，比 2006 年末提高 11.86 个百分点，会计人员参与经营管理的能力明显增强，铁路企业全面预算管理得以全面贯彻，内部控制得以加强。

一、健全体系，抓住培养重点

随着铁路行业的快速发展，新技术、新装备不断投入运用，铁路企业急需大批懂经营、会管理的高素质会计人才，如新成立的100多家合资铁路公司就需要大批熟悉建设、投融资管理知识的总会计师、会计机构负责人，为解决行业发展急需人才，铁路系统迅速推进高端会计人才培养体系建设，组织会计重点人才培养。

（一）大力培养全路高级财会骨干人才。为着力打造一批符合铁路发展要求的高素质、复合型高级财会人员，自2006年起，铁道部与中央财经大学、厦门大学合作，先后举办五期全路高级财会骨干人才培训班，系统培训学员207名。培训对象包括铁道部直属企业财务主管部门负责人、科室负责人，基层单位总会计师、会计机构负责人等业务骨干；培训工作由铁道部人事、财务部门共同组织，各单位逐级选拔、考核和推荐学员，铁道部与培训学校共同负责日常管理，并由铁道部指定班委加强班级管理；采取脱产学习方式，包括课堂授课、专题讲座、实地调研、撰写论文等；培训课程由铁道部与培训学校结合研究生课程和铁路企业工作需要共同商定，包括会计、审计、内部控制、经济、战略管理、税务、资本运作、人力资源管理等；学员毕业发放培训结业证书，并可参加所在学校同等学历考试，学习内容可抵减会计专业硕士课程。学员通过培训，拓宽了视野，启迪了思维，在分析能力、业务能力、管理能力和创新能力等方面都得到较大提高。

（二）积极开展会计硕士培养。为健全高端会计人才培训体系，2007年起，在全国MPAcc教学指导委员会的指导下，铁道部与北京交通大学联合培养会计专业硕士，至今已举办4期，通过全国联考，已录取学员186名。学员每年集中学习4—5次，每次10天左右，通过边学习、边实践，改善了学员的知识结构，提高了学员专业水平和业务能力。

（三）积极组织参加全国会计领军人才培训。铁道部十分重视全国会计领军人才选拔培养，积极组织符合条件的人员参加报名、考试，履行严格的内部程序，经部领导审批后选拔业务能力和工作业绩都非常突出的人员作为“推荐”人员。至2010年底，铁路系统共有5人被选拔为企业类会计领军人才培训对象，4人被推荐参加大赛班学习。

（四）大力开展多层次会计人才培养。在财政部、铁道部高端会计人才培训的引领下，各铁路局按照铁道部要求采取多种形式组织本单位高端人才培养。如武汉铁路局与武汉大学联合举办财会骨干培训，广铁集团与湖南大学联合举办会计专业硕士研究生课程培训，郑州铁路局与华东交通大学进行专业硕士学位培养等非脱产学习，沈阳铁路局选拔优秀会计人才，送到东北财经大学进行为期六个月的脱产培训。

二、精心组织，提升全员素质

随着企业会计准则、内部控制规范等财经法规制度颁布实施和社会经济环境的变化，对会计人员的业务能力提出了更高要求，为全面提升会计人员素质，不断更新财会知识，铁道部财务司和各级财务主管部门把会计人员继续教育作为一项重要工作来抓，并抓出成效。

（一）“分层、分级、分类”组织培训。由铁道部负责组织高级会计人员继续教育培训，部属企业负责初、中级会计人员继续教育培训；为提高培训的针对性，根据会计人员岗位需要，组织专门培训，如铁道部2008年组织基建财务人员培训班，沈阳铁路局按决算、成本、固定资产管理等不同岗位分类组织培训，大部分铁路局对基层单位总会计师、会计机构负责人进行单独培训，部分铁路局还组织基建会计、收入人员培训班。

（二）结合实际确定培训内容。各单位根据国家财经法规政策变化，结合本单位实际工作需要和当年财务工作重点，精选培训内容，提高培训的实用性。近几年，通过会计人员继续教育，对企业会计准则、内部控制规范进行了全面培训，同时对税收、财务管理、风险管理等有关内容进行了系统培训。

（三）精选培训师资。根据培训对象层级的不同确定培训内容，精选培训师资，提高培训水平。如高级会计人员继续教育培训，聘请大学教师、财政部专家、央企总会计师、会计师事务所合伙人、铁道部财务司各处处长等具有丰富理论知识和实践经验的专家、学者负责授课。

（四）丰富培训形式。在课堂授课的基础上，积极探索远程培训、专题研讨、经验交流等多种形式，激发学员自主学习的热情，提高学习效率。如2010年铁路高级财会人员研讨班由铁道部财务司、资金中心领导、相关处长和铁路局、专业运输公司、合资公司总会计师、财务部门负责人等42名人员就加强建设财务管理、合资铁路公司管理、增收节支、内部控制建设等四个主题做了42场专题发言，并汇编成册，供大家学习交流。

（五）严格培训管理。由各级财务主管部门和财会学会负责会计人员继续教育的日常管理，每期均派专人负责；建立严格的考勤制度，学员座位上放置桌签，不定时抽查学员出勤情况；通过考试、提交作业、撰写论文等多种形式，严格考核，提高培训质量。如2009年铁道部财务司对高级会计人员培训中缺勤人员和未交论文人员进行通报批评，并要求缺勤次数较多人员做出书面检查。

（六）构建终生学习体系。引导广大财会人员形成终生学习、不断学习的理念，引导、鼓励和支持会计人员参加高一层次的学历学位教育、会计专业技术资格考试和注册会计师等考试，开展多种形式的知识竞赛、岗位能手、练功比武等活动，形成良好的学习氛围。铁道部代表队在全国会计知识大赛中连续三届获得名次，各铁路局还自行组织竞赛、比武活动，如郑州铁路局分别于2007年、2009年和2010年举办第四届、第五届和第六届全局会计知识大赛。

“十一五”期间，铁路系统共组织会计人员培训14.94万人次，其中，铁道部组织高级会计人员继续教育3 689人次。

三、强化管理，建立用人机制

为激励会计人员自觉学习，积极参加培训，充分发挥人才培养的作用，使培养的人才学有所用，铁路系统历来高度重视会计人才的使用和跟踪管理，以形成良性人才成长机制。

（一）建立跟踪管理机制。利用会计从业资格管理系统等方式，建立专门人才库，对重点人员进行实时动态跟踪管理，分析其职务、岗位变化情况。如铁道部在会计从业资格管理系统中建立全国会计领军人才、全路高级财会骨干人才、会计硕士人员库。

（二）建立人才使用机制。一方面，铁道部将培养的优秀人才直接任用到重要工作岗位，在已培养人员中，由铁道部直接提拔或交流使用人员12名；另一方面，铁道部通过发文、工作总结、重要会议讲话等各种途径引导铁路单位重视对会计人才的任用。如在全国会计领军人才中，5名企业类会计领军人才，有4人被提拔或交流到重要工作岗位，其中，1人被提拔为副局级领导，2人被提拔为正处级领导。4名大赛班学员，1人由铁路局财务处一般人员提拔为副科长，2 人由基层单位调入铁路局财务处，1 人被提拔为会计机构负责人。207 名全路高级财会骨干人才培训班学员中，125 名人员已被提拔或交流到重要工作岗位，其中，副局级总会计师 3 人，正处级会计机构负责人、总会计师等15 人，副处级会计机构负责人、总会计师等 75 人。

综上，我们在会计人才培养方面做了一些工作，取得了一定成绩，但离国家会计人才培养要求和铁路发展需要还存在较大差距，我们将以此次座谈会为契机，借鉴各省、市和兄弟部门的经验，按照财政部会计行业中长期人才发展规划的要求，继续强化铁路系统会计人才培养工作。

高起点建设总会计师队伍
全方位发挥会计专业作用

中国航天科工集团公司总会计师、党组成员　刘跃珍

各位领导、同志们：

今天，财政部在这里组织召开全国会计人才工作座谈会，为我们搭建了一个很好的工作交流平台。这次会议对于大力推动我国会计行业中长期人才规划的实施，建设一支与我国社会主义市场经济相适应的会计人才队伍具有重要意义。

中国航天科工集团公司（以下简称航天科工）作为我国高科技战略性产业的重要组成部分，拥有一支高素质、能担当国家重任的科技领军人才队伍。如何建设一支高素质、能担当企业发展重任的会计领军人才队伍，即总会计师队伍，是我们最近几年一直在探索的课题。

一、航天科工基本情况

航天科工是中央直接管理的国有特大型高科技企业，前身为1956年10月成立的国防部第五研究院，先后经历了第七机械工业

部、航天工业部、航空航天工业部、中国航天工业总公司、中国航天机电集团公司的历史沿革。现有7个研究院、2个科研生产基地、6家上市公司、3家金融公司、620余户企事业单位，遍布全国各地。现有职工12万余人。在各类人才队伍中，现有“两弹一星”功勋奖章获得者1名，两院院士10名以及一大批国家级专家。拥有多个国家重点实验室、技术创新中心、成果孵化中心以及专业门类配套齐全的科研生产体系。

经过五十多年的建设和发展，航天科工形成了以“航天防务、信息技术、装备制造”等三大主业板块为支撑的产业发展格局。

在航天防务领域，航天科工在防空导弹武器系统、飞航导弹武器系统、固体运载火箭以及空间技术应用系统等建立起了完整的科研生产试验体系，在我国国防武器装备建设史上创造了数十个“第一”，在载人航天、月球探测工程等多个国家重大科技工程中承担了重要任务，为我国国防安全和我国国际地位的提高做出了重大贡献。

在信息技术、装备制造等方面，航天科工开发了一系列军民结合高科技产品。航天科工自主研制的防伪税控系统、奥运安保科技系统、南水北调仿真系统、应急救援与保障装备、多轴向重型专用车等广泛应用于国民经济和社会发展的方方面面，产生了较好的经济效益和巨大的社会效益。航天科工继承担了国家金税、金卡、金盾等三金工程的总体研究、应用与推广任务之后，近年来又承担并圆满完成了北京奥运会、60周年国庆阅兵、上海世博会、广州亚运会、深圳大运会等重大活动的安保科技工程的设计、建设和运营维护任务，受到各级政府和社会的广泛赞誉。

航天科工科技创新能力强，自主创新成果多。“十一五”期间获得国家科技进步特等奖3项，列全国第一位；2009年被评为中国最具创新力企业并荣获中国企业自主创新百强第一名。

“十一五”期间，航天科工经济规模和经济效益快速提升，营业收入年均增长21.6%，利润总额年均增长39.5%。2010年底，航天科工总资产超过1 300亿元，营业收入超过900亿元，利润总额接近70亿元。在国务院国资委对中央企业经营业绩考核评价中，航天科工已连续四年进入中央企业A级行列。

二、总会计师队伍建设情况

航天科工发展最快、最好的这几年，也是航天科工总会计师队伍建设力度最大、效果最好的时期。

2007年1月和6月，我和集团公司许达哲总经理先后调入航天科工。当时的情况是：航天科工主要直属单位都没有配备总会计师，面对集团公司所属单位的多种诉讼纠纷及多种不规范运作等历史旧案对航天科工发展造成的现实冲击，新的集团公司党组深刻认识到建立总会计师队伍的重要性和紧迫性。

2007年12月，集团公司党组决定要在各研究院、基地、直属单位设立总会计师，要尽快建立一支总会计师队伍，发挥总会计师在企业管理中的重要作用。

2008年、2009年，航天科工先后两次面向社会公开招聘直属骨干单位的总会计师，引起集团上下、内外的很大反响，收到了意想不到的效果。总会计师岗位通过市场机制选聘，开创了航天科工干部制度改革的先河，也为高起点建设总会计师队伍打下了基础。

截至目前，航天科工通过招聘、选拔、交流等多种方式，共有110家二级、三级单位配备了总会计师，其中航天科工直属研究院、基地以及骨干厂所与公司的总会计师已基本配齐。

特别值得一提的是，在航天科工总会计师配备和队伍建设中，财政部的会计领军人才工程给予了我们很大帮助。大家知道，财政部正在实施全国会计领军（后备）人才工程，通过严格的选拔考试，每年招收一批综合素质好的会计专业人才进行重点培养和打造。航天科工目前有12名优秀会计专业人员通过考试进入到这个领军班，培训后综合能力有了很大提升。对这支领军后备人才队伍，我们寄予了很大希望。目前我们的12位领军人才都被安排在重要岗位，其中有5位在航天科工二级单位担任总会计师，有2人在航天科工控股的上市公司担任财务总监，有3人在航天科工总部担任部门负责人，有2人担任航天科工二级单位部门负责人。这12人中有2人是我们从集团外部通过招聘的办法引进的。我对财政部会计领军班有两点认识：第一，它是我国会计专业的国家队，第二，它是我国会计专业的“黄埔系”。正是基于这种认识，我们让这些经过打造的后备领军人才尽快担当重任，使其成为单位会计专业真正的领军人物，并为其后续事业发展搭建更大的平台。

这几年，航天科工总会计师队伍经历了从无到有、从小到大、从弱到强的发展过程。12位会计领军人才已成为航天科工宝贵的人才资源，总会计师已成为引领航天科工各单位财经工作的中坚力量。

三、总会计师队伍建设的主要做法

（一）制度先行、管理规范

航天科工十分重视总会计师管理制度建设，先后下发了《总会计师管理暂行办法》、《关于全面贯彻实施〈中央企业总会计师工作职责管理暂行办法〉的通知》、《总会计师业务考核评价办法》等制度规定。明确了总会计师作为单位领导班子成员，直接对单位主要行政领导负责，同时对集团公司负责；明确了总会计师配备的条件和应具备的能力，具体规定了总会计师的职责权限等。使集团公司对所属单位总会计师管理更加制度化、规范化和常态化。

（二）定位明确、责任到位

集团公司对总会计师有五点明确的工作角色定位：

（1）要当单位主要领导的好助手；

（2）要当班子其他成员的好伙伴；

（3）要当企业的好管家；

（4）要当出资人利益的守护者；

（5）要当财会队伍的引路人。

这五个定位也意味着总会计师对这五个方面都要承担责任，并自我处理好不同角色的关系，使总会计师的工作职责履行更加到位。

（三）加速转型、提升能力

四年前，基于当时的工作现状，我向集团会计专业系统提出了加速三个转型的要求：

（1）要由守财型向理财型转变；

（2）要由决策执行型向决策支撑型转变；

（3）要由单一知识结构向复合知识结构转型。

通过转型，总会计师要具备五种能力：

（1）战略谋划能力；

（2）业务融合能力；

（3）沟通协调能力；

（4）队伍建设能力；

（5）风险防范能力。

（四）加强培训、提高素质

为使总会计师真正具备以上五种能力，航天科工采取了多种培训措施，不断提高总会计师的能力素质。

（1）集团公司领导亲自授课。集团公司总经理亲自为总会计师授课，他要求总会计师：以国为重、以企为家、以人为本、以法治业、以诚取信、以新图强；集团公司总会计师坚持每年为所属单位总会计师进行一次专题讲授和业务交流。

（2）财政部会计领军班培训。在培训期间，集团公司和所在单位不给他们交代任何工作，也不联系和打扰他们，保证他们能全身心投入到学习培训中。同时要求他们学习回来后再培训大家，并结对子帮助管理相对落后的单位。

（3）集团公司坚持每年在国内举办一次总会计师培训班。2009年集团公司在德国成功举办了一期总会计师培训班，今年在美国再举办一期总会计师培训班，以后计划每年举办一期不同专题的总会计师、财务部门负责人国外培训班，进一步开阔视野、活跃思路、提高素质、增长才干。

（五）强化考核、客观评价

（1）建立总会计师报告制度。各直属单位总会计师遇有单位突发应急事件要随时向航天科工总部报告，最迟不得超过 24 小时，如：本单位发生财务危机或重大资产损失、本单位涉诉或单位领导涉诉或财务人员涉诉；遇有重要事项要事前报告，如重大投融资、大额资金调用、资产划转、债务重组、股权变更等；每年度终了 1 个月内，总会计师应向集团公司提交年度述职报告，述职报告侧重讲述本人的履职情况、本人在单位重大经营活动中发挥的作用、本人对单位经营财务工作的认识、工作中存在的不足措施与建议等。

（2）建立考核评价制度。集团公司成立了总会计师业务考核评价领导小组，由集团公司总会计师担任组长，财务部、人事部、审计部等部门负责人担任成员；考核指标设置 7 个大项 27 个小项，涉及单位主要财务指标完成情况、会计基础管理情况、财务管理与监督情况、财会内控机制建设情况、单位重大财务事项监管情况、集团公司工作要求落实情况、集团年度重点财务工作完成情况等；考核评价分“优秀、称职、基本称职、不称职”四个等级；考核评价结果与薪酬以及后续任用挂钩。

四、总会计师的主要作用

航天科工非常重视各级总会计师作用的发挥，在企业经营管理层面，总会计师发挥了以下主要作用：

1. 在企业战略谋划方面，总会计师参与制定企业总体发展战略、企业定位、经济发展目标等，主持制定企业筹融资规划、金融产业发展规划等。

2. 在辅助企业经营决策方面，总会计师组织或参与重大投资项目的审查，对重大经营决策问题要发表独立的专业意见。

3. 在支持企业产业发展方面，总会计师要统筹安排企业的资金资源，负责组织低成本筹融资工作，满足企业产业发展的需要。

4. 在提高企业价值方面，总会计师不仅是参与者，在一定范围内，也是组织者，比如，在经营与财务绩效的改善、理财创效、税收筹划、成本价格筹划、资金集中管控与资金运营增值等方面，总会计师负有很大的责任。

5. 在经营风险防范方面，总会计师不仅要面对各种投资、融资、担保、汇率、利率等风险，还要面对企业财会内控各环节可能存在的风险，应对并化解企业经营过程中的风险是总会计师的重要工作职责。

总之，航天科工总会计师队伍是一支成立时间不长、还很年轻的队伍，尽管在企业经营管理等诸多方面发挥了比较好的专业作用，但与先进单位相比、与航天科工发展的客观要求相比，还有不小的差距。我们这支队伍还需要不断地打造与磨练，更需要不断地学习与提高。我们将以这次会议为契机，进一步加大总会计师队伍和会计专业人才队伍的建设力度，更好地发挥会计专业作用，为企业发展做出更大的贡献。

以人为才　以人施材　以人兴业

江苏省注册会计师协会秘书长　黄中茂

近年来，江苏注协按照中注协要求，结合本省实际，以加强诚信道德建设和提升专业胜任能力为目标，以自主培养与外部引入为途径，以国内培养和国际培养为手段，以高级管理人才和各类特色人才培养为重点，深入实施行业人才培养战略，已初步建成一支由注册会计师全国领军（后备）人才、高级管理人才、国际化人才、复合型人才和后备人才等组成的全省行业人才队伍，在服务江苏改革开放、规范资本市场发展、提高经济信息质量、引导资源合理配置、维护市场经济秩序等方面发挥着越来越重要的作用。

一、抓好六建，多管齐下育人才

（一）建立人才培养管理体制，明确分工职责。充分发挥省、市协会和会计师事务所各自的作用，省注协由教育培训委员会牵头，掌握全省行业人才布局、结构、配置等情况，研究策划行业人才培养工作，制定年度人才培养计划，重点开展全国领军（后备）人才、高级管理人才、国际化人才和复合型人才的培养工作。市注协按照全省人才培养计划，重点抓好本地区专业技术人才和后备人才的培养。会计师事务所落实全省人才培养计划，一方面做好人才推荐工作；另一方面，根据事务所业务需求，有针对性地实施人才培养，加强与省内高等专业院校合作，有计划地储备行业人才。省、市注协和会计师事务所分级负责，逐步建立起全省人才培养的管理体系。

（二）建立人才培养制度，规范人才工作。江苏注协根据地方实际情况，结合注册会计师继续教育工作的要求，通过建立一系列促进行业人才培养的规章制度，不断提高人才工作科学化、规范化、精细化水平。制定《江苏省注册会计师继续教育管理制度》，明确学识认定管理办法；出台《江苏省注册会计师行业人才培养专项资金管理办法（试行）》，保证人才建设需要；下发《江苏省注册会计师行业师资管理办法》、《江苏省注册会计师行业师资考核与评价办法》、《江苏省会计师事务所内部培训考核与评价办法》，规范人才培养管理工作。

（三）建立“人才培养专项资金”，保障人才建设。江苏注协不断加大人才培养投入力度，2008 年在全国率先设立了“人才培养专项资金”，省财政预算拨专款，省注协列会费。“十一五”期间，江苏注协（不包括会计师事务所）用于选送人才赴境外培养、举办专题培训班、开发培训课件、激励人才发展等方面的专项经费支出达 500 多万元，有力地促进了人才队伍建设。

（四）建立分类培养，统筹人才资源。通过了解行业人才现状，分析人才结构组成，江苏注协以多种形式在行业内公开选拔优秀人才，初步建成一支包括全国领军（后备）人才、具有 ACA、ACCA、CGA、IPP 等资质的国际化人才、取得 EMPACC、MPACC 等资质的高级管理人才等 200 多名优秀人才组成的人才库，做好人才库管理，建立联络制度，提供适当的培训服务。同时建立全省行业师资库，打造一批在会计、审计、税务、管理咨询等方面的优秀师资，并定期组织师资加强课件开发与研究。目前，江苏行业师资不仅在全省人才培养工作中发挥着积极作用，同时支持兄弟省市乃至中注协和三所国家会计学院人才培养工作。

（五）建立高端人才培养平台，引领人才成长。江苏注协采取多种形式，打造有利于人才成长和发展的平台。通过举办主任会计师培训班，培养事务所合伙人以上高级管理人才，举办新业务拓展专题班，培养行业复合型人才，选派人员赴境外学习，培养国际化人才等，激发起注册会计师的学习热情，创造了人才发展的良好氛围。2010 年，江苏注协在香港建立人才培训基地，启动行业人员赴香港会计师事务所中长期培训项目，促进国际化人才成长。

（六）建立人才选拔、评价使用机制，促进人才科学发展。江苏注协以职业道德好、专业技能好、外语好、身体好的“四好”标准选拔人才、考核人才和评价人才，以“人才培养专项资金”，引领事务所加强人才队伍建设。同时促进事务所完善内部晋升制度，努力建造一个良性的人才培养机制。全国首批取得 ACA 资质的 12 名学员中，有两名出自江苏，江苏注协在中注协现有奖励政策的基础上，再次通过“人才培养专项资金”对学员和所在事务所给予奖励，并在全省行业内进行通报表扬。目前，全省 13 名取得全国领军（后备）资格的人才都进入到事务所高层管理团队，大部分取得 ACA、IPP 等资质的人才已走上事务所中高层管理岗位。

二、人才支撑，齐头并进大发展

（一）行业人才队伍不断壮大。到 2011 年，全省执业注册会计师达到 4 800 多人，比“十一五”初期增长 25%，行业从业人员超过 12 000 人，比“十一五”初期增长 20%，非执业会员达到 8 100

多人。行业人才竞争优势明显增强，人才规模效益进一步提高。到2011年，全省拥有注册会计师全国领军（后备）人才13人，具有ACA、ACCA、CGA等资质的国际化人才29人，行业师资队伍核心成员26人，行业监管队伍30多人，取得EMPACC、MPACC等相关资质的200多人。注册会计师人才素质不断提高，资源结构趋于合理。

（二）行业发展又好又快。2010年，江苏全省业务收入21.95亿元，比“十一五”初期增长70%，其中，咨询业务收入1.98亿元，比“十一五”初期增长247 %，其他主营收入1.03亿元，比“十一五”初期增长204%。全省不少事务所以人才建设支撑业务领域拓展，苏州众勤会计师事务所采取加强IT、外语、法律等方面的人才培养和引进海外高精尖人才，提升事务所在公司秘书、转让定价咨询业务、管理信息化支持业务方面的服务能力，有针对性地发展和巩固苏州工业园区外商投资企业客户。目前该事务所在审计业务客户中，外资企业占到98%，其中欧美企业超过60%；业务构成上，鉴证业务占47%，代理和咨询业务达到53%；该事务所业务收入从2007年设立初期的97万元，发展到今年的1 500多万元，成为江苏省中小事务所以人才促发展、“做精做专做特”的典范。

（三）行业社会影响力明显扩大。通过开展行业党建工作，一批优秀人才被发展为中共党员，截至目前，全省行业拥有中共党员1996名，并有6人当选为市一级党代会代表。在全省行业人才队伍里，还有80多人分别担任各级人大代表和政协委员。打造了江苏注册会计师参政、议政的新形象，促进行业知名度不断提升，社会影响力进一步扩大。

（四）理论研究硕果累累。江苏注协组织行业师资研究与开发的《企业所得税法实施过程中的热点与难点》、《通过执业质量检查看审计的不足》、《企业并购中的会计与税务处理》等20多个优秀课件，在指导和帮助注册会计师提高执业质量和提升执业水平过程中起到重要作用，得到全省行业及社会的广泛认可，部分课件已被北京、上海国家会计学院选定为全国远程教育课程。

三、统筹规划，齐心协力上台阶

今年8月份，江苏注协出台了《江苏省注册会计师行业2011—2015年人才发展规划》，明确了全省行业人才培养新的奋斗目标。到2015年，江苏执业的注册会计师达到6 000人，行业从业人员超过15 000人，非执业会员超过10 000人，力争培养出30名左右的全国行业领军（后备）人才、30名在审计、会计、税收等学科方面的专家、100名具有国际认可度的国际化人才、300名新业务领域复合型人才。为实现这一目标，江苏注协将认真贯彻落实这次会议精神，进一步做大行业“人才培养专项资金”规模，激励会计师事务所注重人才培养，鼓励注册会计师立足岗位成才，健全行业人才选拔、培养、使用、激励机制，指导事务所建立与健全人才引入、评价、考核、晋升制度，搭建人才发展更多平台，深入实施行业人才培养战略，为“十二五”时期江苏省行业业务收入实现翻一番提供人才支撑。

关于会计人才培养的若干思考

上海财经大学副校长　孙　铮

2010年6月6日，中共中央、国务院发布的《国家中长期人才发展规划纲要（2010—2020年）》（以下简称《人才规划纲要》），2010年9月21日财政部发布的《会计行业中长期人才发展规划（2010—2020年）》（财会〔2010〕19号），吹响了中华人民共和国建国以来史无前例的人才发展战略规划的嘹亮号角。这些规划不仅明确了我国各行各业人才工程需要落实的指标，而且也提出了如何落实的举措。我以为今后的工作要点是怎样落实的问题，为此，我从会计教育界角度谈一些自己的看法。

第一，应该注重高等教育在会计专业人才培养方面所发挥的重要作用。

不论是发达市场经济国家还是新兴市场经济国家，会计专业人才对于该国该地区经济发展，维护市场经济秩序，保护相关者的利益等方面均发挥着不可低估的作用。会计专业人才包括三类：企事业单位的各级会计人员、会计师事务所等中介机构的执业会计师以及高等院校的会计教师。从现实情况来看，不论会计专业人才来自何方，尤其是被选为国家或地方会计领军人才行列的，几乎都经历了大学本科以上的高等教育，获得学士以上的学位，其中的多数又是接受了高等会计专业的教育。因此，从这个角度来看，高校在会计专业人才培养方面所发挥的作用举足轻重。高等教育能否培养出高质量、符合社会发展需要、能够参与国际竞争的会计专业人才，面临诸多挑战。在这方面，上海财经大学等高校进行了一系列的教育教学改革，取得了一定的成效。

比如，在本科教育阶段，一方面通过通识教育提高学生人文和科学素养，助其人格养成，建立现代商学课程体系，为其今后成为现代商界的组织者和领导者打好商学基础；另一方面，紧随国际现代会计高等教育发展趋势，将国际的和中国的会计教学有机地融为一体，持续改革本科会计专业教育课程体系。

在研究生教育阶段，我们实行分类培养的方针。硕士研究生教育侧重为会计实务界培养具有发展潜力的、将来能够在会计专业领导岗位上担起重任的应用型人才，他们获得的学位主要是会计硕士MPAcc。博士研究生和少部分硕士研究生教育侧重于培养能够攀登国际学术高峰的，将来能够在高等院校、研究机构等成为会计专业教学与科研方面领军人物。其中有一项改革措施就是实施硕博连读制度，严格控制招生和培养人数，按照国外先进大学的方式，进行严格的课程训练，实施严格的毕业论文审查、答辩制度，提供较充足的经费保障，确保博士生在体面的生活环境下做好学问。

会计专业人才培养过程中有一个关键环节，那就是合理协调专业课程设置与行业认证之间的关系。二十年来，我们一方面坚持高等教育人才培养的基本要求；另一方面，在会计专业课程设置上有机地结合国际认证机构对专业人才的一些要求（甚至接受这些认证机构对我们专业课程的定期评估），不断保持专业课程的先进性和国际化水平的质量。

第二，需要处理好高等教育与后续教育在会计专业人才培养中发挥不同作用的关系。

会计行业领军人物需要在一支人数众多、基础较好、素质较高的队伍中遴选出来，脱颖而出，而我国目前已经发展到大众化教育的高等教育，显然为这样庞大会计专业人才队伍的形成，提供了一个良好的基础。不过，实践表明，人才特别是专业领军人才的塑造，光有基础不行，高等教育只是其必要条件，人才的可持续发展需要有其与可持续发展相匹配的继续教育或后续教育，而且后者应该是中长期人才规划的重要组成部分。财政部提出的“着力培养造就60 000名大型企事业单位具有国际业务能力的高级会计人才、2 600名具有国际认可度的注册会计师、100名具有国际水准的会计学术带头人等高端会计人才”的宏伟目标，需要有这样一个高等教育与后续教育结合在一起的人才培养体系提供支持与保障。根据我的观察，凡是我们一般可以关注到的那些领军之才，大学高等教育对其一生的影响主要侧重于人格养成和素质教育方面，比如人文素质和科学精神的树立，而精神进取（精进）、领导与组织才能（能力）、专业水准（技能）的形成与提升，都与后续教育有关，都与干中学有关，都与适时学习（及时跟进式学习）有关。这些后续教育能够提供最鲜活、最生动、最富有成效、最贴近实践、最具有针对性的管理理念、方法和技能。这些后续教育，有的是在一个企事业单位内部进行，有的是借助于社会力量，如咨询机构、职业团体、教育机构等各种组织机构提供的培训资源。因此，各行各业，如何建立与中长期人才发展规划相呼应的后续教育计划、可持续发展的培训制度等至关重要，这些应该纳入对一个企事业单位的制度建设和工作考评范畴。

第三，需要培养具有国家意识和国际视野的会计专业人才。

财政部发布的《会计行业中长期人才发展规划（2010—2020年)》中，强调着力培养造就三种类型的国际性“高端会计人才”，即具有国际业务能力的企事业单位的高级会计人才，国际认可度的注册会计师，以及具有国际水准的会计学术带头人。这项工作非常艰巨，但是值得努力去做，也非常有必要把它做成。今天我们讨论培养国际型人才与以往有了较大的不同。过去讨论这个话题时，往往是两张皮，本土化与国际化两者之间是脱节的。改革开放30余年来，我们由一个经济落后、相对封闭的国家，发展成为市场开放、经济腾飞并对世界经济发展发挥重要作用的一个新兴经济体，尽管在经济全球化背景下我们的政治改革和经济制度还存在这样或那样的不足或差距，但是，30多年来的发展意味着我们肯定做对了什么，做成功了什么，其中当然包括在宏观层面和微观层面的制度建设方面、人才培养方面。有一点我们深切体会到，我们的发展从来没有放弃或忽视国家意识和民族大义，我们把自己的改革与发展，从来都看作它是全球发展的一个重要组成部分；中国的存在与发展，将会对整个人类社会创造福祉，做出文化和经济方面的不朽贡献。现如今，中国的许多政策和主张，如货币政策、汇率政策、税率政策、产业政策、资本市场、会计准则等，已经成为了影响国际规则的重要因素。中国的问题就是世界问题。故而，观察中国问题，倘若不将其置身于国际环境，不以国际视野加以分析，都将不利于我们的可持续发展。我们提出塑造具有国际视野的人才，是寄希望这些人才在走出去参与国际竞争的同时，与世界各国的同行们一起努力解决全世界经济生活中或学术领域中所共同面临的挑战，使这些人才所建立的每一份信任和做出的每一项贡献，都是在向世界其他国家塑造中国形象。我们走出去的本身就是在帮助中国变得更加强大。不论在企事业界还是注册会计师等中介行业，国际视野之人才应该具有国际市场的战略眼光，国际规则的善解能力和参与能力，国际资本的运营技能，国际商务的沟通技巧，用中国商业文明去影响国际商界的仁义之举。在会计教育界，国际水准的学术带头人应该坚持立足本国问题，采用国际学术范式，将中国问题置于国际学术论坛展开研讨，善于通过学术合作，吸引和动员国际学术资源与力量，更多地参与全球化背景下中国会计理论与实务问题之研究，并在国际重要的主流学术论坛和学术期刊上展现具有重要甚至深远影响力的学术成果。作为学者，我欣喜地看到，近十余年来，国际顶尖财务与会计学术期刊上，中国学者发表的关于中国问题的研究成果正在增多，这在国际学术界引起了高度关注；今年美国会计学会还专设会场，组织学者们专题研讨中国会计学术问题。今年美国颇具学术影响力的《公司金融杂志》（Journal of Corporate Finance，JCF），有一期比较集中地发表了多篇关于中国资本市场中公司金融、会计和审计方面的学术论文，其中引人注目的是国内一些经过严格学术训练的青年才俊，其观察中国财务与会计问题之独特，研究功力之深厚，学术态度之严谨，学术创新之显著，给国际学术界留下了深刻印象，我相信国际水准的学术带头人将会在这批学者中产生。我以为国家的或民族的东西，可以在国际舞台中彰显其特色，可以在国际交流中愈加发现其存在之价值和意义，实务的问题是这样，学术的问题也是如此。我也一直以为，我们的博士研究生就像国家队队员，博士生导师就像国家队主教练，这支团队培养出来的队员其学术水平如何，应该拉到国际舞台上进行较量。

第四，需要处理好组织制度与市场机制在会计专业人才培养中发挥不同作用的关系。

杰出人才的培育、产生与一定的制度环境有关，也与某种竞争环境有关。一个组织有序的制度可以积极主动地为优秀人才的产生提供或创造条件，比如，在大型企业集团内部建立起来的各种干部人才的选拔和培养计划、人事与绩效考评制度等。但是，杰出人才并非闭门造车之产物，他或她不可能在封闭的环境中被造就出来，如实验室环境，而是要在一定的竞争环境下，通过“大风大浪”之锻炼，通过与各种理念碰撞、成败体验、经验感悟等，方能逐步成才。换言之，人才可以用某种组织方式或体制内的方式去考量评价，但是也要注重用市场的方式或体制外的方式去加以评判。

第五，需要处理好学历教育与资格认证在会计人才培养中的关系。

《人才规划纲要》和教育部去年发布的《国家中长期教育改革和发展规划纲要（2010—2020 年)》都分别提到，要大力“发展专业学位教育”。可以肯定的是，高等教育系统在这方面做出了积极的响应，在硕士研究生人才培养方面设立了包括会计硕士（MPAcc）在内的 39 个专业学位教育项目。相信这对于调整高端会计人才培养结构，改革会计教育模式，将会产生积极的意义。可是接踵而至的问题是，如何将这种行业特征明显、职业性很强的较高层次专业人才培养，与其行业或职业资格认证有机地结合起来，以便将专业人才的培养落在实处，这将是教育界与职业界所共同面临的一个问题。应该认为，教育教学与资格认证都是专业人才培养的重要组成部分，二者相辅相成。发达国家在这方面积累了丰富的经验，形成了成熟的工作机制，其行业（执业）组织采取认证方式，在评估高校专业课程质量之后，认可其学分，给予经过该课程项目训练者一定的行业资格训练认定。2001 年，我在苏格兰赫瑞瓦特大学（Heriot - Watt University）访问期间，恰逢该校房地产专业部分课程正在接受苏格兰房地局的评估，我以观察者的身份参与了评估过程。我们呼吁并期待着有关行业组织，如中国注册会计师协会、中国注册评估师协会、中国金融注册分析师协会等，积极开展有关硕士专业学位教育的认证，加强对硕士专业学位教育的指导，教育界与执业界一起把我国硕士专业学位教育做成有真正品牌意义的人才培养大平台。

第六，需要平衡好各行各业会计领军人才的培养。

根据我的观察，相对企业界或营利性组织、教育界、学术界而言，非营利性组织或事业单位的高端会计人才更加缺乏。这种局面若不能得到很好的改善，将会影响我国非营利性组织的发展，影响我国社会各项公共事业的发展，甚至影响政府的行政能力和水平。近些年来，社会舆论反映出来的各种现象表明，非营利性组织以及一些事业单位存在不少负面的问题，但是深入分析之后，我们从另一个角度去思考就会发现，这些行业或单位，同样需要有一批杰出的领导者、组织者，他们同样需要有企业家一般的创业精神和理想，同样需要一定的指挥能力和协调能力，同样需要具有专业技能和水准，发挥自己的聪明才智，理好财，用好财，管好财，保持其单位事业的稳定、可持续发展。不少非营利性组织或事业单位，其业务贴近民生，其资金与财产管理、信息透明度、公共资源风险控制、业务点量大面广，从某种意义上讲，其管控难度并不比企业小，但是其社会影响面甚至会超过一般企业，所以，这方面的高端人才培养理当引起广泛重视，并应采取积极有效措施抓紧落实。

牢记使命　勇于担当
践行会计领军之路

北京首都创业集团有限公司副总经理　谢德春①

尊敬的王军副部长、各位领导、各位师长、各位同仁、女士们、先生们：

大家上午好！

全国会计人才工作座谈会在金秋北京隆重召开。秋天是收获的季节，今天，我非常荣幸能够代表领军人才培训班，向各位领导和同仁汇报学习收获、分享培训感悟、交流对会计人才成长的认识。我今天汇报的题目是《牢记使命　勇于担当　践行会计领军之路》。

五年前，经过资格审查、笔试、面试等层层考核，我有幸成为财政部会计领军人才（后备）班的学员。财政部“全国会计领军人才（后备）工程”启动至今已历经了六个春秋，旨在培养造就中国国际化复合型高端会计人才。六年来，全国约有763名学员有幸入选企业类、行政事业类、注册会计师类和学术类四类会计领军人才

① 谢德春系全国领军（后备）人才企业类二期班学员。

培养工程，企业领军一期班学员已经顺利结业。

五年的学习，我最感动的就是领军人才班得到了财政部领导的高度重视和亲切关怀。五年来，王军副部长精心谋划，心系会计领军人才培养，每每亲自授课，结合自己的领导感悟帮助我们“研经品典，启智取道”；开班伊始，以“铁肩担道义、妙手著华章”赋予了学员们神圣的使命；会计司科学规划、精心组织，彰显了财政部对中国会计事业和会计人才工作的高瞻远瞩和积极推进。我最难忘的就是，北京、上海、厦门三家会计学院严格管理、周到服务，为学员们创造了极佳的学习环境，来自海内外的著名专家学者、各位老师倾囊相授、诲人不倦，各位同学意气风发、砥励前行、情谊深长。我最受益的就是，培训理念超前、独具特色，培养机制灵活创新，建立了科学的高端会计人才能力框架和知识模块体系，并通过分类和联合集中授课制度、交流研讨制度、科研课题制度、导师制度、阅读制度、远程教育制度、返校授课制度、跟踪制度等全方位培养手段让我们拓展知识，提升能力，磨砺品格。让我们学员最受鼓舞的就是，财政部《全国会计领军（后备）人才培养十年规划》为领军人才描述了一个宏伟而清晰的职业发展目标，激励我们实现从执行者向管理者、领导者、决策者的转变。和五年前相比，和其他学员一样，我在“德、识、才、学”各方面均有很大提升，视野更加开阔、知识融会贯通、加快自我成长、积极追求卓越。

金秋季节带来丰收的喜悦，会计领军人才培养工程已是硕果累累。领军人才培养工程中，有人荣获全国会计先进工作者，很多人已经在会计领导岗位上任职，几乎所有人都是我国会计领域的中坚力量。目前会计领军人才培养工程已上升为国家人才战略的有机组成部分，成为中国现代高端人才培养的知名品牌和亮丽名片。按照财政部关于人才培养工作“战略化、制度化、扩大化”的要求，相信在未来，会计领军人才培养工程将为国家源源不断地输送具有高度社会责任感、开阔国际视野、德才兼备、堪当重任的更多优秀会计领导人才。

作为会计领军人才培养工程的受益者和践行者，立志成为优秀的会计领军人才，我倍感责任重大。因为领军人才不是自封的，它需要行业的认可，群众的认可。我常常思考，如何才能不负众望、不负重托，成长为领军人才？我们会不会是志大才疏、不堪大用？

王军副部长在授课时提出的“启理想之智，取担当之道”我始终铭记在心，也让我茅塞顿开。经过培训思考和工作实践，我更加深切地认识到：何以领军？贵在担当！

但作为会计领军人才，究竟需要树立怎样的担当意识？发扬怎样的担当精神？如何去担当？

我们认为，担当首先是一种自醒自觉。

同学们的学习心得，说得最多的两个词是“感恩”和“责任”。我认为，受惠良多，心存感恩是人之常情，但还不能只停留在这个层次。财政部、会计学院、我们所在的单位和领导之所以倾情以付，是因为他们有沉重的托付和殷切期望，他们期望我们担负起振兴中国会计事业的重任！中国正在走向世界，正在艰难地实现百年复兴的梦想。世界秩序的重构从来就不是一帆风顺，那一定是艰苦卓绝的斗争过程。会计作为商业语言，作为世界经济一体化背景下的基础工程，从来就是世界政治的重要组成部分。改革开放，中国要走向世界，已是全民共识，会计也必然不能自弹自唱，中国会计人必须要参与到商业游戏规则的制定中去，而不是被动承受。规则调整利益，游戏规则制定权的争夺是没有硝烟的战场。振兴中国会计事业是中国会计人的历史使命！作为会计领军人才必须将感恩转化为对责任和使命的自醒自觉！事实上，为我们付出的人们从来没有想要我们感恩于他们。

当担当是一种使命的自醒自觉时，我们就能正确地认识自我，便不会再纠结于六年结业以后的“个人前途”和“出路安排”，我们自然会自我激励和自我超越；

当担当是一种使命的自醒自觉时，我们就会襟怀宽广，懂得尊重，保持谦和，我们的人格自然就会升华、完善；

当担当是一种使命的自醒自觉时，我们就会保持热情，坚韧不拔，在关键时刻表现出舍我其谁勇气；

当担当是一种使命的自醒自觉时，我们就能深刻理解、弘扬螺丝钉精神，扎实努力，甘于奉献，以稳固的支点支撑起一片蓝天；

当担当是一种使命的自醒自觉时，我们就会自觉拓展知识结构，完善知识网络，加强理论研究，自觉提升决策、沟通和创新能力，不断丰富人文素养，开阔视野，立足中国，放眼世界；

当担当是一种使命的自醒自觉时，我们就会勇于实践，学以致用，学用相长，做到“有为为实”。我们就会如大家期望的那样，做出推动发展、促进和谐、壮大行业的社会贡献，在强化会计职能、宣传会计政策、组织继续教育、研究实务问题等方面发挥好引领和辐射作用，推动我国会计队伍整体素质的全面提升。

我认为，当我们勇于担当，感悟到了使命的自醒自觉，将自己融入到中国会计振兴的事业中，融入到中华民族伟大复兴的事业中，我们也就自然去掉了领军后面的（后备）二字，成为了领军之材，我们会自然地获得领导力，自然地释放我们的影响力和辐射力，达成我们的使命，而无所谓我们担任什么职务。

问渠哪得清如许？为有源头活水来。我们在担当中成长，我们更是在事业的机会中成就。在我们成长、成就的道路上，我们得到了用人单位和组织部、国资委、人力资源和社会保障部等有关部门和领导的亲切关怀和密切关注，不少优秀学员还被纳入“百千万人才工程”等各类重点人才培养计划，有的被赋予了更大的舞台，获得了更多的成长机会。在此，我们表示衷心的感谢！并期望得到各级领导一如既往的关怀和支持！

总结五年的学习和工作，虽然我们在学习成长的道路上取得了一定的进步和成绩，但是与现在正在领军的领导、专家相比，我们还有很大的差距。我们将以这次全国会计人才工作座谈会为契机和动力，进一步增强责任感和紧迫感，坚持“学习是工作，学习是生活，学习更是一生的任务”的理念，加强自我修炼，加快自我成长，提升境界，增长才干，努力成为一个“有德”为先、“有才”为重、“有为”为实的优秀会计领军人才，为中国会计事业又好又快发展贡献力量。

八千里路凌云志，重任在肩亦从容，幸遇良机担道义，当仁不让谱华章。祝愿我们在各自的工作岗位上取得更大的成绩，在积极进取、不断创新中体现会计人才的价值。

“天行健，君子以自强不息”。最后，我想以约翰·肯尼迪总统在就职演说中的一句名言和各位领军人才共勉：

“ask not what your country can do for you —— ask what you can do for your country.”

祝本次全国会计人才工作座谈会圆满成功！祝大家身体健康，事业顺利！

谢谢！

新疆高级会计人才培养工作取得重要进展

新疆维吾尔自治区财政厅会计处

新疆高级会计人才培养工作起步于2005年，在全国是启动较早的省份之一。之所以启动较早，有其特殊的经济社会发展背景。新疆地处祖国西北边陲，面积166万平方公里，人口2 181万，有汉、维、哈、回、柯尔克孜等47个民族，其中少数民族人口比例为60%。受历史原因和自然条件的影响，新疆经济社会发展在过去相当长的一段时间里相对落后，与内地先进发达地区的差距也越来越大，区域和城乡不平衡矛盾突出，南疆地区发展长期滞后。作为经济工作基础环节的会计工作也长期受到观念落后、人才匮乏，队伍不稳、素质偏低、结构失衡、布局不均等因素的制约，会计人才问题非常突出。全区持有会计从业资格证人员17万，在岗会计人员约有13万，具有本科以上学历的占29%，具有硕士研究生学历以上的仅占0.67%，具有初、中、高级会计专业技术资格的比例依次为12.94%、9.64%、0.78%，初、中、高级会计专业技术资格考试合格率也长期低于全国平均水平；在自治区范围，专门从事会计科研教育的高等院校仅有新疆财经大学一所，难以适应新疆经济社会发展的需要。特别是中央新疆工作座谈会做出推进新疆跨越式发展和长治久安的战略部署后，新疆经济社会发展迎来了千载难逢的历史性发展机遇，一系列优惠政策的出台和19个省市对口援疆的全面展开，使新疆会计人才与经济社会发展需要之间的矛盾更加突出。我们深深感受到肩上的重担和使命，大力加强新疆会计人才队伍建设，为新疆经济社会发展提供支撑，确保稳边富疆战略目标的实现，是财政部门义不容辞的职责，深刻认识新疆经济社会发展进入到新时期、新阶段，紧紧围绕新疆经济社会发展改革大局，抓住机遇、乘势而上，依托“天山英才”等重点人才工程，推进会计“人才强新”战略，大力培养新疆经济社会跨越发展所需的会计人才已经日益成为财政部门、会计行业、社会各界的强烈意识和广泛共识，也得到了自治区党委、政府的重视和支持。在六年多的时间里，新疆高级会计人才培养工作从摸索起步到学习借鉴，从单打独斗到多方支持，从不断总结到实践创新，从阶段培养到系统工程、从黄埔一期到人才三期，逐步发展壮大并稳步走向深入。

一、新疆高级会计人才培养的主要做法

（一）准确定位，明晰思路

培训启动之初，我们就确定了清晰的高级会计人才培养工作思路：

一是明确培养目标。力争通过五到十年的时间，培养和造就一批（300人左右）精通业务、善于管理、熟悉国家财经法规、具有广阔视野和战略思维的高素质、复合型会计人才。

二是搭建平台。由财政部门牵头，充分发挥科研院所、社会团体和企事业单位的作用，为新疆热爱会计事业、有志于在会计领域

深入发展的会计人员搭建一个进一步深造和提高的平台。

三是依托优势资源。与新疆财经大学和三所国家会计学院密切协作，为学员提供一流的教学资源。

四是发挥辐射和带动作用。发挥高级会计人才在强化会计职能、宣传会计政策、研究学术理论与实务问题等方面的组织推动和辐射作用，促进本单位、本地区、本部门经济工作的发展，带动新疆会计队伍整体素质的提高。

五是积极输送人才。为全国会计领军人才提供后备力量，鼓励和支持新疆高级会计人才积极报考全国领军会计人才。

（二）创新培训模式，严格培训管理

一是集中培训与自学辅导相结合。三年一个周期的培训，采取学员集中培训与自学相结合，导师辅导的培训模式。即：集中培训（每年1—2次，每次6—8天的集中封闭式强化培训）+在职自学（全年，布置阅读书目和作业）+导师辅导（为每位学员安排一位新疆财经大学会计学院的指导老师辅导）。学员三年的集中培训结业后，还要进行为期三年的跟踪、交流和互动。平时注重加强导师辅导，每5名学员安排一名指导老师，负责学员业务学习与学术研究辅导，辅导老师每年要给学员出具一份学习鉴定作为年度考核的内容之一。

二是互动教学与集中讨论相结合。在培训中，将不同教育背景、不同职务、不同行业的学员分成若干小组，以小组为单位参加培训和活动，学员在碰撞中相互取长补短、提升多方面的能力，达到学习共赢的目的；白天集中上课，晚上分组讨论，分组或个人形成讨论报告；讨论由小组策划、组织、主持，培训期间穿插自学成果汇报；学习结束时，进行学习小结，总结、分享学习体会和感受；每天按小组轮流编发简报，总结、宣传培训情况；集中培训结束后，安排相关课题和阅读书目，指导老师跟进辅导；在新老学员之间、在全国、自治区人才之间，组织座谈、交流，发挥全国人才、老学员的引领作用，激励自治区高级会计人才的成长。这种密集型的培训，互动、启发式的教学，自主型的讨论、交流，给同学们带来了全新的感受，不仅在专业上学到了最前沿的知识，而且享受了思想的盛宴。实现了从“要我学习”到“我要学习”的转变，从“学习的客人”到“学习的主人”的转变，达到了交流、碰撞、升华的目的。

三是业务学习与综合知识学习相结合。培训初期，以提升会计专业素养为目的，开展专业知识集中强化培训，在培训的中期和后期，以拓展知识、提升综合素质与能力为目的，开设形式多样、内容丰富的培训课程，既有财政、税收、预算、管理、人才资源、宏观经济形势的广泛涉猎，也有音乐、美学、礼仪、写作、演讲、心理辅导等轻松话题的调剂；既有“老师讲”，也有“我来讲”；既有“课堂学”，也有“文体活动、参观考察和拓展训练”。

四是自主管理与民主决策相结合。培训支持团队始终给学员灌输“高级会计人才培训班要体现高级人才的价值”，在培训中坚守“严格管理、自主管理、民主决策”的原则。严格管理是：培训实行无请假制度和无批评制度。自主管理是：自主学习，自我管理，自我约束，自我评价，学员的学习和生活完全依靠自觉。民主决策是：班集的管理架构由学员在活动中自主、自愿产生，培训、活动的安排由班委和支持团队在取得最大一致的基础上，由支持团队和班委共同组织实施；对培训作业采取贴小红花的形式进行自评，以达到相互学习，公正评价的目的。支持团队需要做的就是引导，并对学员在培训期间的表现和成绩进行详细的记录，不做任何评价，只作为培训周期的考核依据。

五是年度考核与结业淘汰相结合。每学年按考核办法由学员填报考核登记表，学员所在单位、导师填写意见，再由支持团队综合评定考核。同时，学员年度要报送会计学术论文、调查报告、案例分析报告、业绩报告、自学心得体会等。分优秀、合格、不合格三个等级。未能按时、按要求参加培训，未能完成各项作业和任务，视为自动放弃继续参加培训的权利，不能再参加后续的培训。建立健全量化考核体系，根据学员在3年培训周期中的培训记录，对表现不好的学员不予颁发结业证书。

六是人才培养和单位使用相结合。对优秀学员，择优选入新疆会计专家人才库，选聘为新疆高级会计师评审专家委员、新疆会计学会个人会员；优先承担财政厅、财政厅会计处、新疆会计学会组织的科研课题，参加新疆会计学会和中国会计学会及参加北方省（市、自治区）会计学会组织的各种学术研究与交流活动，不断提高学术水平与综合业务能力。

二、新疆高级会计人才培养取得的成效和经验

六年来，在厅党组的正确领导下，在财政部会计司的大力支持下，新疆共选拔培养高级会计人才2期64人，已结业32人，正在开展第三期选拔。从2007年的首期高级会计人才培训班开始，到2009年的二期班，以及正在选拔的三期班，逐步形成了新疆高级会计人才领军团队。在已结业的32人中，12人获得职务晋升，其中8人担任处级领导职务，1人获得国家和新疆荣誉；4人入选新疆高级会计师评审委员会专家库，并担任评委；部分学员进入新疆地、州、市会计学会担任理事、常务理事；学员在公开发行的刊物上累计发表学术论文80篇，其中在国家级核心期刊上发表论文35篇；6名学员通过努力入选全国会计领军（后备）人才培养工程，入选人数在西部省、区、市名列首位。在新疆经济社会发展的各条战线

上，会计领军人才已成为一道亮丽的风景线，他们辐射群体，握沙成团，发挥着领头羊的作用。如原克拉玛依市财政局副局长王朝晖，在参加新疆高级会计人才培训以后，总是以“学习异常辛苦，收获非比寻常”来鼓励和带动局里的同志，每年“读三本书，写三万字读书笔记”、每月“各科室轮流出题考大家”已成为财政局的必修课，为了激励同志们努力学习，局里还规定“45 岁以下的同志考不上会计师，不能担任科级干部”，2009 年，在她的努力下，还促成了财政局与厦门国家会计学院签署了 3 年的协议，每年为克拉玛依市培训 100 名会计人员；西部建设股份有限公司财务总监郑康在培训中不断提高，在公司上市、进入银行债券市场、发行公司债等工作中发挥了重要作用。新疆高级会计人才的品牌形象正逐步形成，领军人才的良好声誉在全行业乃至全社会起到了标杆和示范效应，自治区高级会计人才越来越成为本地区、本单位会计人员学习的榜样，带动和影响越来越多的青年才俊参加到高级会计人才选拔中来。各地区、各单位对人才建设的重视程度明显提高，对高级会计人才更加重用，对选送本地区、本单位优秀人才进入自治区高级会计人才培养充满期待，对在全社会重视会计工作、树立会计行业的形象、提高会计人才的地位发挥出越来越明显的作用。

总结新疆高级会计人才培养工作，我们深深感到，新疆高级会计人才培养工作起步早，取得了一定的经验，首先得益于领导的重视和大力支持。早在 2005 年财政部启动全国领军会计人才战略之初，会计处即向分管厅领导和主要厅领导进行了专题汇报，并提出大力开展新疆高端会计人才培养工作，发挥辐射和带动作用，引领和推动新疆会计人才队伍建设的思路，得到了厅领导的高度重视和认可；弯海川厅长多次对会计人才培养工作做出重要指示：新疆的经济发展离不开会计人才，人才是事业发展的根本。尤其是高级会计人才，可以带动新疆会计整体队伍素质的提高。要求会计处大力加强会计人才队伍建设，要求各处室全力支持会计处组织开展高级人才培养工作。张立德总会计师要求会计处认真学习借鉴财政部人才培养规划和方式，形成一套自治区的人才培养模式；为推动自治区高级会计人才培养工作，财政厅成立了自治区高级会计人才培训工作领导小组，负责新疆高级会计人才选拔、培训工作，弯海川亲自担任组长，总会计师张立德担任副组长，会计处主抓；2007 年，弯海川厅长批示财政厅每年预算安排培训经费 30 万元，用于高级会计人才培养工作；每期培训班，弯海川厅长、张立德总会计师都要亲自授课，听取学员汇报；每期班开班、结业仪式，张立德总会计师都要亲自出席，并与学员座谈交流；即使学员远赴北京、上海、厦门国家会计学院学习，张立德总会计师也总是创造条件参加开班或结业仪式，或择机看望学员；为广泛宣传人才培养工作，弯海川厅长特批在新疆昆仑宾馆隆重举行了新疆首期高级会计人才培训班结业典礼，并亲自邀请自治区党委组织部、自治区人社厅领导出席典礼，处处体现了厅领导对会计人才培养工作的高度关注和支持。其次，得益于高标准的培训规划和严格的培训实施。在财政部 2006 年高级会计人才（企业类、行政事业类）选拔培训的基础上，我们制定了《自治区 2006 年高级会计人才（企业、行政事业类）培训实施方案》和《自治区会计人才发展规划》；2007 年，在总结修订的基础上制定出台《自治区高级会计人才十年发展规划》，研究制定自治区高级会计人才能力框架；2010 年，根据首期高级会计人才培养情况，制定了《自治区高级会计人才考核管理办法（试行）》和《自治区高级会计人才培训考核评定表》，使新疆高级会计人才培养工作逐步走上规范化的轨道。在规划实施过程中，我们始终坚持优中选优，严格管理，确保质量，通过严格落实入选标准，严格实施培训规划，严格实行自主管理，严格执行考核和淘汰制度，确保了培训质量和效果。

三、新疆高级会计人才培养面临的主要困难

新疆高级会计人才培养工作虽然取得了一定的经验，但培养过程中还面临着一些困难。

一是有效、畅通的会计人才选拔、培养、使用和后续跟踪机制尚未完全形成。我们将积极与新疆财经大学协商，推动高级会计人才培养与会计专业硕士学位（MPAcc）教育相衔接，积极向党委、政府汇报，争取党委组织部，自治区人社厅、国资委对高级会计人才选拔、培养和使用形成政策支持，争取把自治区高级会计人才培养工程纳入自治区专业技术人才队伍中长期规划（2010—2020年），以充分发挥优秀会计人才的作用。

二是人才培训模式有待进一步完善。如：学员的选拔应当更加广泛，选拔标准应当更加严格，集中学习的时间长一些会更好，学习课程应当进一步系统化，教学模式应当进一步创新，培训管理应当进一步严格，对学员的评价机制应当进一步科学化、系统化、制度化。

三是会计人才培养工作需要各方面更大的支持。特别是希望财政部、国家会计学院为新疆高级会计人才培养提供更多的指导和帮助。

当前，新疆正处于大建设、大开放、大发展的关键时期，随着新疆经济社会跨越式发展和19个省、市对口援疆工作的逐步深入，我们将更有信心，以“新疆效率”继续做好新疆高级会计人才的培养工作，提升服务新疆会计事业发展、为新疆经济社会跨越式发展提供会计人才支持，为新疆经济社会和谐稳定和长治久安做出新的、更大的贡献。

宏观规划　具体分工　科学管理

福建省注册会计师协会

近年来，福建省注册会计师行业人才发展与培养工作以“科学发展观”为指导，认真学习《国务院办公厅转发财政部关于加快发展我国注册会计师行业若干意见的通知》（国办发〔2009〕56号）和《福建省人民政府办公厅转发省财政厅关于加快发展我省注册会计师行业意见的通知》（闽政办〔2010〕105号）文件精神，紧密围绕行业人才培养“三十条”、行业党建和创先争优活动，全面落实中注协人才战略，开展人才发展与培养工作。

一、搭建班子、分工有序

王军副部长曾指出，国以才立、政以才治、业以才兴，行业人才培养工作任务重、责任大，事关行业的未来，是各项工作的重中之重。为此，省财政厅成立了注册会计师考试委员会，省注协成立了教育培训委员会。具体负责注册会计师考试工作和领军人才的选拔工作，同时负责制定行业人才发展与培训规划、审议每年培训计划、推荐培训师资，以及监督与指导培训工作。省注协秘书处成立了由秘书长领导，副秘书长分管，专职干部具体负责的组织机构，负责行业人才发展总体规划和日常培训工作。

二、制定规划、统筹安排

人才发展是一项长期的系统性工程，要重在规划，重在制度，重在坚持，重在统筹安排。

（一）认真做好人才发展规划

为贯彻落实省委、省政府人才强省战略，结合行业发展规划，福建注协认真做好行业人才发展规划。

一是提出指导意见。省注协配合省财政厅会计处，制定了《福建省会计行业中长期人才发展规划（2010—2020年）》（闽财会〔2010〕51号）和《福建省管理型会计领军（后备）人才培养实施方案》，对注册会计师行业高层次人才发展与培养工作提出了指导性意见，以排名前30家会计师事务所为基础，重点扶持5—10家左右大型会计师事务所加快发展，实施注册会计师行业做大做强人才培养工程。通过学历教育与继续教育相结合、岗位练兵与脱产集训相结合、理论研究与实战锤炼相结合、境内学习与境外深造相结合、自主培育与合理引进相结合等方式，全面提升我省注册会计师尤其是大型会计师事务所执业人员的职业道德水平和专业胜任能力等。

二是制定发展目标。制定《福建省注册会计师行业十二五发展规划》，提出深化人才培养战略，按照结构优化、专业精湛、道德良好的要求，在行业人才建设上取得质和量的突破。到十二五末期，通过注册会计师考试人数新增500名，执业注册会计师达到2 800人，在此基础上，着力培养100名省级领军人才、100名新业务领域复合型业务骨干、10名具有国际资质的注册会计师的目标。

（二）加强制度建设

健全的制度是人才发展的基石和保障，福建注协从制度入手，以制度为准绳，抓好人才发展。

一是制定培训制度。根据行业人才培养“三十条”和《中国注册会计师继续教育制度》及制度补充规定的有关要求，结合我省实际，制定了《培训制度实施细则》和《事务所内部培训资格管理办法》等培训制度。

二是严格培训管理。在日常继续教育培训中，严格遵守培训制度，坚持从严管理。对培训班采取一天签到4次，中间不定期抽查；学员固定座位，对个别有特殊情况的可以予以调整；为防止替培训、替考试现象发生，在培训期间每位学员必须携带注册会计师证书等有效证件以备抽查；对于迟到及请假的学员将扣减相应学时；无故旷课的将取消当期培训资格。对考试不合格的学员，可以参加一次补考，成绩合格给予确认学时。在每期培训班结束后及时上网公示学员的培训学时，对存在违规行为的学员，也在协会网站予以通报。

（三）增强财力保障

为了切实做好人才发展与培养工作，福建注协还从经费上予以重点保障。在人才发展与培训经费方面，协会从2000年起就为所有会员提供免费培训，每年协会将会费收入的10%～15%作为当年的培训经费，并纳入协会当年预算。同时，为了鼓励具有内部培训资格的事务所举办更加优质的内部培训，协会还根据培训人数对内部培训点提供经费补助。

三、措施得力、效果明显

为了认真贯彻好文件精神，把行业人才发展规划落到实处，福建省注协采取了一系列有力的措施促进行业人才发展，并取得实效。

（一）加强与高校合作

一是利用优秀师资。福建注协与省内厦门大学、厦门国家会计学院、福州大学等著名高校建立了良好的合作关系，从高校中选择了一部分知名的专家学者作为我省注册会计师继续教育培训的师资库师资，每年在面授班讲课。

二是加强宣传协作。坚持在院校的宣传，鼓励优秀毕业生报考CPA，为行业发展储备后备人才。鼓励事务所与高校建立长期人才培养合作关系，一方面支持高校选拔优秀的学生到事务所实习，增强动手能力，提升对注册会计师行业的认同和归属感；一方面鼓励事务所选拔优秀人才到高校相关专业继续深造，提升行业高端人才培养的深度和规模。

三是开展专项研究。近年来，省注协先后与厦门国家会计学院、福州大学和福建农林大学开展了一系列的课题研究，为行业发展的热点、难点及重大的政策问题开展研究，指导了行业的快速发展。

（二）完善培训工作机制

省注协建立了完善的培训工作机制，确保培训工作有章可循。

一是制定培训计划。每年年初我会根据全国培训工作会议精神，并结合中注协与三个国家会计学院的培训计划，根据我省的实际情况，结合上年度培训工作调查问卷所反映的问题，制定当年度培训工作计划；一方面向事务所征求意见，一方面提交教育委员会审议。通过审议后，及时将文件下发到各会计师事务所，同时还在我会网站上进行公告。

二是组织网络报名及公示。从2006年开始，我们通过协会网站公布培训班信息，并通过网络报名系统实现网上报名；培训结束后，培训结果在网上公示。

三是与任职资格检查和执业质量检查工作相结合。第一，每年通过任职资格检查对上年度培训情况进行分析，对存在的问题分类处理；强化了注册会计师参加培训的意识和培训效果；第二，结合每年的执业质量检查，发现执业过程中的薄弱环节和急需解决的问题，及时调整继续教育培训的内容，让继续教育培训与实际工作结合的更紧密。

（三）拓展培训渠道

我省采取中注协、省注协和事务所三级培训相结合以及人员分层次培训等方式进行培训，积极引导注册会计师参加多形式、内容丰富的培训。

一是利用当地资源，增加面授机会。充分利用厦门国家会计学院在我省的有利条件，积极鼓励我省注册会计师参加中注协委托其举办的面授培训班，每年我省注师参加厦门国家会计学院的培训率约在30%～35%左右。

二是利用网络资源，实施网络培训。在协会网站上建立了注册会计师培训平台，与北京和上海国家会计学院合作，通过培训平台开通了注册会计师网络培训。采取网上培训，协会统一出卷集中考试的方式进行，这样，一方面能够及时快捷地利用国家会计学院的优秀的师资资源；另一方面，方便了广大注师的学习，得到了广大注师的欢迎，取得了良好的效果。

三是建立远程课堂，方便吸收知识。2006年，我省与厦门国家会计学院合作，在注册会计师较多、交通便利的厦门建立了第一个远程教室，厦门国家会计学院良好的软硬件为我省远程培训班的顺利举办奠定了良好的基础。我省每年都要在厦门国家会计学院举办

5—6 期的远程培训班。今年，随着网络的普及和远程教育技术的更新，我省在各设区市相继建立了远程教室，方便了各地市学员的学习。

四是分层面授培训，满足不同需求。其中，主任会计师面授培训班是跨省举办的。近几年，福建注协先后和上海国家会计学院、上海财经大学 MBA 学院、清华大学后续教育学院联合举办了主任会计师培训班，极大地提升了我省主任会计师的专业水平和管理水平，获得了学员的一致好评。

五是加强内部培训，指导监督结合。人才培养要充分调动事务所积极性，鼓励事务所发现人才、培养人才、合理使用人才。在事务所内部培训管理上，我省采取了指导与监管相结合的方式。对符合条件的事务所，我们严格审批；对事务所内部培训课程安排、师资选择严格把关；在培训期间进行现场检查，并由省注协统一出卷考试，确保培训质量，对内部培训效果良好的给予一定的经费资助。

六是领军选拔培养，带动行业发展。中注协从 2005 年开始选拔行业领军人才，厦门国家会计学院是全国的三个考点之一。福建注协十分重视这项工作，每年都由分管秘书长带专人赴厦门国家会计学院协助做好选拔考试工作。福建注协鼓励省内符合条件的注册会计师积极参加选拔考试，目前我省已有 6 人入选行业领军人才后备队伍，这些人才是福建注册会计师行业的佼佼者，他们对行业发展起到了很大的激励和推动作用，得到了所在事务所和广大行业人员的认同。

（四）积极开展对外人才交流与合作

一是开展闽台人才交流与合作。闽台人才交流与合作是福建省的特色、优势和责任所在。随着海峡西岸经济区战略的实施，为闽台人才交流与合作提供了广阔的空间和舞台。福建注协每年定期与台湾省会计师公会、台北市会计师公会和高雄市会计师公会共同举办闽台会计师学术研讨会，从1990年开始已经连续举办了十三次。一方面，福建派出了会计师事务所的各个层次的人才多次赴台参加学术交流，开展业务探讨；另一方面，台湾会计师公会也派出了大批高层次人才来闽交流，并探讨双方在人才培养方面的合作事宜。

二是开展与国外的人才交流与合作。近年来，福建注协利用参加国际亚太会计师大会和世界会计师大会的机会，积极组织省内较大会计师事务所主任会计师赴土耳其、日本和澳大利亚等国家进行交流考察和学习，开展人才合作，并鼓励有条件的注册会计师报考国外的资格证书。

（五）探索非执业会员培训方式

2001年，我省制定《非执业会员管理暂行办法》，开始组织全省非执业会员参加后续教育，先后通过组织面授班、开通非执业会员网络培训课程等方式，为我省近2 000名非执业会员提供了良好的继续教育培训。2003年，我省与上海国家会计学院合作，探讨开通网络培训平台，2004年，开始通过网络培训非执业会员。

目前，我们尝试对非执业会员进行分层次培训，举办高层次的非执业会员面授研讨培训班，让非执业会员在了解我们行业发展情况的同时，能够有机会与我们一起交流探讨，为我们行业发展献计献策。

（六）成效明显

由于我省在行业人才发展方面规划做的早，措施得力，取得了一定的成效。截止到2010年年底，我省共有注师2 297人，非执业会员1991人，行业领军人才6人，协会有1人进入“全国会计领军（后备）人才（行政事业类）”。

2011 年是“十二五”开局之年，我们要在中注协的指导下，结合此次会议的精神，继续深入贯彻落实行业人才培养“三十条”，做好我省注册会计师人才培养工作。此外，我们希望通过这次大会，向各省学习好的经验，同时也欢迎大家到福建给我们传经送宝。

谢谢大家!

事业聚才　机制育才　实践炼才 以人才兴所

天健会计师事务所

天健会计师事务所是全国最早获得证券期货相关业务资格的事务所之一，具有H股企业审计资质、年审计收入超过6亿元、综合排名位列内资所第四。注册地和总部均设在杭州，分支机构遍布北京、上海、深圳、湖南、广东、山东、安徽、云南等地，在香港、台湾等地设有成员所；目前拥有上市公司客户178家。

天健的发展战略目标是：成为具有核心竞争力、能够跨国经营并提供综合服务的中华一流、世界知名的大型会计师事务所。为实现这一目标，我们牢固树立“人才兴所”理念，以人为本，大力引进、培养、造就一支高素质的执业人员队伍。截至目前，全所共有员工2 000余人，其中，有博士、硕士学位的205人、学士学位的1 429人，注册会计师884人（其中注册会计师行业领军人才16人）、注册资产评估师219人、注册税务师206人、注册造价工程师20人。员工平均年龄27岁。合伙人团队中，目前有5人任中注协各专业委员会委员、8 人获中注协资深会员（执业）称号，6 人先后担任中国证监会发行审核委员会专职委员，4 人先后担任全国、省政协委员。

一、立足本省、面向全球、广纳人才

“十年树木，百年树人”。在上世纪末经济体制转换的年代，我们向财政部提出的发展注册会计师事业的“百千万工程”（即一百名国际一流人才，一千名全国一流人才，一万名业务骨干）挺进，打下了目前事务所合伙人团队的基础；近年来，我们按照财政部人才培养战略，贯彻落实注册会计师行业人才培养“三十条”，加大了人才引进的力度，多渠道、多方位引进人才。

一是积极选聘高校应届优秀毕业生。我们立足浙江，面向全国各大财经院校及综合院校开展招聘活动，通过选拔，每年引进具有综合素质（大学一本学生、班级前八排名、英语六级水平）并有志从事注册会计师事业的优秀应届毕业生 200 余人。同时做好社会招聘，吸引各层次有经验的人才充实执业人员队伍。

二是引进吸收海外高素质人才。主任会计师率领合伙人团队多次随浙江省团组赴香港、北京、上海等地招聘海外高素质人才，累计引进有英国、澳大利亚、香港等地工作经验或海外学历背景的人才 40 余人。近年来，根据面向国际服务的需要吸收了一些有国际会计公司工作经历的注册会计师和具有境外执业资格的专业人才充实人才队伍。

二、提高认识、营造氛围、培养人才

有志于业，三十而立。事务所 1983 年 12 月成立以来，经过几代注册会计师的不懈努力，营造了团结创业的氛围，形成了重视人才的风气，促进了人才的成长。天健人才的成长，也是天健育才机制从稚嫩走向成熟的见证。

一是努力提高思想认识。胡锦涛总书记提出“人才是国家发展的战略资源，要抓紧培养造就青年英才，形成人才辈出、人尽其才、才尽其用的生动局面”。我们在强调中层干部是事务所中坚力量的同时，认识到党员是事务所最优秀的人力资源，青年是我们事业发展的基础。我们推行执业人员、管理团队的年轻化，来保障我们事业之基的长青。我们始终相信：“世间的一切事物，人是最宝贵的。在共产党的领导下，只要有了人，什么人间奇迹都可以创造出来”。

二是共同营造专业氛围。事务所既是一个人才荟萃的地方，又是一个人才发展的舞台。在进行了多年的专业化发展以后，我们根据做强做大的总体要求，规划一业为主、多元发展的格局，管理团队、合伙人、注册会计师和广大员工齐心协力，共同营造“专注专业，崇尚学习”的氛围。《天健视野》内刊已编撰359期，《天健风采》内讯已编印358期，上市公司财会高峰论坛已成功举办35届，天健讲堂内容更加丰富。天健品牌得到广泛认可，享有较高的美誉。

三是加强合作综合培养。我们根据地方经济发展和人才队伍建设需要，与省财政主管、证券监管、金融管理部门合作举办高级研修班，与浙江大学经济学院联合举办经济学专业（财务管理方向）研究生课程进修班，加强对注册会计师的综合培养。

四是坚持贯彻“四重”方针。我们提出并长期坚持了人才培养“四重方针”（即重视年轻人，重点培养年轻人，重用年轻人，重担让年轻人挑），培养了一支政治素质好、业务能力强的执业人员队伍。十多年来，我们的做法深受年轻人欢迎、为同行所赞赏、对事务所发展产生了长久影响。截至目前，全所现有188位部门经理中，55%为35周岁以下的年轻人；全所234位项目经理中，96%为35周岁以下的年轻人。

五是科学实施“双培”工程。近年来，所党委和领导班子积极响应中国注册会计师行业党委的要求，审时度势，采取一系列措施加强执业人员队伍建设，着力实施“把业务骨干培养成党员，把党员培养成业务骨干”的“双培”工程，在高层次人才培养上取得重要突破。如在浙江省第一、第二次教授级高级会计师评审中，天健有6名党员合伙人顺利通过评审，占全省现有20名教授级高级会计师的30%。

三、畅通渠道、搭建平台、培养人才

视野有多宽，事业就有多大。我们致力于打造中华民族一流会计师事务所，团结更多优秀人才，建设天健品牌。人员晋升制度成为会计师事务所人力资源激励约束机制的重要内容之一，也成为人才成长的重要平台。

一是畅通合伙人晋升渠道。1998年脱钩改制成立浙江天健会计师事务所时有11名合伙人，经过多年的自身发展和近年的合并联合，完成特殊普通合伙制转制的天健会计师事务所已有合伙人68人，剔除合并因素，累计内部晋升合伙人43位。在这支团结协作、和谐共处、年富力强的合伙人团队中，有1人兼任中国注册会计师行业党委委员，1人兼任中国会计准则委员会委员，4人担任中注协专门委员会委员，6人担任中国证监会发行审核委员会专职委员。

二是搭建员工职级晋升平台。员工职级的调整晋升直接关系着人员激励作用的大小，也直接关系着员工工作的积极性和创造性。根据会计师事务所的发展战略目标和行业特点，综合运用现代人力资源管理手段和方法，我们为员工设置了五个系列、十三个职级的晋升通道，通过开展员工职业生涯规划，进行横向纵向岗位或职位调整，量才使用，人尽其才，培养员工进取有为、积极向上的工作作风。每年的7月和12月，我们开展从业人员的绩效考核和职级聘任工作，积极主动地为员工提供晋职加薪的机会。

三是优化内部分配激励机制。我们适时调整、不断优化会计师事务所利益分配机制，如对一次性考取执业资格、考取行业领军人才的给予奖励；建立“执业资格津贴”、设立“执业激励奖”、“人员稳定奖”；为项目经理以上员工提供购房借款，约定服务期限免还利息的政策等；税后利润分配采取资历、业绩、职务、贡献、声誉多因素分配，在同行中建立具有竞争力的薪酬制度，以落实政策，提振信心，最终实现事务所发展与人才资源价值实现的双赢。

四是注重实践锻炼青年人才。我们有在实践中锻炼培养青年的优良传统。对于每年新引进的优秀大学生，多给锻炼机会、及时指导、适时鼓励，这已成为所领导和部门负责人对人才培养的共识，“一年打基础，二年上水平，三年独当一面”就是我们对新入职大学生的培养目标。注重实践磨练，不断增长才干，一大批有志青年在事务所茁壮成长，脱颖而出。

四、创新方法、健全体制、留住人才

我们逐步树立以人为本、团结和谐的人本和谐观念，加强培训，共同提高，建设天健和睦家园。人员培训不仅是提升从业人员执业技能的需要，也是保持会计师事务所各项事业可持续发展的基本途径。我们在人才培训方面总结经验，不断创新。

一是健全培训体系。结合落实国家、财政部中长期人才规划纲要和注册会计师行业人才培养“三十条”的有关要求，我们积极开展新员工上岗培训、从业人员继续教育、外派培训、回授制度、学位深造等多体系的专业培训，整体提高了事务所从业人员的专业知识、执业技能和综合素养。

二是细化培训层次。适应规模化发展需要，近年来，在原有培训体系上，我们对从业人员继续教育方面进行分层，分别举办部门经理、注册会计师、业务助理人员、见习期满人员的培训班或研习班，取得了良好效果。

三是创新培训手段。总分所实行一体化管理后，按照财政部《会计师事务所分所管理暂行办法》有关“五统一”中“统一人力资源管理”、“统一信息技术平台”的要求，我们充分运用信息技术，为各分所开通远程培训系统，通过视频直播，总分所共享培训资源，共同提高执业技能。近年来，我们每年的人员培训支出增幅达15%以上，2009年和2010年的人员培训支出分别超过500万元和600万元；累计派出17批共65人（次）赴国外或香港培训、工作，以提高执业技能，增强战斗力，努力营造优秀人才“引得进、留得住、用得好”的良好氛围。

28年来，我们高度重视人才的引进、培养和发展，通过事业凝聚人才，通过机制培养人才，通过实践锤炼人才，建设成就了一支优秀的专业人才队伍，保障了天健的稳健经营、规范发展。在做强做大走出去的过程中，我们为中国资本市场的发展和注册会计师行业的发展作出了应有的贡献。同时我们自身也取得了丰硕的成果，获得了多项殊荣，如杭州市现代服务业百强企业、浙江省现代服务业重点企业、浙江省优秀证券中介机构等荣誉称号，天健品牌先后被认定为“浙江省知名商号”和“中国著名商标”。

“雄关漫道真如铁，而今迈步从头越”。我们将一如既往地积极响应财政部的号召，秉承“自强不息，厚德载物”的企业精神，坚持“以人为本，人才兴所”的理念，致力于把天健会计师事务所打造成为具有核心竞争力、能够跨国经营并提供综合服务的中华一流、世界知名品牌。

第三部分
附　　录

财政部关于印发会计行业中长期人才发展规划（2010—2020年）的通知

（2010年9月21日 财会〔2010〕19号）

各省、自治区、直辖市、计划单列市财政厅（局），新疆生产建设兵团财务局，中共中央直属机关事务管理局，国务院机关事务管理局、铁道部，解放军总后勤部、武警部队后勤部：

根据《国家中长期人才发展规划纲要（2010—2020年）》（以下简称《人才规划纲要》）总体要求，在认真总结会计人才建设取得的成就和经验、深入分析当前和今后一个时期会计人才发展面临的新形势、新任务和新挑战的基础上，我部制定了《会计行业中长期人才发展规划（2010—2020年）》（以下简称《会计人才规划》），现印发给你们，请认真贯彻执行。

制定实施《会计人才规划》，是深入贯彻人才强国战略的重大举措，是推动会计行业科学发展的必然要求，是会计行业在激烈的国际竞争中赢得主动的战略选择，对于促进加快经济发展方式转变，更好地服务经济社会发展具有重大意义。各地财政部门和中央有关主管单位，要高度重视会计人才队伍建设工作，进一步增强做好会计人才工作的责任感、使命感和紧迫感；要切实加强对《会计人才规划》实施的组织领导，确保各项工作扎实推进；要结合本地区、本部门、本系统实际，抓紧制定《会计人才规划》实施方案；要大力开展持续深入的宣传活动，在全社会形成良好的舆论氛围，为《会计人才规划》的有效实施奠定坚实基础。

附件：会计行业中长期人才发展规划（2010—2020 年）

附件：

会计行业中长期人才发展规划

（2010—2020 年）

目　　录

为落实人才强国战略，全面提升会计人才工作总体水平，促进经济社会又好又快发展，根据《人才规划纲要》总体要求，制定本规划。

一、加强会计人才队伍建设的必要性和紧迫性

会计人才是我国人才队伍的重要组成部分，是维护市场经济秩序、推动科学发展、促进社会和谐的重要力量。加强会计人才队伍建设，着力培养高层次会计人才，并以此引导和带动我国会计人才队伍发展，不仅关系到提高会计行业核心竞争力、确保会计工作促进经济社会发展的职能作用有效发挥，而且关系到全国实施人才战略、建设创新型国家的大局。

新中国成立以来，特别是改革开放以来，在党中央、国务院的

正确领导下，财政部门适应经济社会发展需要，大力推进会计人才队伍建设，取得了巨大成就。一是会计人才相关法律制度体系基本建立。建成了以《中华人民共和国会计法》和《中华人民共和国注册会计师法》为基础、以不同类别和不同层级会计人才评价标准为核心、以会计人才管理制度为支撑的会计人才相关法律制度体系。二是会计人才管理体制初步理顺。建立了以财政部政策指导，各地财政部门组织落实，会计行业协会、会计学会、会计资格评价中心、国家会计学院、相关部门协调配合的会计人才管理格局。三是会计人才队伍不断壮大。截至 2009 年年底，全国有近千万会计人员，其中，具有高级职称的 9.4 万人；注册会计师行业 30 多万从业人员中有 9.2 万执业注册会计师；副教授职称以上会计教育工作者约 1 万人。四是会计人才整体素质和专业水平稳步提高。会计职业领域已从传统的记账、算账、报账为主，拓展到内部控制、投融资决策、企业并购、价值管理、战略规划、公司治理、会计信息化等高端管理领域。五是会计人才成长与发展的环境明显改善。随着人才强国战略的深入实施，会计人才在推动企事业单位现代化管理、提升企事业单位核心竞争力、引导社会资源合理配置、保障社会公众利益、维护国家经济安全和市场经济秩序等方面发挥着越来越重要的作用。同时，我们也应清醒地认识到，当前我国会计人才发展的总体水平同世界先进国家相比仍存在较大差距，与我国经济社会发展需求相比还有一些不相适应的地方，主要是：高层次复合型会计人才缺乏，会计人才结构和布局不尽合理，会计人才发展的体制机制有待完善，会计人才市场管理有待加强，等等。

当今世界，经济全球化深入发展，企业跨国经营、资本跨境流动日益频繁，科技进步日新月异，知识经济方兴未艾，会计人才在经济社会发展中的基础性、战略性、关键性作用更加凸显，会计人才的竞争已经成为国家、地区和单位间竞争的焦点之一。未来十几年，是我国基本建成创新型国家、全面实现小康社会建设目标的重要时期，也是我国会计行业发展的重大机遇期。我们要认真贯彻《人才规划纲要》，进一步增强责任感、使命感和紧迫感，抓住机遇，迎接挑战，统筹规划，深化改革，重点突出，整体推进，不断开创会计人才工作新局面。

二、指导方针和发展目标

（一）指导方针。

高举中国特色社会主义伟大旗帜，以邓小平理论和“三个代表”重要思想为指导，深入贯彻落实科学发展观，根据经济社会发展要求，遵循会计人才发展规律，大力推进会计人才战略，健全体制机制，优化结构和布局，创新培养使用模式，强化国际交流，形成育才、聚才、用才的良好环境和政策优势，以打造高层次会计人才为重点，统筹推进各类别、各层级会计人才队伍建设，为经济社会健康发展提供坚实的会计人才保障。

当前和今后一个时期，我国会计人才发展的指导方针是：服务发展，以用为本；健全制度，创新机制；高端引领，整体开发。

——服务发展，以用为本。把促进经济社会发展作为会计人才队伍建设的根本出发点和落脚点，围绕经济社会发展目标确定会计人才队伍建设任务。坚持科学发展以人为本，人才发展以用为本，把用好用活人才作为会计人才队伍建设的重要任务，积极为会计人才拓展事业和实现价值提供机会和条件，并用经济社会发展成果检验会计人才队伍建设成效。

——健全制度，创新机制。把深化改革作为推动会计人才发展的根本动力，建立健全与社会主义市场经济体制相适应、有利于科学发展、体现会计人才价值的会计人才发展体制机制，进一步完善会计人才建设各项制度，营造会计人才发展的宽松环境，最大限度地激发会计人才的创造力。

——高端引领，整体开发。以全国会计领军（后备）人才工程为重要平台，培养造就一批具有国际视野、知识结构优化、实践经验丰富、创新能力突出、职业道德高尚的高层次会计人才，带动会计人才队伍整体发展。统筹各类别、各层级会计人才资源开发，培育会计人才爱岗敬业、诚实守信、廉洁自律、客观公正、坚持准则、参与管理的会计职业道德精神，实现会计人才队伍全面协调健康发展。

（二）发展目标。

到2020年，我国会计人才发展的战略目标是：培养和造就一支规模宏大、结构优化、素质较高、富于创新、乐于奉献的会计人才队伍，确立我国会计人才竞争优势，建设国际一流的会计人才队伍，为在本世纪中叶基本实现社会主义现代化奠定会计人才基础。

——会计人才资源总量稳步增长，队伍规模不断壮大。会计人才资源总量增长40%，较好地满足经济社会发展需要。

——会计人才素质大幅提高，结构进一步优化。会计人员中受过高等教育的比例达到80%；涉及会计审计实务、会计理论研究和会计管理等方面的各类别高级会计人才总量增长50%；继续增加各类别初、中级会计人才在会计从业人员中所占比重，力争使各类别高、中、初级会计人才比例达到10:40:50，会计人才的分布、层次和类别等结构趋于合理。

——会计人才竞争优势明显增强，人才规模效益显著提高。面向涉及国计民生、国家安全、高新技术、金融保险等重点领域的大型企事业单位和大型会计师事务所，着力培养造就60 000名大型企事业单位具有国际业务能力的高级会计人才、2 600 名具有国际认可度的注册会计师、100 名具有国际水准的会计学术带头人等高端会计人才，建成一批会计人才高地，造就一支国际一流的会计人才队伍，力争高层次会计人才总量在新兴市场经济国家中处于领先地位。

——会计人才使用效能明显提高，人才培养和使用机制不断健全。会计人才发展体制机制创新取得突破性进展，市场配置人才资源的基础性作用得到充分发挥。会计人才辈出、人尽其才的环境基本形成。

三、会计人才队伍建设的主要任务

（三）着力培养造就大型企事业单位具有国际业务能力的高级会计人才。大型企事业单位具有国际业务能力的高级会计人才，是指大型企事业单位中精通财会业务、熟悉市场规则，掌握金融、法律、内部控制、信息技术等相关专业知识，具有国际视野和跨文化交流能力，能参与战略经营和管理决策、把握行业发展趋势、解决复杂经济问题的高层次经营管理人才。着眼于提高我国大型企事业单位现代化管理水平，加大高级会计人才建设力度。到 2015 年，新增大型企事业单位具有国际业务能力的高级会计人才 30 000 人；到 2020 年，在 2015 年的基础上再新增 30 000 人。

（四）着力培养造就具有国际认可度的注册会计师。具有国际认可度的注册会计师，是指职业道德良好、专业素质优秀、执业经验丰富、谙熟国际规则，能够在国际会计审计市场执业的会计师事务所合伙人和业务骨干。全面贯彻《国务院办公厅转发财政部关于加快发展我国注册会计师行业若干意见的通知》（国办发〔2009〕56 号，以下简称国办 56 号文件）精神，加快完善我国注册会计师行业人才选拔、培养、使用机制，努力形成领军人才辐射带动、开拓国际，优秀人才奋力拼搏、大展宏图，潜在人才不断积聚、蓄势待发，行业队伍人才济济、充满活力的生动局面，为我国注册会计师行业走向国际提供强大的人才资源保障。到2015年，培养造就600名具有国际认可度的中国注册会计师；到2020年，在2015年的基础上再新增2 000人，推荐其中50名左右的高端人才到国际性或区域性会计审计组织任职或服务。

（五）着力培养造就具有国际水准的会计学术带头人。具有国际水准的会计学术带头人，是指具备突出的学术研究能力和完备的知识结构，活跃于国际学术领域的会计理论和教育工作者。着眼于提高会计理论创新能力和会计审计标准制定国际话语权，通过培育具有国际水准的会计理论高层次人才，促进我国会计理论和会计教育持续繁荣发展。到2015年，新增具有国际水准的会计学术带头人40人；到2020年，在2015年的基础上再新增60人。

（六）着力统筹开发其他各类各级会计人才。其他各类各级会计人才，具有人员多、分布广的特点，是我国会计队伍的主体力量。要加快其他各类各级会计人才的培养，为单位会计基础管理提供充足的人才资源，形成不同类别和层级会计人才的合理布局，为高级会计人才提供重要储备。要突出重点，兼顾一般，在着力培养高级会计人才的同时，重视会计从业人员、会计初中级人才的培养，促进会计人才资源结构优化、布局合理，努力打造一支职业道德水准高、业务娴熟、技能综合、职业判断能力强的会计人才队伍。到2015年，实现高级、中级、初级会计人才比例为5∶35∶60；到2020年，使这一比例为10∶40∶50。

四、会计人才队伍建设的主要政策措施

（七）加快会计领军人才培养。会计领军人才是高级会计人才中能够发挥引领和辐射作用的高端会计人才，是会计事业发展壮大的重要推动力量。经济社会的快速发展迫切需要国家级和区域性的会计领军人才。财政部要着眼于加快全国会计领军人才培养，进一步完善《全国会计领军（后备）人才培养十年规划》，健全会计领军人才选拔机制、培养机制、淘汰机制、使用机制，使高端会计人才培养成为长效机制和永久性政策措施。要推动实现会计领军人才培养与会计专业技术职称（职务）制度、会计专业学位教育制度的有机衔接。各地财政部门和中央有关主管单位要比照全国会计领军（后备）人才培养工程做法，大力培养本地区、本部门、本系统的会计领军人才。

（八）强化总会计师地位和职能。总会计师是单位主要管理人员，承担着经济预测、决策、控制、分析等工作，应当具备战略规划、资本运作、财会、金融、法律等专业水平和管理能力。要适应现代会计职能重大转变，积极推动修订《总会计师条例》，进一步强化总会计师职能，提升总会计师地位，充分发挥总会计师在加强单位经济管理、提高经济效益中的重要作用。大中型企业应当设置总会计师，设置总会计师的企业不得设置与其职权重叠的副职。积极推动行政事业单位设置总会计师。财政部门要探索建立总会计师资格认证制度，为用人单位科学选聘总会计师提供制度保障。

（九）健全会计人员评选表彰机制。开展会计人员评选表彰工作有利于激励广大会计人员爱岗敬业、诚实守信、开拓创新、勇创佳绩，更好地参与我国经济社会建设。财政部要按照《中华人民共和国会计法》和《全国先进会计工作者评选表彰办法》，健全会计

人员评选表彰机制，严格评选程序，创新评选方法，努力将全国会计人员评选表彰与国家级劳动表彰奖励相衔接。各地财政部门和中央有关主管单位要参照财政部的做法，结合本地区、本部门、本系统实际情况，依法健全先进会计工作者评选表彰制度，大力开展先进会计工作者评选表彰工作。通过开展全方位和经常化的先进会计工作者评选表彰活动，在全社会形成良好的会计人才培养、成长环境。

（十）深化会计职称制度改革。会计职称制度是长期形成并被社会广泛认可的培养、选拔不同层级会计专业技术人才的有效政策措施。要适应经济社会发展需要，认真总结经验，借鉴国际惯例，不断完善和提升不同层级会计专业技术人才的知识结构和能力框架。着力改革现行会计专业技术资格制度，增设正高级会计专业技术资格，形成初级、中级、高级（含副高级和正高级）等层次清晰、相互衔接、体系完整、逐级递进的会计专业技术资格体系。要继续完善会计专业技术资格相关的各项管理制度，强化会计专业技术资格考试考务管理，严厉打击考试舞弊等违纪违规行为，确保会计专业技术资格考试的科学性、公正性。推动会计专业技术资格国际认可。

（十一）加强会计从业资格管理。会计从业资格是依法对从事会计工作的人员实行的市场准入制度。根据《中华人民共和国会计法》和《会计从业资格管理办法》，从事会计工作的人员应当具备相应的专业基础知识，通过严格考试取得会计从业资格。要加强会计从业资格管理，依据会计人员的知识结构和能力框架要求，在全国范围内实行会计从业资格考试统一大纲、统一题库、统一标准。要加快推进会计从业资格无纸化考试，提高会计从业资格考试的公正性、科学性。要重视会计人员信息化管理平台建设，强化各类别、各层级会计人员的科学化精细化管理。要严格境外会计资格市场准入，加大会计市场监管力度。

（十二）完善会计人员继续教育制度。会计人员继续教育是实现会计人员知识更新、能力提升的重要制度安排。要修改完善《会计人员继续教育规定》，制定会计人员继续教育指南，进一步加强会计人员继续教育工作。要严格会计人员继续教育学时制度，创新和丰富会计人员继续教育内容和手段，积极引入远程网络化教学等现代化培训方式。要采取评估、考核、备案、公示等有效措施，加强对会计人员继续教育施教机构的管理，严厉打击施教机构乱收费、乱办班、虚假培训等行为。

（十三）推动会计行业产学研战略联盟。产学研战略联盟是培养应用型会计人才的重要途径。各级财政部门要推动建立以用人单位为主体、以市场为导向的产学研战略联盟。鼓励和促进专业院校与用人单位紧密合作，积极实施会计后备人才培养计划，推广以院校教学为主体、以单位实践为补充的会计人才培养模式。企事业单位、会计师事务所应当履行社会责任，搭建会计人才培养平台，推动培养应用型会计人才。

（十四）建立会计人才流动配置机制。建立会计人才流动配置机制是经济社会发展的客观要求。财政部门要完善会计人才评价制度，发挥会计人才资源市场配置功能，科学规划，稳步推进，积极推进会计人才交流平台建设，逐步形成全国统一、开放、有序、竞争的现代会计人才市场体系，实现会计人才在全国范围内的合理流动。

（十五）发挥会计行业协会、学会职能作用。要充分发挥各级会计行业协会、会计学会在培养各类会计人才方面的重要作用，以高质量的服务凝聚会员、壮大队伍。要不断改进会员管理方式，寓管理于服务之中，强化会员分级管理，满足不同层级会员知识更新和能力提升需求。

（十六）重视会计人才培养基地建设。会计人才培养基地是实施会计人才队伍建设工程的重要场所。要重视会计人才培养基地建设，进一步加快国家会计学院和各地会计人才培养基地建设步伐，优化管理体制，提升教学能力，充实师资队伍，争创一流会计人才培养基地。要升级教学软硬件水平，重视师资库、教材库建设，使会计人才培养基地建设与会计人才发展要求相适应，有计划、有步骤、分层次地培养各类会计人才。

五、会计人才队伍建设的重大工程

（十七）全国会计领军（后备）人才培养工程。到2020年，培养2 000名左右的全国会计领军人才，担当会计行业领军重任。其中，着眼于提高大型企业经营管理水平，实施“走出去”战略，培养造就900名高素质、复合型、国际化企业类会计领军人才；着眼于提高行政事业单位现代化管理水平，推进财政科学化精细化管理，培养造就200名高素质、复合型、国际化行政事业类会计领军人才；着眼于加快我国注册会计师行业发展，形成国际竞争比较优势，培养造就700名高素质、复合型、国际化注册会计师类会计领军人才；着眼于丰富我国会计理论体系，占领国际学术制高点，培养造就200名高素质、复合型、国际化学术类会计领军人才。

（十八）大中型企事业单位总会计师素质提升工程。着眼于全面提升大中型企事业单位总会计师的能力素质，促进我国大中型企事业单位进一步提高现代化经营管理水平和国际竞争力。要充分发挥国家会计学院开展高层次会计人才的教学资源优势，以5年为一个周期，每年1万人左右的规模，对全国所有大中型企事业单位的总会计师开展轮训。

（十九）注册会计师行业做大做强人才培养工程。全面落实国办56号文件，重点扶持10家左右大型会计师事务所加快发展，以排名前200家会计师事务所为基础，前10家左右大型会计师事务所为重点，大力实施注册会计师行业做大做强人才培养工程。通过学历教育与继续教育相结合、岗位练兵与脱产集训相结合、理论研究与实战锤炼相结合、境内学习与境外深造相结合、自主培育与合理引进相结合等方式，全面提升我国注册会计师尤其是大型会计师事务所执业人员的职业道德水平和专业胜任能力。

（二十）会计名家工程。着眼于会计理论和实践创新，树立会计行业楷模。着力发现、培养、举荐一批造诣高深、成就突出、影响广泛的杰出会计理论与实务工作者，形成会计名家库，发挥会计名家引领作用。

（二十一）应用型高级会计学科建设工程。适应经济社会发展对高素质应用型会计人才需求，加大应用型高层次会计人才培养，以会计人才能力框架为导向，促进会计学研究生教育逐步向以应用型专业学位教育为主转变。财政部门应与教育部门密切配合，在积极推进会计学一级学科申报和建设工作的同时，加强全国会计专业学位教育指导委员会工作，不断提高会计专业学位教学质量，推动落实国家会计学院专业学位授予权，稳步扩大会计硕士专业学位的培养规模，促进会计专业学位系列加快发展，实现会计专业学位教育与会计相关职业资格考试“双向挂钩”，进一步强化高层次会计教育的实务导向。

（二十二）现代农村会计人才支撑计划。着眼于深化农村村务公开和民主治理工作，提高农村会计信息质量，加强农村“资金、资产、资源”管理，扎实推进村级会计委托代理服务。充分利用中华会计函授学校培训平台，按照每年6万人左右的规模，有计划、分阶段、分层次地组织开展全国支农惠农财政、会计政策培训，到2020年，力争对全国所有农村集体经济组织的会计人员、主要村干部、村民理财小组成员和村级会计委托代理服务机构代理会计、负责人轮训一遍。

六、组织实施

（二十三）加强规划实施的组织保障。在中央人才工作协调小组的指导下，财政部负责统筹协调《会计人才规划》的组织实施工作。各地财政部门和中央有关主管单位应当以《会计人才规划》为指导，结合实际，编制本地区、本部门、本系统会计人才发展规划和具体实施办法，形成全国会计人才发展规划实施体系。各用人单位应当重视会计人才队伍建设，制定本单位会计人才发展规划，为会计人才成长提供必要的平台和经费支持，切实发挥会计人才作用。

（二十四）健全规划实施的监控评估体系。财政部、各地财政部门和中央有关主管单位要建立《会计人才规划》实施的过程跟踪、执行监督、信息反馈机制和定期评估制度，对实施情况进行监控和指导；要根据反馈信息以及《会计人才规划》评估和监控情况，对实施中发现的新情况、新问题，及时采取切实有效措施，确保各项任务和要求落实到位。

（二十五）营造规划实施的良好社会环境。财政部、各地财政部门和中央有关主管单位应大力宣传国家人才工作的重大战略思想和方针政策，宣传《会计人才规划》的重大意义、指导方针、目标任务、政策措施、重大工程，宣传实施中的典型经验、做法和成效，形成全社会关心、支持会计人才发展的良好氛围。

福建省财政厅关于印发《福建省会计行业中长期人才发展规划（2010—2020年）》的通知

（2010年12月24日　闽财会〔2010〕51号）

各市、县（区）财政局，中直、省直各单位：

根据财政部《会计行业中长期人才发展规划（2010—2020年）》和《福建省中长期人才发展规划纲要（2010—2020年）》总体要求，在认真总结我省会计人才建设取得的成就和经验、深入分析当前和今后一个时期会计人才发展面临的新形势、新任务和新挑战的基础上，我厅制定了《福建省会计行业中长期人才发展规划（2010—2020年）》（以下简称《会计人才规划》），现印发给你们，请认真贯彻执行。

制定实施《会计人才规划》，是深入贯彻人才强省战略的重大举措，是推动会计行业科学发展的必然要求，是会计行业在激烈的国际竞争中赢得主动的战略选择，对于推动福建科学发展、跨越发展，提前实现全面建设小康社会目标具有重大意义。各地财政部门和中直、省直有关主管单位，要高度重视会计人才队伍建设工作，进一步增强做好会计人才工作的紧迫感和自觉性；要切实加强对《会计人才规划》实施的组织领导，确保各项工作扎实推进；要结合本地区、本部门、本系统实际，抓紧制定《会计人才规划》实施方案；要大力开展持续深入的宣传活动，在全社会形成良好的舆论氛围，为《会计人才规划》的有效实施奠定坚实基础。

附件：福建省会计行业中长期人才发展规划（2010—2020 年）

附件：

福建省会计行业中长期人才发展规划

（2010—2020 年）

目　　录

为更好实施人才强省战略，推动福建科学发展、跨越发展，根据财政部《会计行业中长期人才发展规划（2010—2020年）》和《福建省中长期人才发展规划纲要（2010—2020年）》，结合福建实际，制定本规划。

一、加强会计人才队伍建设的必要性和紧迫性

会计人才是我省人才队伍的重要组成部分，是维护市场经济秩序、推动科学发展、促进社会和谐的重要力量。加强会计人才队伍建设，着力培养高层次会计人才，并以此引导和带动我省会计人才队伍发展，不仅关系到提高会计行业核心竞争力、确保会计工作促进经济社会发展的职能作用有效发挥，而且关系到全面实施人才战略、建设海峡西岸经济区的大局。

新中国成立以来，特别是改革开放以来，在党中央、国务院的

正确领导下，财政部门适应经济社会发展需要，大力推进会计人才队伍建设，取得了很大成效。一是会计人才相关法律制度体系基本建立。建成了以《中华人民共和国会计法》和《中华人民共和国注册会计师法》为基础、以不同类别和不同层级会计人才评价标准为核心、以会计人才管理制度为支撑的会计人才相关法律制度体系。二是会计人才管理体制初步理顺。建立了以财政部政策指导，各地财政部门组织落实，会计行业协会、会计学会、相关部门协调配合的会计人才管理格局。三是会计人才队伍不断壮大。截至目前，全省有近40万会计人员。四是会计人才整体素质和专业水平稳步提高。会计职业领域已从传统的记账、算账、报账为主，拓展到内部控制、投融资决策、企业并购、价值管理、战略规划、公司治理、会计信息化等高端管理领域。五是会计人才成长与发展的环境明显改善。随着人才强省战略的深入实施，会计人才在推动企事业单位现代化管理、提升企事业单位核心竞争力、引导社会资源合理配置、保障社会公众利益、维护国家经济安全和市场经济秩序等方面发挥着越来越重要的作用。同时，我们也应清醒地认识到，当前我省会计人才发展的总体水平与我省经济社会发展需要还有许多不相适应的地方，主要是：高层次复合型会计人才缺乏，会计人才结构和布局不尽合理，会计人才发展的体制机制有待完善，会计人才市场管理有待加强，等等。

未来十年，是福建全力推动跨越发展的关键阶段，会计人才在经济社会发展中的基础性、战略性、关键性作用更加凸显。我们要进一步增强责任感、使命感和危机感，积极应对日趋激烈的国际和区域会计人才竞争，解放思想，先行先试，科学规划，深化改革，重点突破，统筹推进，不断开创会计人才工作新局面。

二、指导方针和发展目标

（一）指导方针。

高举中国特色社会主义伟大旗帜，以邓小平理论和“三个代表”重要思想为指导，深入贯彻落实科学发展观，根据经济社会发展要求，遵循会计人才发展规律，大力推进会计人才战略，健全体制机制，优化结构和布局，创新培养使用模式，强化国际交流，形成育才、聚才、用才的良好环境和政策优势，以打造高层次会计人才为重点，统筹推进各类别、各层级会计人才队伍建设，为经济社会健康发展提供坚实的会计人才保障。

当前和今后一个时期，我省会计人才发展的指导方针是：服务发展，以用为本；健全制度，创新机制；高端引领，整体开发。

服务发展，以用为本。把促进经济社会发展作为会计人才队伍建设的根本出发点和落脚点，围绕经济社会发展目标确定会计人才队伍建设任务。坚持科学发展以人为本，人才发展以用为本，把用好用活人才作为会计人才队伍建设的重要任务，积极为会计人才拓展事业和实现价值提供机会和条件，并用经济社会发展成果检验会计人才队伍建设成效。

健全制度，创新机制。把深化改革作为推动会计人才发展的根本动力，建立健全与社会主义市场经济体制相适应、有利于科学发展、体现会计人才价值的会计人才发展体制机制，进一步完善会计人才建设各项制度，营造会计人才发展的宽松环境，最大限度地激发会计人才的创造力。

高端引领，整体开发。以全国会计领军（后备）人才工程为重要平台，培养造就一批具有国际视野、知识结构优化、实践经验丰富、创新能力突出、职业道德高尚的高层次会计人才，带动会计人才队伍整体发展。统筹各类别、各层级会计人才资源开发，培育会计人才爱岗敬业、诚实守信、廉洁自律、客观公正、坚持准则、参与管理的会计职业道德精神，实现会计人才队伍全面协调健康发展。

（二）发展目标。

到2020年，我省会计人才发展的战略目标是：培养和造就一支规模较大、结构优化、素质较高、富于创新、乐于奉献的会计人才队伍，确立会计人才竞争比较优势、进入全国会计人才强省行列，为比全国提前三年实现小康社会奋斗目标奠定坚实会计人才基础。

会计人才资源总量稳步增长，队伍规模不断壮大。会计人才资源总量增长50%，较好地满足经济社会发展需要。

会计人才素质大幅提高，结构进一步优化。会计人员中受过高等教育的比例达到80%；涉及会计审计实务、会计理论研究和会计管理等方面的各类别高级会计人才总量增长60%；继续增加各类别初、中级会计人才在会计从业人员中所占比重，力争使各类别高、中、初级会计人才比例达到10∶40∶50，会计人才的分布、层次和类别等结构趋于合理。

会计人才竞争优势明显增强，人才规模效益显著提高。面向涉及国计民生、国家安全、高新技术、金融保险等重点领域的大型企事业单位和大型会计师事务所，着力培养造就1 640名大型企事业单位具有国际业务能力的高级会计人才、50名具有国际认可度的注册会计师、10名具有国际水准的会计学术带头人等高端会计人才，建成一批会计人才高地，造就一支国际一流的会计人才队伍，力争高层次会计人才总量在新兴市场经济国家中处于领先地位。

会计人才使用效能明显提高，人才培养和使用机制不断健全。会计人才发展体制机制创新取得突破性进展，市场配置人才资源的基础性作用得到充分发挥。会计人才辈出、人尽其才的环境基本形成。

三、会计人才队伍建设的主要任务

（三）着力培养造就大型企事业单位具有国际业务能力的高级会计人才。大型企事业单位具有国际业务能力的高级会计人才，是指大型企事业单位中精通财会业务、熟悉市场规则，掌握金融、法律、内部控制、信息技术等相关专业知识，具有国际视野和跨文化交流能力，能参与战略经营和管理决策、把握行业发展趋势、解决复杂经济问题的高层次经营管理人才。着眼于提高我省大型企事业单位现代化管理水平，加大高级会计人才建设力度。到 2015 年，培养大型企事业单位具有国际业务能力的高级会计人才 880 人；到 2020 年达到1 640人。

（四）着力培养造就具有国际认可度的注册会计师。具有国际认可度的注册会计师，是指职业道德良好、专业素质优秀、执业经验丰富、谙熟国际规则，能够在国际会计审计市场执业的会计师事务所合伙人和业务骨干。全面贯彻《福建省人民政府办公厅转发省财政厅关于加快发展我省注册会计师行业意见的通知》（闽政办〔2010〕105 号，以下简称省府办 105 号文件）精神，加快完善我省注册会计师行业人才选拔、培养、使用机制，努力形成领军人才辐射带动、开拓国际，优秀人才奋力拼搏、大展宏图，潜在人才不断积聚、蓄势待发，行业队伍人才济济、充满活力的生动局面，为我省注册会计师行业走向国际提供强大的人才资源保障。到 2015 年，培养造就 15 名具有国际认可度的中国注册会计师；到 2020 年达到 50 人。

（五）着力培养造就具有国际水准的会计学术带头人。具有国际水准的会计学术带头人，是指具备突出的学术研究能力和完备的知识结构，活跃于国际学术领域的会计理论和教育工作者。着眼于提高会计理论创新能力和会计审计标准制定国际话语权，通过培育具有国际水准的会计理论高层次人才，促进我省会计理论和会计教育持续繁荣发展。到 2015 年，培养具有国际水准的会计学术带头人 5 人；到 2020 年达到 10 人。

（六）着力统筹开发其他各类各级会计人才。其他各类各级会计人才，具有人员多、分布广的特点，是我省会计队伍的主体力量。要加快其他各类各级会计人才的培养，为单位会计基础管理提供充足的人才资源，形成不同类别和层级会计人才的合理布局，为高级会计人才提供重要储备。要突出重点，兼顾一般，在着力培养高级会计人才的同时，重视会计从业人员、会计初中级人才的培养，促进会计人才资源结构优化、布局合理，努力打造一支职业道德水准高、业务娴熟、技能综合、职业判断能力强的会计人才队伍。到 2015 年，实现高级、中级、初级会计人才比例为 5∶35∶60；到 2020 年，使这一比例为 10∶40∶50。

四、会计人才队伍建设的主要政策措施

（七）加快会计领军人才培养。会计领军人才是高级会计人才中能够发挥引领和辐射作用的高端会计人才，是会计事业发展壮大的重要推动力量。经济社会的快速发展迫切需要国家级和区域性的会计领军人才。财政部要着眼于加快全国会计领军人才培养，进一步完善《全国会计领军（后备）人才培养十年规划》，健全会计领军人才选拔机制、培养机制、淘汰机制、使用机制，使高端会计人才培养成为长效机制和永久性政策措施。要推动实现会计领军人才培养与会计专业技术职称（职务）制度、会计专业学位教育制度的

有机衔接。省财政厅比照全国会计领军（后备）人才培养工程做法，着力培养本省会计领军人才。

（八）强化总会计师地位和职能。总会计师是单位主要管理人员，承担着经济预测、决策、控制、分析等工作，应当具备战略规划、资本运作、财会、金融、法律等专业水平和管理能力。要适应现代会计职能重大转变，财政部积极推动修订《总会计师条例》，进一步强化总会计师职能，提升总会计师地位，充分发挥总会计师在加强单位经济管理、提高经济效益中的重要作用。大中型企业应当设置总会计师，设置总会计师的企业不得设置与其职权重叠的副职。积极推动行政事业单位设置总会计师，特别是大型医院、高校等单位要加大设置总会计师的力度。财政部门要探索建立总会计师资格认证制度，为用人单位科学选聘总会计师提供制度保障。

（九）健全会计人员评选表彰机制。开展会计人员评选表彰工作有利于激励广大会计人员爱岗敬业、诚实守信、开拓创新、勇创佳绩，更好地参与我省经济社会建设。省财政厅根据《中华人民共和国会计法》和《全国先进会计工作者评选表彰办法》，健全会计人员评选表彰机制，按照会计工作系列、会计管理工作系列、会计科研及教学系列、注册会计师系列、总会计师系列等五个系列每年进行一个系列的评选。各地财政部门和中直、省直关主管单位可结合本地区、本部门、本系统实际情况，依法健全先进会计工作者评选表彰制度。通过开展全方位和经常化的先进会计工作者评选表彰活动，在全社会形成良好的会计人才培养、成长环境。

（十）深化会计职称制度改革。会计职称制度是长期形成并被社会广泛认可的培养、选拔不同层级会计专业技术人才的有效政策措施。要适应经济社会发展需要，认真总结经验，借鉴国际惯例，不断完善和提升不同层级会计专业技术人才的知识结构和能力框架。着力改革现行会计专业技术资格制度，增设正高级会计专业技术资格，研究出台《福建省正高级会计师评审办法》，形成初级、中级、高级（含副高级和正高级）等层次清晰、相互衔接、体系完整、逐级递进的会计专业技术资格体系。要继续完善会计专业技术资格相关的各项管理制度，强化会计专业技术资格考试考务管理，严厉打击考试舞弊等违纪违规行为，确保会计专业技术资格考试的科学性、公正性。推动会计专业技术资格国际认可。

（十一）加强会计从业资格管理。会计从业资格是依法对从事会计工作的人员实行的市场准入制度。根据《中华人民共和国会计法》和《会计从业资格管理办法》，从事会计工作的人员应当具备相应的专业基础知识，通过严格考试取得会计从业资格。要加强会计从业资格管理，依据会计人员的知识结构和能力框架要求，实行会计从业资格考试统一大纲、统一题库、统一标准。要推进完善会计从业资格无纸化考试，提高会计从业资格考试的公正性、科学性。要重视会计人员信息化管理平台建设，按时完成本省会计人员管理系统的调整，确保与全国会计从业人员信息管理系统数据衔接，以强化各类别、各层级会计人员的科学化精细化管理。要严格境外会计资格市场准入，加大会计市场监管力度。

（十二）完善会计人员继续教育制度。会计人员继续教育是实现会计人员知识更新、能力提升的重要制度安排。要修改完善《会计人员继续教育规定》，制定会计人员继续教育指南，进一步加强会计人员继续教育工作。要严格会计人员继续教育学时制度，创新和丰富会计人员继续教育内容和手段，充分利用福建省会计人员继续教育网络培训平台，实行远程网络现代化培训方式。要采取评估、考核、备案、公示等有效措施，加强对会计人员继续教育施教机构的管理，严厉打击施教机构乱收费、乱办班、虚假培训等行为。

（十三）推动会计行业产学研战略联盟。产学研战略联盟是培养应用型会计人才的重要途径。各级财政部门要推动建立以用人单位为主体、以市场为导向的产学研战略联盟。鼓励和促进专业院校与用人单位紧密合作，积极实施会计后备人才培养计划，推广以院校教学为主体、以单位实践为补充的会计人才培养模式。企事业单位、会计师事务所应当履行社会责任，搭建会计人才培养平台，推动培养应用型会计人才。

（十四）建立会计人才流动配置机制。建立会计人才流动配置机制是经济社会发展的客观要求。各级财政部门要发挥会计人才资源市场配置功能，利用财政厅（局）网站提供会计人才需求信息，打造会计人才交流平台，逐步形成全省统一、开放、有序、竞争的现代会计人才市场体系，实现会计人才在全省范围内的合理流动。

（十五）发挥会计行业协会、学会职能作用。要充分发挥各级会计行业协会、会计学会在培养各类会计人才方面的重要作用，以高质量的服务凝聚会员、壮大队伍。要不断改进会员管理方式，寓管理于服务之中，强化会员分级管理，满足不同层级会员知识更新和能力提升需求。

（十六）重视会计人才培养基地建设。会计人才培养基地是实施会计人才队伍建设工程的重要场所。要重视会计人才培养基地建设，进一步加强与教育部门协作，利用现有教学资源作为会计人才培养基地。要升级教学软硬件水平，重视师资库、教材库建设，使会计人才培养基地建设与会计人才发展要求相适应，有计划、有步骤、分层次地培养各类会计人才。

五、会计人才队伍建设的重大工程

（十七）会计领军（后备）人才培养工程。积极组织我省高级会计人员参加全国会计领军人才培养，协助财政部做好政策宣传、培训对象考核、推荐、组织考生报名和选拔考试等前期工作。计划用5年时间分两期培养140名全省会计领军人才，担当会计行业领军重任。其中，着眼于提高大中型企业经营管理水平，实施“走出去”战略，培养造就60名高素质、复合型企业类会计领军人才；着眼于提高行政事业单位现代化管理水平，推进财政科学化精细化管理，培养造就40名高素质、复合型行政事业类会计领军人才；着眼于加快我省注册会计师行业发展，形成国际竞争比较优势，培养造就40名高素质、复合型注册会计师类会计领军人才。

（十八）高级会计师素质提升工程。着眼于全面提升我省高级会计师的能力素质，促进我省各行业进一步提高现代化经营管理水平和国际竞争力。要充分发挥厦门国家会计学院等培养高层次会计人才的教学资源优势，每年1 500人左右的规模，分类型安排6—7期，对全省高级会计师开展轮训。

（十九）注册会计师行业做大做强人才培养工程。全面落实省府办105号文件，以排名前30家会计师事务所为基础，重点扶持5—10家左右大型会计师事务所加快发展，实施注册会计师行业做大做强人才培养工程。通过学历教育与继续教育相结合、岗位练兵与脱产集训相结合、理论研究与实战锤炼相结合、境内学习与境外深造相结合、自主培育与合理引进相结合等方式，全面提升我省注册会计师尤其是大型会计师事务所执业人员的职业道德水平和专业胜任能力。

（二十）会计名家工程。着眼于会计理论和实践创新，树立会计行业楷模，着力发现、培养、举荐一批造诣高深、成就突出、影响广泛的杰出会计理论与实务工作者，形成会计名家库，发挥会计名家引领作用。

（二十一）现代农村会计人才支撑计划。着眼于深化农村村务公开和民主治理工作，提高农村会计信息质量，加强农村“资金、资产、资源”管理，扎实推进村级会计委托代理服务。根据《中共福建省委组织部、福建省财政厅关于开展全省农村财政支农政策培训工作的通知》（闽财办〔2009〕22 号）和《转发中纪委 财政部 农业部 民政部印发关于进一步加强村级会计委托代理服务工作指导意见的通知》（闽财会〔2010〕25 号）精神，有计划、分阶段、分层次地组织开展全省支农惠农财政、会计政策培训。到 2020 年，至少对全省所有农村集体经济组织的会计人员、主要村干部、村民理财小组成员和村级会计委托代理服务机构代理会计、负责人轮训一遍。

六、组织实施

（二十二）加强规划实施的组织保障。在省委人才工作领导小组的指导下，省财政厅负责统筹协调《会计人才规划》的组织实施工作。各地财政部门和中直、省直有关主管单位应当以《会计人才规划》为指导，结合实际，编制本地区、本部门、本系统会计人才发展规划和具体实施办法，形成全省会计人才发展规划实施体系。各用人单位应当重视会计人才队伍建设，制定本单位会计人才发展规划，为会计人才成长提供必要的平台和经费支持，切实发挥会计人才作用。

（二十三）健全规划实施的监控评估体系。各级财政部门和中直、省直有关主管单位要建立《会计人才规划》实施的过程跟踪、执行监督、信息反馈机制和定期评估制度，对实施情况进行监控和指导；要根据反馈信息以及《会计人才规划》评估和监控情况，对实施中发现的新情况、新问题，及时采取切实有效措施，确保各项任务和要求落实到位。

（二十四）营造规划实施的良好社会环境。各级财政部门和中直、省直有关主管单位应大力宣传会计人才工作的重大战略思想和方针政策，宣传《会计人才规划》的重大意义、指导方针、目标任务、政策措施、重大工程，宣传实施中的典型经验、做法和成效，形成全社会关心、支持会计人才发展的良好氛围。

厦门市财政局关于印发《厦门市会计行业中长期人才发展规划（2010—2020年）》的通知

（2011年2月17日　厦财会〔2011〕5号）

各区财政局、各有关单位：

根据财政部《会计行业中长期人才发展规划（2010—2020年）》、福建省《会计行业中长期人才发展规划（2010—2020年）》以及《厦门市中长期人才发展规划纲要（2010—2020年）》的总体要求，为全面提升我市会计人才工作总体水平，结合我市会计人才现状及未来发展所面临的形势，我局制定了《厦门市会计行业中长期人才发展规划（2010—2020年）》（以下简称《会计人才规划》），现印发给你们，请认真贯彻执行。

附件：厦门市会计行业中长期人才发展规划（2010—2020年）

附件：

厦门市会计行业中长期人才发展规划

（2010—2020 年）

目　　录

（七）以对台会计合作与交流基地为平台，推动两岸会计人才的双向交流

（八）发挥会计行业协会、学会职能作用，重视会计人才培养基地建设

（九）大力提高现代农村会计人才素质，满足建设新农村需求

（十）重视注册会计行业人才培养，储备行业后备人才

五、会计人才队伍建设的重大工程

（一）会计领军（后备）人才培养工程

（二）高级会计师素质提升工程

（三）注册会计师行业人才成长工程

（四）会计名家工程

六、组织实施

（一）加强规划实施的组织保障

（二）健全规划实施的监控评估体系

（三）营造规划实施的良好社会环境

为进一步实施人才强市战略，加快推进海峡西岸重要中心城市建设，发挥厦门在海西发展大格局中的龙头示范作用，根据财政部《会计行业中长期人才发展规划（2010—2020 年）》、福建省《会计行业中长期人才发展规划（2010—2020 年）》以及《厦门市中长期人才发展规划纲要（2010—2020 年）》的总体要求，结合厦门市实际，制定本规划。

一、加强会计人才队伍建设的必要性和紧迫性

随着经济社会的发展，会计已成为经济活动的基础语言和市场经济的重要基石，成为健全市场信用、完善交易规则的基础，成为

维护市场经济秩序和社会公众利益的基点，对厦门特区经济转型和产业结构调整，对资本市场发育发展和国有企业改制重组，对优化投资环境和提高资源配置效率，对保障经济信息质量和增强国内外投资者信心等，发挥着不可替代的作用。人才是经济社会发展的第一资源，会计人才在经济社会发展中的基础性、战略性、关键性作用更加凸显，会计人才的竞争已经成为国家、地区和单位间竞争的焦点之一。把厦门市的会计人才培养当做一种战略性的任务，加强会计人才队伍建设，培养出一支足够强大的会计人才队伍，使其在厦门市经济发展的各个领域发挥巨大作用，对于构筑厦门长远发展的人才优势，促进会计人才的全面发展，进一步提升厦门城市核心竞争力，在激烈的国际和区域竞争中赢得主动，促进厦门经济社会持续快速健康发展具有十分重要的战略意义。

目前，我市持证会计人员 62 791 人，其中高级会计人员 525 人，占总人数的 0.84%；中级会计人员 5 700 人，占总人数的 9.08%；初级会计人员 8 795 人，占总人数的 14.01%；其他会计人员 47 771 人，占总人数的 76.08%；初级以上专业技术等级的会计人才中，高、中、初级的比例为 3.5∶38∶58.5；会计人员中大专以上学历人员 34 413 人，占总人数的 55%。目前厦门共有 57 家会计师事务所，其中：具有证券资格的事务所 8 家（均为分所）、合伙所 5 家、外地在厦分支机构 9 家，注册会计师 726 人，非执业会员近 500 人。上述会计队伍担负着党政机关、社会团体以及各类企事业单位的财务会计工作及会计鉴证工作，其业务水平和服务质量的高低直接影响着经营者、投资人和社会公众的利益，进而影响整个社会经济秩序的健康、有序发展。

改革开放以来，财政部门适应经济社会发展需要，大力推进会计人才队伍建设，会计人才整体素质和专业水平稳步提高，会计人才成长与发展的环境明显改善。会计职业领域已从传统的记账、算账、报账为主，拓展到内部控制、投融资决策、企业并购、价值管理、战略规划、公司治理、会计信息化等高端管理领域。随着人才强市战略的深入实施，会计人才在推动企事业单位现代化管理、提升企事业单位核心竞争力、引导社会资源合理配置、保障社会公众利益、维护国家经济安全和市场经济秩序等方面发挥着越来越重要的作用。同时，我们也应清醒地认识到，目前我市的会计人才培养还存在一些不足，厦门市会计人才队伍中，仍存在高层次复合型会计人才缺乏现象，主要体现在会计人才中技术型人才多、管理型人才少；专业型人才多、领军型人才少；发挥业务专长的人才多、综合技能全面的人才少，会计人才结构和布局还不尽合理，这与厦门的经济社会发展的地位和作用是不相符的，而且会计人才发展的体制机制有待完善，会计人才市场管理也有待加强，等等。

我们必须高度重视这些问题，进一步增强紧迫感、责任感和使命感，积极应对日益激烈的国际和区域会计人才竞争，深化改革，先行先试，科学规划，更加坚定地走人才强市之路，全面提升会计人才工作总体水平，不断开创会计人才工作新局面。

二、指导方针和发展目标

（一）指导方针

高举中国特色社会主义伟大旗帜，以邓小平理论和“三个代表”重要思想为指导，深入贯彻落实科学发展观，根据我市经济社会发展要求，实施人才强市战略，遵循会计人才发展规律，尊重知识、尊重人才，大力推进会计人才战略，健全体制机制，优化结构和布局，创新培养使用模式，强化国际交流，形成育才、聚才、用才的良好环境和政策优势，以打造高层次会计人才为重点，统筹推进各类别、各层级会计人才队伍建设，为把厦门建设成为国际性港口风景旅游城市和海峡西岸重要中心城市，率先实现富裕型小康社会提供坚实的会计人才保障。

当前和今后一个时期，厦门会计人才发展的指导方针是：服务发展，人才优先；以用为本，人尽其才；先行先试，创新机制；高端引领，整体开发。

服务发展，人才优先。把服务我市经济社会发展作为会计人才队伍建设的根本出发点和落脚点，围绕经济社会发展目标确定会计人才队伍建设任务，确立在经济社会发展中人才优先发展的战略，优先开发人才资源，优先调整人才结构，优先保证人才投入，优先创新人才制度。

以用为本，人尽其才。坚持科学发展以人为本，人才发展以用为本，把用好用活人才作为会计人才队伍建设的重要任务，积极为会计人才拓展事业和实现价值提供机会和条件，让会计人才在使用中获得锻炼，在使用中提升能力，使各类会计人才各显其能、各尽其用、各得其所，并用经济社会发展成果检验会计人才队伍建设成效。

先行先试，创新机制。把深化改革作为推动会计人才发展的根本动力，建立健全与社会主义市场经济体制相适应、有利于科学发展、体现会计人才价值的会计人才发展体制机制。充分发挥厦门在人才工作体制机制创新方面的试验区作用，着力先行先试，突出海峡两岸会计人才交流合作特色和优势，发挥两岸会计人才交流的主渠道功能。进一步完善会计人才建设各项制度，营造会计人才发展的宽松环境，最大限度地激发会计人才的创造力。

高端引领，整体推进。以全国及我市会计领军（后备）人才工程为重要平台，培养造就一批具有国际视野、知识结构优化、实践经验丰富、创新能力突出、职业道德高尚的高层次会计人才，带动会计人才队伍整体发展。统筹各类别、各层级会计人才资源开发，培育会计人才爱岗敬业、诚实守信、廉洁自律、客观公正、坚持准则、参与管理的会计职业道德精神，实现会计人才队伍全面协调健康发展。

（二）发展目标

到2020年，我市会计人才发展的战略目标是：培养和造就一支规模较大、结构优化、素质较高、富于创新、乐于奉献的会计人才队伍，确立会计人才竞争优势，进入全国会计人才强市行列，为将厦门打造成为独具特色和魅力的“海峡西岸重要中心城市”和“海峡西岸人才创业港”奠定坚实会计人才基础。

会计人才资源总量稳步增长，队伍规模不断壮大。到2020年，我市会计人才资源总量增长50%以上，较好地满足经济社会发展需要。

会计人才素质大幅提高，结构进一步优化。会计人员中受过高等教育的比例达到80%，涉及会计审计实务、会计理论研究和会计管理等方面的各类别高级会计人才总量增长60%；继续增加各类别初、中级会计人才在专业技术等级会计人才中所占比重，力争使各类别高、中、初级会计人才比例达到10∶40∶50，会计人才的分布、层次和类别等结构趋于合理。

会计人才竞争优势明显增强，人才规模效益显著提高。打造我市会计人才“十百千工程”，即在我市大中型企事业单位的会计人才中，着力培养10个以上全国领军会计人才，具有国际业务能力的市级领军会计人才100人以上，具有高级会计师及以上专业技术资格的高端会计人才1 000人以上；着力培养造就具有国际认可度的注册会计师不少于20名；着力培养6名以上具有国际水准的会计学术带头人。以高端会计人才为引领，建成一批会计人才高地，造就一支国际一流的会计人才队伍，力争高层次会计人才总量在全国处在先进行列。

会计人才使用效能明显提高，人才培养和使用机制不断健全。会计人才发展体制机制创新取得突破性进展，市场配置人才资源的基础性作用得到充分发挥。会计人才辈出、人尽其才的环境基本形成，能够较好地满足海峡西岸经济建设与发展对会计人才的需求。

三、会计人才队伍建设的主要任务

（一）着力培养造就大中型企事业单位具有国际业务能力的高级会计人才

大中型企事业单位具有国际业务能力的高级会计人才，是指大中型企事业单位中精通财会业务、熟悉市场规则，掌握金融、法律、内部控制、信息技术等相关专业知识，具有国际视野和跨文化交流能力，能参与战略经营和管理决策、把握行业发展趋势、解决复杂经济问题的高层次经营管理人才。着眼于提高我市大中型企事业单位现代化管理水平，加大高级会计人才建设力度。打造我市会计人才“十百千工程”，到2015年，培养大中型企事业单位具有国际业务能力的高级会计人才555人；到2020年达到1 110人。

（二）着力培养造就具有国际认可度的注册会计师

具有国际认可度的注册会计师，是指职业道德良好、专业素质优秀、执业经验丰富、谙熟国际规则，能够在国际会计审计市场执业的会计师事务所合伙人和业务骨干。全面贯彻《福建省人民政府办公厅转发省财政厅关于加快发展我省注册会计师行业意见的通知》精神，加快完善我市注册会计师行业人才选拔、培养、使用机制，努力形成领军人才辐射带动、国际视野，优秀人才奋力拼搏、大展宏图，潜在人才不断积聚、蓄势待发，行业队伍人才济济、充满活力的生动局面，为我市注册会计师行业走向国际提供强大的人才资源保障。到 2015 年，培养造就 10 名具有国际认可度的中国注册会计师；到 2020 年达到 20 人。

（三）着力培养造就具有国际水准的会计学术带头人

具有国际水准的会计学术带头人，是指具备突出的学术研究能力和完备的知识结构，活跃于国际学术领域的会计理论和教育工作者。着眼于提高会计理论创新能力和会计审计标准制定国际话语权，通过培育具有国际水准的会计理论高层次人才，促进我市会计理论和会计教育持续繁荣发展。到 2015 年，培养具有国际水准的会计学术带头人不少于 3 人；到 2020 年达到 6 人以上。

（四）着力统筹开发使用其他各类各级会计人才

其他各类各级会计人才，具有人员多、分布广的特点，是我市会计队伍的主体力量。要加快其他各类各级会计人才的培养，为单位会计基础管理提供充足的人才资源，形成不同类别和层级会计人才的合理布局，为高级会计人才提供重要储备。要突出重点，兼顾一般，在着力培养高级会计人才的同时，重视会计从业人员、会计初中级人才的培养，促进会计人才资源结构优化、布局合理，努力打造一支职业道德水准高、业务娴熟、技能综合、职业判断能力强的会计人才队伍。到 2015 年，实现高级、中级、初级会计人才比例为 5∶40∶55；到 2020 年，使这一比例为 10∶40∶50。同时，要注重培养注册会计师，力争使我市注册会计师总量增长 50% 以上，2015 年，我市执业注册会计师人数达到 900 人，2020 年达到 1 100 人。

四、保障会计人才队伍建设的主要措施

（一）加快会计领军人才培养，加强对会计人才的推荐使用

会计领军人才是高级会计人才中能够发挥引领和辐射作用的高端会计人才，是会计事业发展壮大的重要推动力量。我市除了每年积极组织推荐优秀会计人才参加财政部会计领军人才选拔考试外，还要比照全国会计领军（后备）人才培养工程的做法，健全会计领军人才选拔机制、培养机制、淘汰机制、使用机制，大力培养本市的会计领军人才，使高端会计人才培养成为长效机制和永久性政策措施。

要创新机制，加强对会计人才的推荐使用。探索建立我市会计领军人才等高端会计人才信息库，探索建立财政部门与组织、人力资源和社会保障、国资等多部门互动机制，积极向用人单位重点推荐使用会计人才，积极为会计人才拓展事业和实现价值提供机会和条件。积极争取在全市拔尖人才选拔中设有专门的会计人才系列，在全市企业事业单位内部营造培养使用会计人才的氛围，合理使用、科学使用会计人才，让会计人才在实践中不断成长壮大。

（二）强化总会计师地位和职能，促进大中型企事业单位提高现代化经营管理水平

我市要根据《厦门市会计人员条例》以及市政府关于《厦门市行政事业单位设置总会计师或者财务总监若干意见》，积极推动大中型国有企业及一定规模行政事业单位设置总会计师或财务总监，强化总会计师职能，提升总会计师地位，充分发挥总会计师在加强单位经济管理、提高经济效益中的重要作用。结合我市实际，积极配合财政部探索建立总会计师资格认证制度，探索制定我市单位总会计师管理和考核办法，为各用人单位科学选聘总会计师提供制度保障。通过多种形式的交流、培训、推行我市大中型企事业单位总会计师素质提升工程，结合我市会计人员继续教育，对全市所有大中型企事业单位的总会计师或者财务总监开展轮训，不断提高我市

总会计师适应现代会计职能重大转变，以更好胜任企事业单位的经济预测、决策、控制、分析等工作，具备战略规划、资本运作、财会、金融、法律等专业水平和管理能力，使大中型企事业单位总会计师或者财务总监成为具有国际业务能力的市级领军会计人才，力争在2015年前，推动我市大中型国有企业及一定规模行政事业单位基本配备总会计师或者财务总监，促进我市大中型企事业单位进一步提高现代化经营管理水平和国际竞争力。

（三）建立健全会计人员评选表彰机制

贯彻实施《厦门市会计人员条例》，保障会计人才依法履行职责，保障会计人才的合法权益。我市要按照《厦门市会计人员条例》和《厦门市会计人员表彰奖励办法》，参照财政部的做法，结合我市实际情况，健全会计人员评选表彰机制，依法健全先进会计工作者评选表彰制度，至少每五年评审一次，严格评选程序，创新评选方法。通过开展全方位和经常化的先进会计工作者评选表彰活动，在全社会形成良好的会计人才培养、成长环境。

（四）深化会计职称制度改革，推动会计人才自身素质的不断提高

会计职称制度是长期形成并被社会广泛认可的培养、选拔不同层级会计专业技术人才的有效政策措施。我市要按照国家统一设定的不同层级会计专业技术人才的知识结构和能力框架，参与改革现行会计专业技术资格制度，推动高级会计人才往正高级会计师技术等级努力，形成初级、中级、高级（含副高级和正高级）等层次清晰、相互衔接、体系完整、逐级递进的会计专业技术资格体系。

从会计人才的培养工作来看，厦门具备优越的发展条件，不仅有厦门大学、厦门国家会计学院等众多知名的会计专业院校以及知名会计学者，还有着众多世界500强企业以及知名会计师事务所的高端会计人才，我们要充分利用这些优势资源，探索创新会计人才

培养模式，鼓励和促进专业院校与用人单位紧密合作，积极实施会计后备人才培养计划，推广以院校教学为主体、以单位实践为补充的会计人才培养模式。各企事业单位、会计师事务所应当履行社会责任，搭建会计人才培养平台，积极推动培养应用型会计人才。

要积极拓展会计人才的视野，推动会计人才不断学习，不断吸取新知识，不断接受新信息。要鼓励与推动各单位的会计人才在做好会计工作的同时，通过在职自学、夜大、函授大学等形式积极参加学历学习及其他各种形式的在职学习，提高其学历水平及业务素质，力求会计人员中80%以上受过大专以上高等教育；鼓励会计人才通过积极参与会计专业技术等级考试及评审，晋升上一等级职称，鼓励培训机构为会计人员提供考前及评审辅导，帮助会计人员提高通过率，力争在2020年我市具备初级以上专业技术资格的会计人才总量增长50%，达到2.25万人以上，其中，高、中、初级会计人才比例达到10:40:50。

鼓励高级会计人才积极参与单位内部经营管理，在实践中不断拓展工作领域，提升高端管理才能；不断拓展注册会计师行业的业务范围，鼓励与推动注册会计师通过提供鉴证和咨询等服务，在实践中逐步提升职业判断能力和服务水平。

（五）加强会计从业资格管理，推动会计人才合理流动

根据《会计法》和《会计从业资格管理办法》，按照财政部统一的会计从业资格考试大纲要求，全面推行会计从业资格无纸化及常规化考试，提高会计从业资格考试的公正性、科学性；严把会计从业资格入门关，力求做到通过会计从业资格考试取得会计从业资格证的人员能够达到上岗所必须的最基本的实务操作，提高会计从业资格证的含金量。力争每年通过考试新增会计人员5 000人以上，到2020年我市会计人员达10万人以上。

通过会计信息化管理平台，进一步开发完善厦门市会计人员管理系统，实现与全国会计人员管理系统的联网，积极推进会计人才交流平台建设，实现会计人才在全国范围内的合理流动；完善厦门市会计人员网上报备管理系统及会计人员信用查询系统，强化各类会计人员的科学化精细化管理。

（六）完善会计人员继续教育制度，推动会计人才自觉学习

按照《会计人员继续教育规定》及《厦门市会计人员条例》规定，严格会计人员继续教育学时制度，创新和丰富会计人员继续教育内容和手段，继续按照“分门别类、各有侧重、分步实施、注重实效”的方式组织培训，分别按照行政事业单位、企业、农村、社团等各种不同的培训对象开展各种形式的业务培训；积极探讨引入远程网络化教学等现代化培训方式，方便会计人员的自觉学习。采取评估、考核、备案、公示等有效措施，加强对会计人员继续教育培训机构的管理，加强会计培训市场的监管。

（七）以对台会计合作与交流基地为平台，推动两岸会计人才的双向交流

发挥“五缘”优势，先行先试，以“对台会计合作与交流基地”为前沿平台，推进两岸会计人才交流合作，促进海峡两岸在会计领域的全方位、多层面的合作与交流，以高等院校、科研院所、产业企业为依托，共同开展两岸会计人才合作培养、经验交流、理论研究和学术探讨，推动大陆与台湾地区的会计准则趋同与等效。到2020年，努力把厦门建设成为两岸会计人才交流合作示范点，成为台湾会计人才在大陆就业创业的重要集散地。

（八）发挥会计行业协会、学会职能作用，重视会计人才培养基地建设

我市要充分发挥厦门市会计行业协会、厦门市会计学会、厦门

市总会计师协会、厦门市注册会计师协会在培养各类会计人才方面的重要作用，通过组织学术研究，着重提高会计人才的素质和能力；开展学术交流，为会计人才脱颖而出提供平台；强化管理与服务，以高质量的服务凝聚会员，促进会计人才队伍壮大；建立会计人才信息库，为用人单位举荐人才提供服务，不断满足会员知识更新和能力提升需求。促进各会计协（学）会进一步加强与教育部门协作，充分利用各会计社团联系会计实务界的桥梁与纽带作用，为各高校联系会计专业学生实践实习单位提供帮助，充分利用现有的教学资源，作为我市会计人才的重要培养基地。

（九）大力提高农村现代会计人才素质，满足建设新农村需求

着眼于深化农村村务公开和民主治理工作，加强农村“资金、资产、资源”管理，扎实推进村级会计委托代理服务，提高农村会计信息质量。按照每年1 000人左右的规模，有计划、分阶段、分层次地组织对我市所有农村集体经济组织的会计人员、报账员、主要村干部、村民理财小组成员和村级会计委托代理服务机构代理会计、负责人开展以支农惠农财政、会计政策为主要内容的培训、轮训工作，大力提高农村现代会计人才素质，满足建设新农村需求。

（十）重视注册会计行业人才培养，储备行业后备人才

我市注册会计师是一支高素质的人才队伍，我市要积极探索，指导我市会计师事务所建立人才培养计划、激励与约束机制和人才考核评价机制；通过厦门市注册会计师协会以举办讲座、沙龙、培训班等多种形式，着重对执业人员的专业技术能力和职业道德水平开展培训与指导，提高注册会计师人才素质，提高注册会计师服务质量，着力培养造就具有国际认可度的注册会计师；充分利用我市丰富的高校资源，加强宣传，鼓励会计人才通过考试取得注册会计师资格，吸引优秀新生力量加入到注册会计师行业，为行业储备后备人才。

五、会计人才队伍建设的重大工程

（一）会计领军（后备）人才培养工程

积极组织我市高级会计人员参加全国会计领军人才培养选拔考试，协助财政部与省财政厅做好政策宣传、培训对象考核、推荐、组织考生报名和选拔考试等前期工作。参照财政部培养全国会计领军（后备）人才做法，计划用 10 年时间分期培养 100 名全市会计领军人才，担当会计行业领军重任。其中，着眼于提高大中型企业经营管理水平，实施“走出去”战略，培养造就 60 名高素质、复合型企业类会计领军人才；着眼于提高行政事业单位现代化管理水平，推进财政科学化精细化管理，培养造就 20 名高素质、复合型行政事业类会计领军人才；着眼于加快我市注册会计师行业发展，形成国际竞争比较优势，培养造就 20 名高素质、复合型注册会计师类会计领军人才。

（二）高级会计师素质提升工程

着眼于全面提升我市高级会计师的能力素质，促进我市各行业进一步提高现代化经营管理水平和国际竞争力。要充分发挥厦门国家会计学院、厦门大学等培养高层次会计人才的教学资源优势，以及厦门市总会计师协会的会计高端实践人才资源优势，以每年 500 人左右的规模，对全市高级会计师开展轮训。

（三）注册会计师行业人才成长工程

全面落实《福建省人民政府办公厅转发省财政厅关于加快发展我省注册会计师行业意见的通知》精神，以厦门市排名前 15 家会计师事务所为基础，重点扶持 5 家左右大型会计师事务所加快发展，实施注册会计师行业人才成长工程。通过学历教育与继续教育相结合、岗位练兵与脱产集训相结合、理论研究与实战锤炼相结合、境内学习与境外深造相结合、自主培育与合理引进相结合等方式，全面提升我市注册会计师尤其是大型会计师事务所执业人员的职业道德水平和专业胜任能力。

（四）会计名家工程

以厦门大学、厦门国家会计学院、集美大学等知名会计院校为依托，着眼于会计理论和实践创新，树立会计行业楷模，着力发现、培养、举荐一批造诣高深、成就突出、影响广泛的杰出会计理论与实务工作者，形成会计名家库，发挥会计名家引领作用。

六、组织实施

（一）加强规划实施的组织保障

在市委人才工作领导小组的指导下，市财政局统筹协调《会计人才规划》的组织实施工作。各区财政部门和市直有关主管单位应当以《会计人才规划》为指导，结合实际，编制本区、本部门、本系统会计人才发展规划或具体实施办法，形成全市会计人才发展规划实施体系。各用人单位应当重视会计人才队伍建设，制定本单位会计人才发展规划，为会计人才成长提供必要的平台和经费支持，切实发挥会计人才作用。

（二）健全规划实施的监控评估体系

我市各级财政部门和市直有关主管单位要建立《会计人才规划》实施的过程跟踪、执行监督、信息反馈机制和定期评估制度，对实施情况进行监控和指导；要根据反馈信息以及《会计人才规划》评估和监控情况，对实施中发现的新情况、新问题，及时采取切实有效措施，确保各项任务和要求落实到位。

（三）营造规划实施的良好社会环境

我市各级财政部门和市直有关主管单位应大力宣传会计人才工

作的重大战略思想和方针政策，宣传《会计人才规划》的重大意义、指导方针、目标任务、政策措施、重大工程，宣传实施中的典型经验、做法和成效，形成全社会关心、支持会计人才发展的良好氛围。

陕西省财政厅关于印发《陕西省会计行业中长期人才发展规划（2010—2020年）》的通知

（2011年3月1日　陕财办会〔2011〕5号）

各设区市、杨凌示范区财政局，省级有关部门：

根据《国家中长期人才规划纲要》、《陕西省中长期人才发展规划》和财政部《会计行业中长期人才发展规划》的总体要求，我厅在认真总结全省会计人才建设经验、深入分析会计人才发展面临的新形势、新任务的基础上，制定了《陕西省会计行业中长期人才发展规划（2010—2020年）》（以下简称《规划》），现印发给你们，请认真贯彻执行。

《陕西省会计行业中长期人才发展规划》是深入贯彻人才强省战略、促进我省会计行业发展的纲领性文件，是会计行业在激烈的国内外竞争中赢得主动的战略选择，对于当前和今后一个时期促进经济发展方式转变，更好地服务于经济社会发展具有重大而深远的意义。各级财政部门和有关主管部门，要高度重视会计人才建设工作，切实加强《规划》实施的组织领导，确保《规划》有关工作落实到位。要大张旗鼓地组织《规划》的学习宣传活动，结合本地区、本部门、本系统实际，抓紧制定《规划》实施方案及自身会计人才发展规划，在全社会形成良的会计人才发展氛围。

陕西省会计行业中长期人才发展规划

（2010—2020 年）

目　录

（五）深化会计职称制度改革

（六）提高会计从业资格管理水平

（七）完善会计人员继续教育制度

（八）优化会计人才资源配置，健全人才流通机制

（九）健全先进会计工作者评选表彰制度

（十）发挥会计学（协）会和科研机构职能作用

五、会计人才建设的重大工程

（一）陕西省会计领军（后备）人才培养工程

（二）陕西省会计人才库工程

（三）陕西省会计人才市场工程

（四）陕西省会计人才培养基地工程

（五）陕西省财会专业交流平台工程

（六）现代农村会计人才支撑工程

六、保障与实施

（一）加强组织保障

（二）加大资金投入

（三）健全评估体系

（四）营造良好环境

为落实人才强省战略，全面提高会计人才素质，提升会计工作总体水平，促进我省经济社会又好又快发展，根据《国家中长期人才规划纲要》、《陕西省中长期人才发展规划》和财政部《会计行业中长期人才发展规划》（2010—2020 年）的总体要求，制定本规划。

一、加强会计人才队伍建设的必要性和紧迫性

会计人才是我国人才队伍的重要组成部分，是维护市场经济秩序、推动科学发展、增进社会和谐的重要力量。加强我省会计人才队伍建设，优化会计人才队伍结构，着力培养高层次会计人才，不仅关系到全省会计行业的长远发展、会计服务经济建设基础性作用的有效发挥，而且关系到人才强省强国、建设创新型国家的大局。

改革开放及西部大开发以来，我省经济发展势头良好，经济规模连续9年保持两位数增长。2010年全省GDP达到10 021.53亿元，增长14.5%，比全国平均增速高出4.2个百分点。在财政部和省委、省政府的正确领导下，为适应经济发展的需要，我省各级财政部门不断加强会计管理，健全会计法规制度，严格执行会计人才评价制度，强化会计职业道德教育，全省会计人才队伍不断壮大，整体素质稳步提高。截至2010年年底，全省会计从业人员已从90年代初的24万人发展到35.4万人，增长46%。具有会计专业技术资格的有8.2万人，占总数的23.2%。其中，初级资格5.1万人，占62%，中级2.9万人，占35%，高级0.2万人，占3%。具有本科以上学历的有5.4万人，占总数的15%。具有研究生学历的0.16万人。注册会计师行业0.9万人中有0.2万执业会员和0.15万非执业会员。农村有近3万名财会人员。会计队伍的全面发展为经济管理打下了坚实的基础。

但是，我们应该清醒地看到，形势的发展对加强会计人才队伍建设提出了迫切的要求。一是我省优先发展能源化工、装备制造等八大支柱产业的战略规划和国家批准的《关中—天水经济区发展规划》，确立了建设陕西为全国统筹科技资源改革示范基地、全国先进制造业重要基地、全国现代化农业高技术产业基地和彰显华夏文

明的历史文化基地的宏伟目标，使我省经济进入快速发展的历史机遇期，亟需大批会计人才为经济建设服务；二是适应全球经济融合和应对后金融危机时期的影响，我国会计准则与国际准则持续趋同等效、发布准则通用分类标准并用可扩展商业报告语言（XBRL）表述、参与国际高质量会计准则的制定、全面贯彻实施内部控制规范体系，提升企业控制风险能力和核心竞争力，要求造就精通准则、熟悉管理科学、具有国际水准的复合型会计人才；三是在政府和非营利组织领域，虽然部门预算、国库集中收付、收支分类等改革成效显著，但与之配套的会计改革明显滞后，不能全面、准确地反映其财务状况及运营成果，满足其加强经济管理、成本核算和绩效评价的需要，必将成为下一轮会计改革的热点，为会计人才发挥作用提供更广阔的空间；四是会计信息化是会计现代化的重要基础，根据财政部全面推进会计信息化工作的指导意见，要在5—10年左右的时间，建立健全会计信息化法规体系和标准体系，基本实现大型企事业单位会计信息化与经营管理信息化融合、大型会计师事务所采用信息化手段对客户的财务报告和内部控制进行审计、政府会计管理和会计监督的信息化，就必须全力打造会计信息化人才队伍；五是要促进农村经济发展，加强农村财会管理，也必须从建立一支高素质的农村财会队伍做起。

因此，必须充分认识到会计人才在经济社会中的基础性、战略性、关键性作用，认识到会计人才的竞争已经成为国家、地区和单位间竞争的焦点之一。充分发挥我省科教综合实力在全国位居前列的优势，克服我省经济发展基础薄弱、外向型企业数量少、民营经济欠发达、财会人才就业机会偏少、待遇偏低、会计人才学历、职称结构不合理、高层次会计人才缺乏、会计人才发展体制机制不完善等不利因素，以人才强省的战略眼光统筹谋划，精心编制人才发展规划，认真贯彻人才发展规划，进一步增强责任感、使命感和紧迫感，抓住机遇，迎接挑战，深化改革，突出重点，不断开创我省会计人才工作新局面。

二、指导思想、基本原则和发展目标

（一）指导思想。高举中国特色社会主义伟大旗帜，以邓小平理论和“三个代表”重要思想为指导，深入贯彻落实科学发展观，根据陕西经济社会发展要求，遵循会计人才发展规律，大力推进人才强省战略、创新人才体制机制，优化人才结构布局，形成育才、选才、聚才、用才的良好环境和政策体系。实行紧缺人才重点开发，各类人才统筹兼顾的策略，打造一支既有国际水准人才、又有国内知名人才，既有高层次专业化人才，又有各级各类基础人才的高素质会计队伍，为陕西经济社会发展奠定良好的会计人才基础。

（二）基本原则。当前和今后一个时期，我省会计人才发展应坚持以下基本原则：党管人才，总揽全局；服务发展，以用为本；健全制度，创新机制；高端引领，整体开发。

——党管人才，总揽全局。加强党对会计人才工作的全局领导，把会计人才发展纳入经济社会发展总体布局，制定人才工作的重大政策、解决会计人才队伍建设的关键问题。引导市场有效配置人才资源，健全人才公共服务体系，促进会计人才公平竞争、合理流动、有效配置。努力开创人才辈出、人尽其才的局面。

——服务发展，以用为本。把促进陕西经济社会发展作为财会人才队伍建设的根本出发点和落脚点，围绕经济社会发展目标确定财会人才队伍建设任务。坚持科学发展以人为本，人才发展以用为本，积极为会计人才成就事业和实现价值创造条件，用经济社会发展成果检验会计人才队伍建设成效。

——健全制度，创新机制。把深化体制机制改革作为推动会计人才发展的根本动力，建立健全与省情相适应、有利于科学发展、实现财会人才价值的体制机制，创新完善财会人才建设的各项制度，最大限度地激发财会人才的创造力。

——高端引领，整体开发。加大培养高层次财会人才力度，造就一批具有国内知名度、知识结构优化、实践经验丰富、创新能力突出、职业道德高尚的高级会计人才，引领财会队伍整体发展。着力提升中、初级财会人才能力水平，使各级各类人才比例协调、结构合理，形成我省财会人才队伍门类齐全、稳步发展的良好格局。

（三）发展目标。到 2020 年，我省会计人才发展的战略目标是：建设一支规模较大、结构优化、素质较高、富于创新、敬业奉献的财会人才队伍，确立我省会计人才竞争优势，拥有国内排名前列、国际化水平不断提高的会计专业团队，为建设西部强省提供会计人才支撑。

——会计人才资源总量稳步增长，队伍规模不断壮大。力争到 2015 年会计人才资源总量增加 20% 以上；到 2020 年会计人才资源总量再增加 20% 以上。

——会计人才素质大幅度提高、结构进一步优化。到 2015 年，会计人员中受过高等教育的比例达到 70%，其中，大学本科学历财会人才达到 18% 以上，研究生学历人才达到 0.8%。到 2020 年会计人员中受过高等教育的比例达到 80%，其中，大学本科学历人才达到 20%，研究生学历人才达到 1%。力争具有会计专业技术资格人才占会计从业人员的比重达到 30%，高、中、初级会计人才比例达到8:40:52。

——会计人才竞争力显著提高，人才规模效益充分显现。面向我省支柱产业的大中型企业、规模以上的事业单位和大中型会计师事务所，着力培养2 000名具有国内先进水平的高级会计人才、100名具有国内先进地位的注册会计师、20名具有国内先进学术水平的带头人。在此基础上，力争培养造就具有国际业务能力的国家级会计领军人才（后备）20名、省级会计领军人才（后备）300名、具有国际认可度的注册会计师50人、具有国际会计学术水平的带头人3名。

——会计人才使用效能明显提高，人才培养和使用机制日益健全。到2015年，会计人才发展体制机制创新取得突破性进展，市场配置人才资源的基础性作用得到充分发挥，城乡财会人才培养使用差别日渐缩小，农村会计人员素质偏低状况有较大改善，50%的村集体经济组织、农民专业合作社的会计人员、村镇报账员取得会计从业资格证书或经过相应的专业培训；到2020年所有农村经济组织的会计人员都能达到上岗要求，城乡会计人才管理机制并轨，会计人才发展机制基本完善，市场配置人才资源的基础性功能基本实现。

三、会计人才队伍建设的主要任务

（一）着力培养大中型企事业单位具有处理国内外新兴业务及复杂问题能力的高级会计人才。大中型企事业单位具有处理国内外新兴业务及复杂问题能力的高级会计人才，是指大中型企事业单位中精通财会业务、熟悉法律法规和政策、通晓金融税务、市场规则、内部控制与信息技术等相关专业知识，具有国际视野和跨文化交流能力，能参与战略经营和管理决策、把握行业发展趋势、解决复杂经济问题的高层次经营管理人才。我省拥有八大优势产业，教育、科研机构云集，为加快高层次会计专业人才培养、提高大中型企事业单位经营管理水平提供了雄厚的基础和现实需要。到2015年，新增具有处理国内外新兴及复杂业务能力的高级会计人才1 000人，到2020年，再增加1 000人。

（二）努力造就具有国内先进水平和国际认可度的注册会计师。具有国内先进水平的注册会计师，是指职业道德良好、专业素质优异、执业经验丰富、具有复合型知识结构、谙熟国内行业规则，能够在国内会计审计市场执业的会计师事务所合伙人或业务骨干。具有国际认可度的注册会计师，应是谙熟国际规则，能够与国际会计审计机构联合执业或在国际会计审计市场执业的会计师事务所合伙人或业务骨干。一般为进入国家级、省级会计领军人才行列的人员。目前，我省注册会计师队伍知识能力比较薄弱，高、中、低学历比例为1∶13∶23，高、中级和初级职称（含无职称）比例为1∶3∶0.3，因此，全面贯彻《国务院办公厅转发财政部关于加快发展我国注册会计师行业若干意见的通知》（国办发〔2009〕56号）精神，加快完善我省注册会计师行业人才选拔、培养、使用机制，打造一批在业内具有较高声望，在行业发展中发挥关键作用、能承担国际化业务和国内新型业务的领军人才和高级人才，形成领军人才辐射带动，优秀人才一展宏图，潜在人才积聚递补，行业人才层出不穷的生动局面，为我省注册会计师行业走向国际提供强大的人才资源保障。到2015年，培养造就15名具有国际认可度的注册会计师，40名具有国内先进水平的注册会计师；到2020年，再新增具有国际认可度的注册会计师35人，60名具有国内先进水平的注册会计师。并推荐其中3名高端人才到国际性或区域性会计审计组织任职或服务。

（三）精心培养具有国家（国际）水准的会计学术带头人。具有国家（国际）水准的会计学术带头人，是指具备突出的学术研究能力和完备的知识结构，能够在国家（国际）权威学术期刊发表学术论文，在国家（国际）会计学术领域具有较大影响的会计研究和教育工作者。努力提高我省会计理论研究的国家（国际）化水平，在会计学术领域和会计审计标准制定方面获得国内（国际）话语权，促进我省会计理论和会计教育持续繁荣发展。到2015年，新增具有国内先进会计学术水准带头人10人、国际水准的会计学术带头人1人；到2020年，再分别新增10人和2人。

（四）重点培养和开发其他各类各级会计人才。其他各类各级会计人才，具有人员多、分布广的特点，是会计队伍的主体力量。要加快其他各类各级会计人才的培养，形成不同层次和类别的会计人才合理布局，为企事业单位会计管理工作提供充足的人才资源，为高级会计人才提供储备。努力造就一支职业道德水准高、业务娴熟、技能全面、职业判断能力强的会计人才队伍。到2015年，实现高级、中级、初级会计人才比例为6∶38∶56；到2020年，使这一比例为8∶40∶52。

四、会计人才队伍建设的主要政策措施

（一）创新会计人才学历教育模式。源头上加大会计学历教育改革力度，建立涵盖面宽、实践性强、体现国际化的会计人才培养体系。大中专教育以培养基础会计人才为主，增加实践应用教学比重；本科与硕士研究生教育兼顾理论与实践；博士研究生教育重点培养科研创新型人才。打造注册会计师专业品牌，为行业输送优质人才。创新会计本科生、研究生应用型教育模式，加强高校与企事业单位合作，联合举办研究、实训基地，引入“双导师制”，培养具有良好财会理论基础和实践能力的财会毕业生，建立以用人单位为主体、以市场为导向的产学研联盟。

（二）加快会计领军人才培养。会计领军人才是高级会计人才

中能够发挥引领作用的高端人才。要建立省、市两级领军（后备）人才培养机制并和国家领军人才衔接，形成领军人才层级配置及晋升梯队。加强省市级会计领军人才的培养，制定省、市级会计领军人才（后备）选拔、培养、淘汰、使用管理制度，统筹安排企业、行政事业、注册会计师、学术等四类会计领军人才培养工作，推动会计领军人才培养与专业技术职称制度、专业学位教育制度有机衔接，使领军人才培养形成长效机制。

（三）完善总会计师培养和使用机制。总会计师是单位主管经济工作和财务核算的行政领导人，应具备战略规划、资本运作、财会、金融、法律等专业水平和管理能力。以财政部修订《总会计师条例》为契机，结合《陕西省会计管理条例》有关规定，强化总会计师职责权限，提升总会计师地位；构建总会计师能力及评价框架体系，实行总会计师资质认证制度，建立总会计师人才信息库；稳步推进总会计师制度改革，完善总会计师培养和任（聘）用机制，进一步促进大中型企业总会计师的设置，加快行政事业单位配置总会计师进程；对全省总会计师开展岗位培训，拓展和提升总会计师专业胜任能力。

（四）造就高素质注册会计师人才。充分发挥会计师事务所在行业人才培养中的基础性、主渠道作用，改革完善内部治理及人力资源制度，优化激励约束、考核分配及合伙人进入退出机制，形成有利人才健康发展的行业文化；积极发展加盟国际知名会计公司陕西成员所，培养一批专业扎实、技术过硬、品德优良、与国际接轨的注册会计师人才；加大人才开发宣传力度，制定有利于注册会计师成长的培训、考核、评价政策，为中青年业务骨干脱颖而出创造良好环境。

（五）深化会计职称制度改革。会计职称制度是社会公认的选拔、评价不同层次会计人才的政策措施。要完善会计专业技术资格考核和评审办法，实行网上评卷，改进考试防舞弊技术，确保会计专业技术资格考试的公平性、公正性和严谨性。加强高级会计师评审委员会建设，完善评审机制，细化评审规则，确保评审质量。积极开展正高级会计师职称评审，形成初、中、高级体系完整、结构合理、逐级递进的会计专业技术资格体系。

（六）提高会计从业资格管理水平。会计从业资格是依法对从事会计工作的人员实行的市场准入制度，是会计人才的入门关。要完善会计从业资格管理办法，提高会计从业资格管理信息化水平，探索科学化、精细化管理模式，积极推进会计从业资格无纸化考试，建立网上学习、报考、评卷、公示“一条龙”信息化服务系统，加快会计人才培养进程。

（七）完善会计人员继续教育制度。会计人员继续教育是会计人才培养的重要形式，是实现会计人员知识更新、能力提升的重要制度安排。依据财政部修订完善的《会计人员继续教育规定》和会计人员继续教育指南，制定《陕西省会计人员继续教育实施办法》。积极推进远程网络化教育，实现会计人员继续教育信息化管理。发挥中华会计函授学校四级办学的网络优势，开展农村财会人才的持续培训，依托高校建立培训基地，引导社会力量办学机构走规范化、集约化、品牌化发展道路，形成会计人员继续教育分类施教、有序发展的格局。

（八）优化会计人才资源配置，健全人才流通机制。建立人才资源统计、供求预测和定期发布制度。要积极创建“陕西省会计人才库”和“陕西会计人才交流中心”。实现人才供求信息有效对接和网上人才交流实时查证功能。形成统一开放、公平竞争的现代会计人才市场体系。

（九）健全先进会计工作者评选表彰制度。联合省级有关部门制定《陕西省先进会计工作者评选表彰办法》，健全会计人员评选表彰机制，定期开展评选表彰活动，严格评选程序，细化评选标准，改进评选方法，提升表彰等级，增强会计人才的荣誉感和成就感，在全社会形成激励会计人才成长的良好环境。

（十）发挥会计学（协）会和科研机构职能作用。通过课题研究、学术交流等活动发现人才、锻炼人才、选拔人才。要以浓厚的学术氛围凝聚会员、壮大队伍，促进会计理论研究持续繁荣。改进会员管理方式，寓管理于服务之中，满足不同层级会员知识更新和能力提升需求。鼓励科研人员勇于瞄准前沿课题，承担基础性、尖端性科研项目，解决会计行业热点、难点问题，在实践中锻炼成长。

五、会计人才建设的重大工程

（一）陕西省会计领军（后备）人才培养工程。陕西省会计领军（后备）人才工程是国家会计领军人才工程的重要补充。建立省市财政部门主导、依托国家会计学院和省内外知名院校、定期集中培训和分散自修结合的会计领军人才培养机制。制定会计领军（后备）人才专业培训方案，科学设计教学周期，量体定制专业课程，引入优胜劣汰竞争机制，协调发展企业、行政事业、注册会计师、学术等四类会计领军（后备）人才；加大与省外、国外财会相关机构的合作交流力度，派出省市级领军（后备）人才赴省外、国外工作、实习，资助省市级学术类领军（后备）人才参加省际、国际重要会议，拓展领军人才的思维和视野，占领国内学术制高点；注重省市级领军（后备）人才的实践锻炼，为其提供更多的项目任务。

（二）陕西省会计人才库工程。下设领军人才、专业技术职称人才、总会计师人才、注册会计师人才、会计高学历人才、会计名家等二级库。把人才库建成面向社会、并与人才市场同步联网，分类科学、信息完整、动态管理的信息平台。要充分发挥各类人才库功能，为人才任用提供支撑。举荐一批造诣高深、成就突出、影响广泛、具备潜质的会计理论工作者与实务工作者、学术类会计领军（后备）人才，精心培养、打造成会计名家，组织其开展论文研讨、著书立说、学术交流、深入基层答疑解惑，指导产学研联盟、创办财会案例期刊等活动，促使我省会计理论和实务进入全国先进行列。

（三）陕西省会计人才市场工程。借助陕西人才大厦，开辟陕西会计人才服务窗口。要把服务窗口建设成设施完备、功能齐全，技术先进的智能市场，实时发布不同层次会计人员供求信息，为会计人才就业、任职、晋升、流动、鉴证、深造、咨询等提供便利服务。

（四）陕西省会计人才培养基地工程。省市财政部门要联合有实力的高等院校、部门、机构和社会团体，共建一批高质量的会计人才培养基地。重点承担会计领军（后备）人才、总会计师、注册会计师、高级会计师的培养和进修任务。要优化基地管理体制，完善教学设施，充实师资队伍，加强教材建设，提升教学能力，把基地办成一流水平的会计人才摇篮。

（五）陕西省财会专业交流平台工程。组织陕西财会论坛，由会计专家、学者、CFO、CPA 和实务高手联袂登台，探讨和交流财会理论与实务的改革发展和成就；组织陕西财会峰会，邀请国内外会计及经济管理名家交流财会技能和管理经验，实现省内外、国内外会计界的横向联合。

（六）现代农村会计人才支撑工程。立足新农村建设，加强农村

"资金、资产、资源"管理，提高农村会计信息质量，推进村级会计委托代理服务，充分利用中华会计函授学校培训平台，有计划、分阶段、分层次地组织开展全国支农惠农财政及会计政策培训。到2020年，力争对全省农村集体经济组织会计人员、村干部、村民理财小组成员和村级会计委托代理服务机构代理会计、负责人轮训一遍，不断提高农村会计人才素质，巩固农村财会管理基础。

六、保障与实施

（一）加强组织保障。在省委人才工作领导小组和省政府人力资源综合部门指导下，财政厅负责统筹协调《陕西省会计人才规划》的组织实施。各市区财政部门和主管部门、单位要以《陕西省会计人才规划》为指导，结合实际，编制本地区、本部门、本系统会计人才发展规划和具体实施办法，形成全省会计人才发展规划实施体系。各用人单位要重视会计人才队伍建设，制定本单位会计人才发展规划，为会计人才成长提供必要的平台和经费支持，切实发挥会计人才作用。

（二）加大资金投入。各级财政预算中要安排人才发展经费项目，建立人才发展专项基金，形成稳定的人才开发资金来源，建立人才基金的使用、管理、监督和追踪问效机制，在财力上予以充分保障。

（三）健全评估体系。认真贯彻落实《会计法》《陕西省会计管理条例》，建立《陕西省会计行业中长期人才发展规划》实施的全程跟踪、执行监督、信息反馈机制和定期评估制度，对实施情况进行监控和指导；根据反馈信息以及评估和监控情况，对实施中发现的新情况、新问题，及时采取切实有效措施，确保各项任务和要求落实到位。

（四）营造良好环境。各级党组织要充分发挥人才工作的核心领导作用，坚持“党管人才”原则，形成人才工作的科学决策、协调、考核和督促落实机制。通过检查人才工作进度，协调解决重大问题，深化人才制度改革，提高党管人才的水平。各级财政部门和有关主管单位应大力宣传人才工作的方针政策和最新成果，宣传《陕西省会计行业中长期人才发展规划》的重大意义、指导方针、目标任务、政策措施、重大工程，宣传人才工程实施中的典型经验、做法和成效，形成全社会关心、支持会计人才发展的良好氛围。

河南省财政厅关于印发《河南省会计行业中长期人才发展规划（2011—2020年）》的通知

（2011年3月23日　豫财会〔2011〕12号）

各省辖市财政局，有关县（市）财政局，省直各部门：

为加快中原经济区建设，实现人才强省战略，全面提升会计人才队伍整体水平，促进河南经济社会又好又快发展，根据国家《人才规划纲要》和财政部《会计行业中长期人才发展规划》及河南省“十二五”规划总体要求，我厅制定了《河南省会计行业中长期人才发展规划（2011—2020年）》。（以下简称《会计人才规划》），现印发给你们，请认真贯彻执行。各地区各单位，要高度重视会计人才队伍建设工作，进一步增强做好会计人才工作的责任感、使命感和紧迫感；要切实加强对《会计人才规划》实施的组织领导，确保各项工作扎实推进；要结合本地区、本部门、本系统实际，抓紧制定《会计人才规划》实施方案；要大力开展持续深入的宣传活动，在全社会形成良好的舆论氛围，为《会计人才规划》的有效实施奠定坚实基础。

附件：河南省会计行业中长期人才发展规划（2011—2020年）

附件：

河南省会计行业中长期人才发展规划

（2011—2020 年）

目　录

（八）重视会计人才培养基地建设

四、重点工程

（一）省级会计领军（后备）人才培养工程

（二）大中型企事业单位高级会计师素质提升工程

（三）注册会计师行业做大做强人才培养工程

（四）现代农村会计人才支撑计划

五、组织实施

（一）加强规划实施的组织保障

（二）健全规划实施的监控评估体系

（三）营造规划实施的良好社会环境

为加快中原经济区建设，实现人才强省战略，全面提升会计人才队伍整体水平，促进河南经济社会又好又快发展，根据国家《人才规划纲要》和财政部《会计行业中长期人才发展规划》及河南省“十二五”规划总体要求，制定本规划（以下简称《规划》）。

序　　言

高素质的人力资源是建设中原经济区的根本保证。会计人才是我省高素质人力资源建设的重要组成部分，是维护市场经济秩序、推动科学发展、促进社会和谐的重要力量。加强会计人才队伍建设，事关我省构建高素质的人力资源体系、强化人才支撑、建设中原经济区的大局，对于促进经济社会发展、推进我省会计改革与发展，具有重大而深远的意义。

改革开放以来，在省委、省政府的正确领导下，财政部门适应经济社会发展需要，大力推进会计人才队伍建设，取得了重大成果。一是会计人才队伍不断壮大。截至2010年年底，河南省有67万持证会计人员，其中，具有高级职称的4 500人；注册会计师行业1.2万从业人员中有4 200名执业注册会计师。二是会计人才整体素质和专业水平稳步提高。会计人才整体素质较大改善，会计人才学历结构不断优化。通过全日制学历教育和在职教育，绝大多数会计人才具有专科及本科以上学历，并涌现出越来越多的会计硕士、博士。会计职业领域已从传统的记账、算账、报账为主，拓展到内部控制、投融资决策、企业并购、价值管理、战略规划、公司治理、会计信息化等高端管理领域。三是会计人才成长与发展的环境明显改善。随着人才强省战略的深入实施，会计人才在推动企事业单位现代化管理、提升企事业单位核心竞争力、引导社会资源合理配置、保障社会公众利益、维护经济安全和市场经济秩序等方面发挥着越来越重要的作用。四是会计人才管理体制初步理顺。首先，在会计人才行政管理体制上形成了省、市、县财政部门分级负责的会计人才行政管理格局，为会计人才成长搭建了完善的服务体系。其次，在会计人员培训教育管理体制上，形成了多所财经会计类大中专院校、各级中华会计函授学校和地方各级会计培训机构立足本职岗位、分工协作，共同推进会计人才培养工作的管理格局。同时，我们也应清醒地认识到，当前我省会计人才发展的总体水平同国内较为先进省份相比仍存在一定差距，与我省经济社会发展需求相比还有一些不相适应的地方，主要是：会计人才队伍的整体水平有待提高；高层次复合型会计人才缺乏；会计人才结构和布局不尽合理；会计人才管理水平亟待提高；会计人才发展的体制机制有待完善；会计人才市场管理有待加强；会计人才缺乏合理有序的流动等等。

未来十年，是我省顺利实现经济转型、全面建成小康社会、建设中原经济区、加快中原崛起和河南振兴的重要时期，也是我省会计行业发展的重大机遇期。我们要认真贯彻《规划》，进一步增强责任感、使命感和紧迫感，抓住机遇，迎接挑战，统筹规划，深化改革，重点突出，整体推进，不断开创会计人才工作新局面。

一、指导方针和总体目标

（一）指导方针。

高举中国特色社会主义伟大旗帜，以邓小平理论和“三个代表”重要思想为指导，深入贯彻落实科学发展观，根据我省经济社会发展要求，遵循人才发展规律，大力推进会计人才战略，健全会计人才发展体制机制，优化结构和布局，创新培养使用模式，形成育才、聚才、用才的良好环境和政策优势，以打造高层次会计人才为重点，统筹推进各类别、各层级会计人才队伍建设，为我省经济社会健康发展提供坚实的会计人才保障。

当前和今后一个时期，会计人才发展的指导方针是：服务发展，以用为本；健全制度，创新机制；高端引领，整体开发。

服务发展，以用为本。把促进经济社会发展作为我省会计人才队伍建设的根本出发点和落脚点，围绕我省“十二五”规划和中原经济区建设总体要求确定会计人才队伍建设任务。坚持科学发展以人为本，人才发展以用为本，把用好用活人才作为会计人才队伍建设的重要任务，积极为会计人才拓展事业和实现价值提供机会和条件，并用经济社会发展成果检验会计人才队伍建设成效。

健全制度，创新机制。把深化改革作为推动会计人才发展的根本动力，建立健全与社会主义市场经济体制相适应、有利于科学发展、体现会计人才价值的会计人才发展体制机制，进一步完善会计人才建设各项制度，营造会计人才发展的宽松环境，最大限度地激发会计人才的创造力。

高端引领，整体开发。以省内会计领军（后备）人才工程为重要平台，培养造就一批具有国际视野、知识结构优化、实践经验丰富、创新能力突出、职业道德高尚的高层次会计人才，带动会计人才队伍整体发展。统筹各类别、各层级会计人才资源开发，培育会计人才爱岗敬业、诚实守信、廉洁自律、客观公正、坚持准则、参与管理的会计职业道德精神，实现会计人才队伍全面协调健康发展。

（二）总体目标。

到2020年，我省会计人才发展总体目标是：培养和造就一支规模大、素质高、结构优、竞争优势明显、勇于创新、乐于奉献的具有国内一流水平的会计人才队伍，为我省实现中原崛起奠定会计人才基础。

——会计人才资源总量稳步增长50%，队伍规模不断壮大，较好地满足中原崛起发展需要。

——会计人才素质进一步提高，会计人员中受过专业教育的比例达到80%以上；涉及会计审计实务、会计理论研究和会计管理等方面的各类别高级会计人才总量增长一倍。

——会计人才的分布、层次和类别等结构趋于合理。继续增加各类别初、中级会计人才在会计从业人员中所占比重，力争使各类别高、中、初级会计人才比例达到10:40:50，会计人才队伍结构进一步优化。

——会计人才竞争优势明显增强，人才规模效益显著提高。面向涉及国计民生、国家安全、高新技术、金融保险等重点领域的大型企事业单位和大型会计师事务所，争取用10年左右的时间，着力培养造就200名省内会计领军人才（其中：企业类100名、行政事业类40名、注册会计师类40名、会计学术类20名)、200名正高级会计师、8 000名执业注册会计师，高级会计师的数量达到10 000人、会计师总量达到100 000人，担负全省会计行业的领军重任。

二、主要任务

（一）着力培养造就具有较强经营管理能力、能胜任大中型企事业单位工作的正高级会计师。大中型企事业单位具有较强经营管理能力的正高级会计师，必须精通财会业务、熟悉市场规则，掌握金融、法律、内部控制、信息技术等相关专业知识，具有国际视野，能参与战略经营和管理决策、随时把握行业发展趋势、能够解决单位复杂经济问题。到2015年，新增大型企事业单位具有较强经营管理能力的正高级会计师100人；到2020年，在2015年的基础上再新增100人。

（二）着力培养造就专业胜任能力强、具有国内行业认可度的注册会计师。全面贯彻《国务院办公厅转发财政部关于加快发展我国注册会计师行业若干意见的通知》（国办发【2009】56号）和《河南省人民政府关于加快发展我省注册会计师行业的实施意见》（豫政【2010】44号）精神，加快注册会计师行业人才培养、使用，努力形成领军人才辐射带动、优秀人才奋力拼搏、潜在人才不断积聚、行业队伍人才济济、充满活力的生动局面，为我省注册会计师行业提供强大的人才资源保障。到2015年，培养造就20名具有国内认可度的注册会计师；到2020年，在前5年的基础上再培养造就20名。

（三）着力培养造就具有国内较高影响力的会计学术带头人。具有国内较高影响力的会计学术带头人，必须具备突出的学术研究能力和完备的知识结构，能够在国内学术领域占有一席之地。通过会计理论高层次人才培育，促进会计理论和会计教育持续繁荣发展。到2015年，新增会计学术带头人10人；到2020年，在2015年的基础上再新增10人。

（四）着力统筹兼顾开发其他各类各级会计人才。从我省会计人才的结构现状和未来发展趋势看，在短时间内，其他各类各级会计人才仍然将占我省会计人才总量的较大比重。他们具有数量多、分布广的特点。要加快其他各类各级会计人才的培养，为单位会计基础管理提供充足的人才资源，形成不同类别和层级会计人才的合理布局，为高级会计人才提供重要储备。要突出重点，兼顾一般，在着力培养高级会计人才的同时，重视会计从业人员、会计初中级人才的培养，促进会计人才资源结构优化、布局合理，努力打造一支职业道德水准高、业务娴熟、技能综合、职业判断能力强的会计人才队伍。到2020年，全省各类会计人才总人数达到100万人，形成高级会计人才2.5万（包括高级会计师和注册会计师）、中级会计人才10万、初级会计师人数15万人的结构合理、层次优化的新局面。

三、主要政策措施

（一）加快河南会计领军（后备）人才培养。会计领军人才是高级会计人才中能够发挥引领和辐射作用的高端会计人才，是会计事业发展壮大的重要推动力量。河南经济社会的快速发展迫切需要区域性的会计领军人才。财政厅要着眼于加快我省会计领军人才培养，按照财政部《全国会计领军（后备）人才培养十年规划》、《河南财政厅关于加强会计人才培养实施意见》要求，创新会计领军人才选拔机制、培养机制、淘汰机制、使用机制，使高端会计人才培养成为长效机制和永久性政策措施。加强与各部门的协调与配合，推动会计领军人才培养与会计专业技术职称（职务）制度、会计专业学位教育制度的有机衔接，选拔优秀的省级会计领军人才进入国家领军人才培养项目，积极探索与用人单位建立会计领军人才联合培养机制，让用人单位给领军人才提供更广阔的发展舞台。

（二）进一步强化总会计师地位和职能。总会计师是单位主管经济核算和财务会计工作的负责人，承担着经济预测、决策、控制、分析等工作，应当具备战略规划、资本运作、财会、金融、法律等专业水平和管理能力。要进一步强化总会计师职能，提升总会计师地位，保证总会计师职能作用有效发挥。大中型企业应当设置总会计师，设置总会计师的企业不得设置与其职权重叠的副职。积极推动行政事业单位设置总会计师。探索建立科学的总会计师评价体系，完善总会计师评价标准，结合实施大中型企事业单位总会计师素质提升工程，开展总会计师资格认证，为用人单位科学选聘总会计师提供制度保障。

（三）大力开展先进会计工作者评选表彰工作。开展会计人员评选表彰工作不仅有利于营造充满活力、富有效率、更加开放的人才制度环境，而且有利于激励广大会计人员忠于职守、诚实守信、坚持准则、廉洁奉公、求实创新、勇创佳绩，更好地参与我省经济社会建设。按照《中华人民共和国会计法》和《全国先进会计工作者评选表彰办法》，严格评选程序，创新评选方法，积极推动会计人员评选表彰工作引向纵深，努力将会计人员评选表彰与国家级、省级劳动表彰奖励相衔接。建立健全一整套分工明确、权责清晰、科学合理、衔接有序的省级会计先进工作者评选表彰制度，在一般会计人员、总会计师（含财务总监）、注册会计师、会计理论工作者、会计管理工作者等五个系列分类组织实施。通过开展全方位和经常化的先进会计工作者评选表彰活动，在全社会形成良好的会计人才培养、成长环境。

（四）强化会计专业技术资格考试考务管理。考试作为选拔评价会计专业技术人才的重要手段，必须严格考试考务管理，要继续完善会计专业技术资格相关的各项管理制度，强化会计专业技术资格考试考务管理，继续推进信息化建设，严厉打击高科技考试舞弊等违纪违规行为，确保会计专业技术资格考试的科学性、公正性。

（五）加强会计从业资格管理。会计从业资格是依法对从事会计工作的人员实行的市场准入制度。根据《中华人民共和国会计法》和《会计从业资格管理办法》，从事会计工作的人员应当具备相应的专业基础知识，通过严格考试取得会计从业资格。要加强会计从业资格管理，依据会计人员的知识结构和能力框架要求，继续实行会计从业资格考试统一大纲、统一题库、统一标准。要加快推进会计从业资格无纸化考试，提高会计从业资格考试的公正性、科学性。要重视会计人员信息化管理平台建设，强化各类别、各层级会计人员的科学化精细化管理。加大会计市场监管力度。

（六）完善会计人员继续教育制度。会计人员继续教育是实现会计人员知识更新、能力提升的重要制度安排。要根据《会计人员继续教育规定》，严格会计人员继续教育学时制度，创新和丰富会计人员继续教育内容和手段，积极引入远程网络化教学等现代化培训方式。要采取评估、考核、备案、公示等有效措施，加强对会计人员继续教育施教机构的管理，严厉打击施教机构乱收费、乱办班、虚假培训等行为。

（七）推动会计行业产学研战略联盟。产学研战略联盟是培养应用型会计人才的重要途径。各级财政部门要推动建立以用人单位为主体、以市场为导向的产学研战略联盟。鼓励和促进专业院校与用人单位紧密合作，积极实施会计后备人才培养计划，推广以院校教学为主体、以单位实践为补充的会计人才培养模式。企事业单位、会计师事务所应当履行社会责任，搭建会计人才培养平台，推动培养应用型会计人才。

（八）重视会计人才培养基地建设。会计人才培养基地是实施会计人才队伍建设工程的重要场所。要重视会计人才培养基地建设，争取利用5年的时间与省内高校合作筹建省级会计人才培养基地。并通过优化管理体制，提升教学能力，充实师资队伍等手段，争创国内一流会计人才培养基地。

四、重点工程

（一）省级会计领军（后备）人才培养工程。到2020年，培养200名左右的省级会计领军人才，担当会计行业领军重任。其中，着眼于提高大中型企业经营管理水平，培养造就100名高素质、复合型、具有国际视野的高级企业类会计领军人才；着眼于提高行政事业单位现代化管理水平，推进财政科学化精细化管理，培养造就40名高素质、复合型、具有较高水平的行政事业类会计领军人才；着眼于加快我省注册会计师行业发展，培养造就40名高素质、复合型、具有国内行业认可度的注册会计师类会计领军人才；着眼于丰富我国会计理论体系，培养造就20名高素质、复合型在国内会计学术界具有一定影响力的学术类会计领军人才。

（二）大中型企事业单位高级会计师素质提升工程。着眼于全面提升大中型企事业单位高级会计师的能力素质，促进大中型企事业单位进一步提高现代化经营管理水平。要充分利用我省高校培养高层次会计人才的教学资源优势，利用10年的时间，对全省所有大中型企事业单位的高级会计师开展轮训。

（三）注册会计师行业做大做强人才培养工程。全面落实国办

56 号和豫政 44 号文件精神，力争通过 5 年的时间，我省形成 5 家左右年收入超过 2 000 万元的会计师事务所，30 家左右年收入 500 万元以上的会计师事务所，以及 100 家左右服务特色突出和能够提供精专优服务的较小规模会计师事务所。通过制定和实施注册会计师行业人才战略规划，有计划、有步骤地培养造就一大批适应行业发展要求的高素质、复合型、国际化人才。通过学历教育与继续教育相结合、岗位练兵与脱产集训相结合、理论研究与实战锤炼相结合、境内学习与境外深造相结合、自主培育与合理引进相结合等方式，全面提升会计师事务所执业人员的职业道德水平和专业胜任能力。

（四）现代农村会计人才支撑计划。着眼于深化农村村务公开和民主治理工作，提高农村会计信息质量，加强农村“资金、资产、资源”管理，扎实推进村级会计委托代理服务。充分利用中华会计函授学校培训平台，有计划、分阶段、分层次地组织开展支农惠农财政、会计政策培训。抓好农村集体经济组织会计人员的持证上岗和完成年度继续教育工作。根据农村经济形势变化和要求，及时对主要村干部、村民理财小组成员和村级会计委托代理服务机构代理会计、负责人进行轮训。

五、组织实施

（一）加强规划实施的组织保障。在省政府人才工作协调小组的指导下，财政厅负责统筹协调《规划》的组织实施工作。各地财政部门应当以《规划》为指导，结合实际，编制本地区、本部门、本系统会计人才发展具体实施办法。各用人单位应当重视会计人才队伍建设，制定本单位会计人才发展规划，为会计人才成长提供必要的平台和经费支持，切实发挥会计人才作用。

（二）健全规划实施的监控评估体系。财政部门和会计人才用人单位要建立《规划》实施的过程跟踪、执行监督、信息反馈机制和定期评估制度，对实施情况进行监控和指导；要根据反馈信息以及《规划》评估和监控情况，对实施中发现的新情况、新问题，及时采取切实有效措施，确保各项任务和要求落实到位。

（三）营造规划实施的良好社会环境。各地各部门应大力宣传国家人才工作的重大战略思想和方针政策，宣传《规划》的重大意义、指导方针、目标任务、政策措施、重大工程，宣传实施中的典型经验、做法和成效，形成全社会关心、支持会计人才发展的良好氛围。

中共中央直属机关事务管理局关于印发《中直机关会计人才中长期发展规划（2011—2020年）》的通知

（2011年8月19日　中管会计发〔2011〕18号）

中直机关各单位：

根据《财政部关于印发会计行业中长期人才发展规划（2010—2020年）的通知》（财会〔2010〕19号）的总体要求，我局在认真总结中直机关一定时期以来会计人才建设取得的成绩和经验，深入分析当前和今后一段时期会计人才发展面临的新形势、新任务和新要求的基础上，制定了《中直机关会计人才中长期发展规划（2011—2020年）》（以下称《会计人才规划》），现予印发，请认真贯彻执行。

会计人才是中直机关人才队伍的重要组成部分，制定实施《会计人才规划》，对于提高中直机关会计人才队伍整体素质和财务会计工作总体水平，保障单位中心工作顺利开展具有重要意义。各单位要高度重视会计人才工作，进一步增强做好会计人才工作的责任感、使命感和紧迫感；要切实加强对《会计人才规划》实施的组织领导，确保各项工作扎实推进；要结合本单位实际，抓紧制定《会计人才规划》实施方案并组织实施，确保会计人才发展各项目标顺利完成。

附件：中直机关会计人才中长期发展规划（2011—2020 年）

附件：

中直机关会计人才中长期发展规划

（2011—2020年）

为贯彻落实人才强国战略，全面提升中直机关会计人才工作整体水平，推动中直机关财务会计工作的顺利开展，根据财政部《会计行业中长期人才发展规划（2010—2020年）》（以下简称《会计人才规划》）总体要求，结合中直机关实际，制定本规划。

一、加强中直机关会计人才队伍建设的必要性

会计人才是中直机关人才队伍的重要组成部分，承担着为各单位中心工作提供资金保障、开展会计核算和实行财务监管等重要职责。加强会计人才队伍建设，对于提高中直机关财务会计工作水平、保障各单位中心工作顺利开展，具有重要意义。

改革开放特别是新世纪以来，中直机关会计人才工作得到各级领导的高度重视，会计人才队伍不断发展壮大，整体素质显著提高。到2010年底，中直机关共有持证会计人员2 100人，其中本科以上学历人员1 120人，中级以上职称人员529人，全国会计领军（后备）人才[①] 10人。广大会计人员立足本职，敬业奉献，在保障单位中心工作开展、促进内部管理水平提高、加强财务监管等方面发挥着越来越重要的作用。同时，也应看到，当前中直机关会计人

① 全国会计领军人才是高级会计人才中能够发挥引领和辐射作用的高端会计人才。财政部于2004年启动全国会计领军（后备）人才培养工程，目标是到2020年，培养2 000名左右的全国会计领军人才，其中企业类900名，行政事业类200名，注册会计师类700名，学术类200名，以期全面提升我国会计人才队伍的整体水平。

才队伍的总体水平同中直机关事业发展的需要相比仍存在一定差距，主要是：高层次复合型会计人才比较缺乏，人才结构和布局不尽合理，学历和职称水平总体较低，人才发展的体制机制有待完善。

未来10年，中直机关会计人才工作面临着新的机遇和挑战。随着国家公共财政体制改革的不断深化和中直机关事业的持续发展，各单位的工作任务日益繁重，资金保障难度加大，管理要求越来越高，会计人员面临着学习新知识、掌握新技能，以及不断提高工作效率和管理水平的要求。为此，中直机关需要一大批政治上可靠、职业素养好，能当家理财、懂经营管理的会计人才。我们要认真贯彻《会计人才规划》，抓住机遇，迎接挑战，统筹规划，稳步推进，不断开创中直机关会计人才工作新局面。

二、指导方针和发展目标

（一）指导方针。当前和今后一个时期，中直机关会计人才工作发展的指导方针是：服务中心，以用为本；健全制度，创新机制；高端引领，整体提升。

——服务中心，以用为本。把保障中直机关中心工作顺利开展作为会计人才工作的出发点和落脚点，根据事业发展的需要确定会计人才工作目标。坚持以用为本，把会计人员调整配置到合适岗位，努力做到人尽其才、才尽其用。

——健全制度，创新机制。建立健全与中直机关事业发展相适应，有利于科学发展、体现会计人才价值的人才发展体制机制，进一步完善会计人才培养、使用制度，营造会计人才发展的宽松环境，激发会计人才的积极性和创造力。

——高端引领，整体提升。以全国会计领军（后备）人才工程为重要平台，培养造就一批职业道德高尚、专业知识扎实、实践经验丰富、创新能力突出的高层次会计人才，充分发挥高端人才的辐射和带动作用。通过培训、调研、交流、考试等方式，提高会计人才队伍整体素质，形成高端引领、整体提升的会计人才培养模式。

（二）发展目标。到2020年，中直机关会计人才发展的目标是：培养和造就一支规模适中、结构优化、素质较高、甘于奉献的会计人才队伍，为中直机关财务会计工作的顺利开展提供有力人才保证。

——会计人才队伍整体素质显著提高。会计人员中受过高等教育①的比例达到95%；全国会计领军人才增长100%，达到20人；高级会计人才②增长40%，达到230人；中级会计人才增长50%，达到1 100人。

——会计人才结构进一步优化。增加中、高级会计人才的比重，力争使各单位高、中、初级会计人才比例达到10∶50∶40③，会计人才的学历、职称层次和年龄结构等进一步优化。

——会计人才培养、评价和使用机制实现创新。结合中直机关实际，创新会计人才工作的体制机制，使会计人才价值得到充分发挥。

三、会计人才队伍建设的主要措施

（一）为会计人才成长创造良好环境。各单位应当充分认识财

---

① 指大专（含）以上学历。当前比例为89%，其中大专占36%。

② 根据中直机关实际，中直机关会计人才分为高、中、初级。其中，具备会计类高级职称人员，正处级以上财务机构负责人，会计类专业博士研究生学历并具备3年以上财务会计工作经验或者会计类专业硕士研究生学历并具备6年以上财务会计工作经验的，为高级会计人才；具备会计类中级职称人员，正科级以上财务机构负责人，会计类专业博士研究生学历并具备1年以上财务会计工作经验，会计类专业硕士研究生学历并具备3年以上财务会计工作经验或者会计类专业本科学历并具备6年以上财务会计工作经验的，为中级会计人才；其他会计人员为初级会计人才。

③ 目前，中直机关高、中、初级会计人才比例约为8∶35∶57。

务会计工作的重要性，重视会计人才的培养和使用，为会计人才的成长和进步创造良好环境。

1. 中直管理局要发挥会计管理工作主管部门的作用，广泛宣传财务会计工作和会计人才的重要性，指导各单位开展会计人才工作。

2. 各单位要加大会计人才培养力度，支持会计人才参加各类学习、培训和考试，重视会计人才使用，立足岗位培养锻炼人才，为会计人才的全面发展提供条件。

（二）加强会计从业资格管理。会计从业资格是依法对从事会计工作的人员实行职业准入的基本要求。中直机关会计从业资格管理应当始终坚持严格把关、严格管理，积极采用信息化手段，不断夯实会计人员管理基础。

1. 加强会计从业资格考试管理，严把会计职业准入关。根据中直机关实际，适当提高参加会计从业资格考试的最低学历要求；按照财政部统一部署实行无纸化考试，采用全国统一大纲、统一题库，加强考务管理，严明考风考纪，提高考试的公正性、科学性。

2. 加强会计从业资格管理，探索会计人员退出机制。定期开展会计从业资格证书清理工作，对有违法违规行为或者其他依法应当注销会计从业资格情形的，予以注销，实现会计人员能进能出，提高会计人员统计信息的真实性、准确性。

3. 加快会计人员管理信息系统建设，推进会计人员管理的科学化、精细化，努力提高管理效率和服务水平。

（三）抓好会计人员继续教育工作。继续教育是实现会计人员知识更新、能力提升的有效途径。中直机关会计人员继续教育要严格管理，提高培训的针对性，确保培训效果。

1. 贯彻分级分类组织培训的要求，创新培训方式，丰富培训内容，建立授课专家库，强化师资力量，结合不同层次会计人员的能力框架要求和工作需要，合理设置课程，并将职业道德教育作为继续教育的重要内容。

2. 拓展继续教育培训渠道，将在职学习、参加考试、发表论文等作为继续教育的补充方式。

3. 支持有条件的单位结合行业特点和工作实际，自行组织会计人员继续教育培训。

（四）积极参与全国会计领军（后备）人才培养工程。全国会计领军（后备）人才培养工程（以下称会计领军人才工程）是财政部实施的会计人才队伍建设的一项重大举措，旨在培养能够发挥引领和辐射作用的高端会计人才。会计领军人才在推动中直机关财务会计工作发展、加强会计人才队伍建设中发挥着重要的引领和带动作用。积极参与会计领军人才工程，培养中直机关的高端会计人才，对于做好中直机关的会计人才工作，具有重要意义。

1. 中直管理局要大力支持会计领军人才工程，做好考试报名、辅导和考务管理工作，为中直机关会计人员参与选拔考试提供良好条件。要抓好会计领军人才的培养跟踪指导工作，组织领军人才参与业务研讨、课题研究、制度制定等工作，充分发挥领军人才的作用。

2. 各单位要积极推荐符合条件的会计人员参加选拔考试，为会计领军人才参加培训提供时间和经费支持，注重对会计领军人才的培养和使用，促进会计领军人才的成长和进步。

（五）全面提高经营性单位会计人员综合素质。经营性单位的会计人员承担着资金管理、会计核算和审计监督等任务，其工作水平的高低，直接关系单位的经营管理水平。当前，中直机关经营性单位会计人才队伍总体相对薄弱，不能完全满足各单位改善经营管理、提高经济效益的需要，提高经营性单位会计人员的综合素质是一项紧迫任务。

1. 根据事业单位分类改革及加强经营性单位管理的需要，创新经营性单位会计人员管理方式，探索将经营性单位和非经营性单位的会计人员分别管理，有针对性地进行评价、培训、培养，有效提高经营性单位会计人才队伍整体水平。

2. 积极推进在大中型经营性单位和普通高校设置总会计师。总会计师是单位主要管理人员，承担着经济预测、决策、控制、分析等工作。根据《总会计师条例》，积极推进在大中型经营性单位和中直机关所属普通高校设置总会计师，充分发挥总会计师在加强单位经济管理、提高经济效益和防范财务风险中的重要作用。

（六）促进会计人员在职学习和业务交流。会计是一个终身学习的职业。在当前形势下，应积极创造条件、搭建平台，促进会计人员参加在职学习和业务交流，进一步提高会计人员素质。

1. 中直管理局要探索与有关教学培训机构合作，开办针对中直机关会计人员的学历、学位班，为会计人员参加在职学习创造条件。

2. 各单位要重视、支持会计人员在职学习，并提供必要的时间和经费支持。

3. 通过座谈研讨、参观考察等多种形式，积极促进会计人员业务交流。

（七）积极开展会计人员评选表彰活动。开展会计人员评选表彰工作，有利于激励广大会计人员立足本职、爱岗敬业、廉洁自律、无私奉献，更好地推动中直机关各单位工作开展。

1. 中直管理局和各单位应当积极参与国家有关部门组织的全国会计人员评选表彰活动，做好中直机关参与评选表彰活动的组织工作，充分发扬民主，严格审核把关，推荐合适人员参加评选。

2. 各单位要积极组织符合条件的会计人员参与中直机关事务工作先进个人的评选表彰活动。

3. 中直管理局要按照财政部的相关规定，每两年对中直机关从事会计工作满30年的会计人员进行表彰，颁发《会计人员荣誉证书》。

（八）提高中直机关会计人员职称水平。会计职称制度是长期形成并被社会广泛认可的培养、选拔不同层级会计专业技术人才的有效政策措施。在新形势下，要适应财政部深化会计职称制度改革的要求，采取有效措施，努力形成初级、中级、高级等层次清晰、相互衔接、结构合理的会计人才队伍。

1. 中直管理局要积极推动成立中直机关高级会计师职务任职资格评审委员会，倡导中直机关会计人员参加会计专业技术资格考试，加快培养高级、中级职称会计人才。

2. 各单位应当积极支持会计人员参加职称考试，将参加考试获取专业技术资格作为人才储备的重要途径，为会计人员参加考试提供必要的时间和经费支持。

（九）加强会计人才的使用和交流。会计人才的使用是会计人才工作的出发点和落脚点。加强会计人才的使用和交流，对于保持会计人才队伍的生机和活力，具有重要作用。

1. 中直管理局要探索建立中直机关会计人才交流信息平台，及时向各单位提供会计人才信息服务，为会计人才合理有序流动创造条件。

2. 各单位要把会计人才调整配置到合适的岗位，加强轮岗交流，多方面锻炼人才，努力实现人尽其才、才尽其用。

四、组织实施

中直管理局全面负责本规划的组织实施工作，抓好规划的分解和落实，定期总结分析规划执行情况，确保各项措施落实到位，各项发展目标顺利完成；各单位应当根据本规划并结合实际情况制定本单位会计人才发展实施方案，主要负责同志和组织人事部门应当积极支持会计人才工作；各单位财务主管部门应当确实承担起具体组织实施的责任，采取有效措施促进本单位会计人才发展目标的实现。

广西壮族自治区财政厅关于印发《广西壮族自治区会计行业中长期人才发展规划（2010—2020年）》的通知

（2011年8月23日　桂财会〔2011〕57号）

各市、县财政局，区直各有关单位：

根据财政部《会计行业中长期人才发展规划（2010—2020年）》和《广西壮族自治区中长期人才发展规划纲要（2010—2020年）》的贯彻实施要求，结合广西会计行业人才发展实际，我厅制定了《广西壮族自治区会计行业中长期人才发展规划（2010—2020年）》，现印发给你们。请结合本地区、本部门、本系统实际，认真组织实施。

附件：广西壮族自治区会计行业中长期人才发展规划（2010—2020年）

附件：

广西壮族自治区会计
行业中长期人才发展规划

（2010—2020 年）

目　　录

（十五）加强会计从业资格管理

（十六）完善会计人员继续教育制度

（十七）推动会计行业产学研战略联盟

（十八）建立会计人才流动配置机制

（十九）发挥会计行业协会、学会服务职能

（二十）加强会计人才培养基地建设

五、重大工程和计划

（二十一）广西“十百千”拔尖会计人才培养工程

（二十二）广西会计人才小高地建设计划

（二十三）青年后备会计人才培养计划

（二十四）高层次会计人才知识更新计划

（二十五）高层次注册会计师培养工程

（二十六）面向东盟会计人才培养计划

（二十七）会计专家计划

（二十八）现代农村会计人才支撑计划

六、组织实施

（二十九）加强规划实施的组织保障

（三十）加强会计人才工作基础性建设

（三十一）建立健全规划实施的监控评估体系

（三十二）营造规划实施的良好社会环境

为更好实施人才强桂战略，促进会计人才资源有效开发，提高会计服务我区经济社会发展的水平，根据财政部《会计行业中长期人才发展规划（2010—2020 年）》和《广西壮族自治区中长期人才发展规划纲要（2010—2020 年）》贯彻实施的要求，结合广西会计行业人才发展实际，制定本规划。

一、前言

当今世界，人才资源已成为第一位的战略资源，人才优势是最重要的发展优势。会计人才作为人才资源的重要组成部分，是会计人力资源中能力和素质较高、具有扎实财会专业知识和专门技能、具有会计类专业技术职称、参与单位经济管理工作并对社会做出贡献的会计人员。会计人才作为经济管理的重要力量，在规范经济行为、维护市场经济秩序、推动科学发展、促进社会和谐等方面发挥着举足轻重的作用，是我区人才队伍建设的重要组成部分。

自治区党委、自治区人民政府历来高度重视会计人才工作。改革开放以来，我区会计人才发展取得长足进步，形成了以财政部门牵头管理、各部门、各单位各司其职、密切配合，会计人员广泛参与的人才工作格局，会计人力资源不断壮大，会计人才规模和素质不断提升。一是会计人力资源得到长足发展。截至 2009 年年底，全区具有会计从业资格的会计人力资源总量达到 31 万，相比 1992 年开始实行会计从业资格证书管理制度时的 15. 3 万人增加了一倍，且以年均 1—2 万人的速度增加；二是会计人才规模和素质不断提高。1992 年开始实行会计专业技术资格全国统考时，全区具有初、中、高级职称的会计人员仅为 5. 3 万人，2009 年已超过 9 万人，其中，1992 年全区具有中级会计师职称的人员不足 5 千人，2009 年达到 2 万人，执业注册会计师超千人，本科以上学历有 3. 6 万人。三是高层次会计人才培养取得突破性进展。以广西“十百千”拔尖会计人才培养工程和全国会计领军人才培养项目为平台的高层次会计人才培养迈出新步伐，成效初显。四是会计人才管理体制初步理顺。建立自治区、市、县财政部门组织落实和注册会计师协会、会计学会、珠算协会、相关主管部门协调配合的会计人才培养、管理体制。五是会计人才服务领域得到有效拓展。会计人员的职业领域已从传统的会计记账、报账、核算为主，拓展到财务管理、内部控制、资本运作、价值管理、公司治理等经济管理领域。六是会计人才成长和发展的环境明显改善。会计法制观念深入人心，会计工作的影响力不断增强，会计人员的社会地位得到显著提升，重视会计人才、支持会计工作的环境不断改善。

在会计人力资源总量不断增长、服务能力不断提升的同时，我区会计人员的整体素质还有待提高，高层次会计人才在数量、质量上还不能满足我区经济社会发展的需要。一是会计人才结构不合理。全区 31 万会计从业人员中，近七成的会计人员没有任何专业技术职称。具有高级会计师职称的仅 1 052 人，硕士以上学历的会计人才仅 300 人，执业注册会计师不足两千人。二是懂经营管理、参与经济决策的高层次会计人才比较少。缺乏综合素质较高、开拓意识强、具有战略眼光、善于理财的高层次财务总监、总会计师。三是高层次会计人才分布比较集中。近七成的高级会计师和注册会计师集中在南宁、柳州、桂林等中心城市和国有大中型企业。北部湾经济区、面向中国—东盟自由贸易区的新业务和新产业集中的城市、行政事业单位的高层次会计人才严重不足。四是会计学术水平在全国会计行业的地位不高。具有全国较大影响力和较高地位的会计学术专家较少，学术研究水平在全国处于较低的水平。因此，加强高层次会计人才的培养和会计队伍整体建设，是带动一个单位、一个地方和全区会计工作水平提高的重大战略举措，更是推动我区经济社会发展的重大战略举措。

二、指导方针和发展目标

（一）指导方针。

高举中国特色社会主义伟大旗帜，以邓小平理论和“三个代表”重要思想为指导，深入贯彻落实科学发展观，以提高会计人才服务我区经济社会发展的能力为出发点和落脚点，遵循社会主义市场经济规律和会计人才发展规律，大力推进会计人才战略，健全体制机制，优化结构和布局，创新培养使用模式，形成育才、聚才、用才的良好环境和政策优势，以打造高层次会计人才为重点，统筹推进各类别、各层次会计人才资源开发，为我区全面建设小康社会、实现“富民强桂”新跨越提供坚实的会计人才保障。

当前和今后一个时期，我区会计人才发展的指导方针是：服务发展，重在使用；健全制度，创新机制；高端引领，全面带动。

——服务发展，重在使用。把提高会计人才服务经济社会发展的能力作为会计人才队伍建设的根本出发点和落脚点，围绕经济社会发展目标确定会计人才队伍建设任务。坚持科学发展以人为本，人才发展以用为本，加强会计人才队伍建设，用好、用活会计人才，积极为会计人才拓展事业和实现价值提供机会和条件，并用经济社会发展成果检验会计人才队伍建设成效。

——健全制度，创新机制。把深化改革作为推动会计人才发展的根本动力，建立健全与我区经济社会发展相适应、有利于实现“富民强桂”新跨越、体现会计人才价值的会计人才发展体制机制，进一步完善会计人才建设的各项制度，营造会计人才全面发展的良好环境，最大限度激发会计人才的创新智慧和创造活力。

——高端引领，全面带动。以实施全区拔尖和全国领军的高层次会计人才的选拔培养、考核评价、推荐使用为引领，培养造就一批视野开阔、知识结构优化、实践经验丰富、创新能力突出，职业道德高尚的高层次会计人才，以点带面，发挥高层次会计人才的引领作用，统筹各类、各层级会计人才资源开发和使用，带动会计人才队伍整体发展。

（二）发展目标。

到2020年，我区会计人才发展的总体目标是：培养和造就一支规模较大、结构合理、素质优良、富于创新、乐于奉献的会计人才队伍，确立面向东盟发展的会计人才比较优势，逐步缩小与发达省市的会计人才差距，为实现"富民强桂"新跨越奠定会计人才基础。

——会计人力资源总量稳步增长，队伍规模不断壮大。到2020年，全区会计人力资源总量增长60%，达到50万人，年均增长6.2%，较好地满足我区经济社会发展需要。

——会计人才素质明显提升，结构进一步优化。会计人员中受过高等教育的比例达到80%，具有初、中、高级会计职称的会计人才占会计人力资源总量的比例由30%提高到40%，其中，中级职称的会计人才实现翻两番，具备硕士研究生以上学历和高级会计师职称的会计人才实现翻三番，力争使各类别高、中、初级会计人才比例达到5∶40∶55。

——高层次会计人才不断增加，人才分布日趋合理。面向自治区重点发展的食品、汽车、石化、电力、有色金属、冶金、机械、建材等十四个千亿元产业和新材料、新能源、节能环保和海洋等四个战略新兴产业、面向北部湾经济区和中国东盟自由贸易区，着力培养2 000名左右具有全区知名度和行业影响力的企业财务总监和总会计师、行政事业单位总会计师和具有高级会计师职称的财务部门负责人、具有上市公司和大中型集团企业审计业务能力的高层次注册会计师、会计学术专家等在全区拔尖的高层次会计人才，培养100名左右在全国有较高知名度和行业引领力的企业类、行政事业类、注册会计师类、学术类，且在全国领军的高层次会计人才。加强与东盟国家会计理论界和实务界的学术交流和往来，为广西企业、会计师事务所开拓东盟市场提供会计人才资源。

——会计人才使用效能逐步增强。会计人才参与经济社会管理活动的广度不断扩大、深度不断增强，在加强风险管控、完善内部治理、强化资金运作等方面的能力和产生的效能不断增强，人才培养和使用机制不断健全，会计人才发展体制机制日益完善，市场配置人才资源的基础性作用得到充分发挥，会计人才辈出、人尽其才的环境基本形成。

广西会计人才发展主要指标

指标	单位	2009年	2015年	2020年
会计人力资源总量	万人	31	40	50
具有初、中、高级专业技术职称的会计人才	万人	9	14	20
会计人员中受过高等教育的比例	%	54%	67%	80%
硕士研究生以上学历的会计人才	人	300	1 200	2 400
具备初、中、高级职称的会计人才占会计从业人员的比例	%	30%	35%	40%
初、中、高级会计人才的比例		79:20:1	68:30:2	55:40:5
中级职称的会计人才数量和占会计人力资源总量的比例	万人 %	2 6.5%	4 10%	8 16%
高级职称的会计人员	人	1 052	4 200	8 400
执业注册会计师	人	1 300	2 000	3 000

续表

指标	单位	2009 年	2015 年	2020 年
培养四个类别在全区拔尖的高层次会计人才	人	200	1 000	2 000
培养四个类别在全国领军的高层次会计人才	人	10	40	100

说明：1. 会计人力资源是指取得会计从业资格证书的会计人员。

2. 会计人才是指具有初、中、高级专业技术职称的会计从业人员，是在单位的会计核算、内部控制、资产管理、资本运作和经营决策管理等不同岗位发挥会计职能作用的会计人才。

3. 高层次会计人才主要是指大中型企业的财务总监和总会计师、行政事业单位总会计师和具有高级会计师职称的财务部门负责人、高等院校和科研机构从事财会研究的副教授和教授、会计师事务所副主任会计师和主任会计师以及具有高级会计师职称的注册会计师。

4. 按照分层培养的思路和不同层级的培养平台，利用广西“十百千”拔尖会计人才和全国领军会计人才的培养平台，分企业类、行政事业类、学术类、注册会计师类等四个类别，在高层次会计人才中选拔培养在全区拔尖的高层次会计人才（简称“全区拔尖会计人才”）和在全国领军的高层次会计人才（简称“全国领军会计人才”）。

5. 2009 年的数据为截止到 2009 年底我区会计人力资源存量的实际数，2015 年、2020 年的数据是目标数据。

三、主要任务

（三）着力培养造就全区拔尖的企业会计人才。全区拔尖的企业会计人才，是指大中型企业中精通财会业务，熟悉国内国际市场规则，掌握金融、法律、内部控制、信息技术等相关专业知识，参与企业战略经营和管理决策、把握行业发展趋势、解决复杂经济问题、在全区会计行业具有较高知名度和影响力的财务总监、总会计师。着眼于提高我区大中型企业现代化管理水平和为企业走向东盟乃至国际市场提供会计人才支持，加大全区拔尖的企业会计人才培养力度。到2015年，选拔培养全区拔尖的企业会计人才600人，到2020年，培养人数达到1 000人。

（四）着力培养造就全区拔尖的行政事业会计人才。全区拔尖的行政事业会计人才是指在行政事业单位中精通财会业务，准确把握、执行国家行政管理政策，掌握金融、法律、内部控制、信息技术等相关知识，把握行业发展趋势，参与单位管理决策和行业政策制定，在全区会计行业具有较高知名度和影响力的总会计师、具有高级会计师职称的财会部门负责人。着眼于提高我区行政事业单位的管理水平，加大全区拔尖的行政事业会计人才培养力度。到2015年，培养全区拔尖的行政事业会计人才200人，到2020年，培养人数达到500人。

（五）着力培养造就全区拔尖注册会计师。全区拔尖注册会计师是指职业道德良好、专业素质优良、职业经验丰富、熟悉国际国内会计审计规则，能够为上市公司、跨国企业和大中型企事业单位提供会计审计服务，能够为广西企业开拓东盟市场和带领广西会计师事务所在东盟等国家开设分所、在全区注册会计师行业具有较高知名度的注册会计师。着眼于全面贯彻落实《国务院办公厅转发财政部关于加快发展我国注册会计师行业若干意见的通知》（国办发〔2009〕56号，以下简称“国办发56号文”）和《广西壮族自治区人民政府办公厅关于加快我区注册会计师行业发展的意见》（桂政办发〔2010〕215号，以下简称“桂政办发215号文”）精神，加大全区拔尖注册会计师培养力度。到2015年，培养全区拔尖注册会计师150名，到2020年，培养人数达到300人。

（六）着力培养造就全区拔尖会计学术人才。全区拔尖会计学术人才是指从事会计理论研究和教育工作、具备完备的知识结构和较强的学术研究能力、活跃于国内会计学术领域、具有全区知名度的会计学副教授、教授、会计学科建设带头人。着眼于学术研究服务经济社会发展实际，服务我区企业走向东盟等国际市场，以点突破，在会计学术研究中独树一帜，着力培养具有国际视野，特别是面向东盟会计审计准则、内控、财务管理、管理会计等方面的比较研究，培养全区拔尖的会计学术专家。到 2015 年，培养全区拔尖会计学术人才 100 名，到 2020 年，培养人数达到 200 人。

（七）着力培养造就全国领军会计人才。以全国会计领军人才和广西“十百千”拔尖会计人才培养工程为重要平台，以企业类、行政事业类、学术类、注册会计师类等四个类别的全区拔尖会计人才为基础，着眼于培养高素质、复合型、具有国内乃至国际知名度，起着引领行业发展的高层次会计人才。到 2015 年，培养企业类、行政事业类、学术类、注册会计师类的全国领军会计人才 50 名，到 2020 年，培养人数达到 100 名。

（八）着力统筹开发各类别各层级会计人才。按照突出重点、兼顾一般的原则，在着力培养全区拔尖会计人才、全国领军的高层次会计人才的同时，着力推进高等院校会计学科建设，加强会计从业人员、会计初中级人才培养，促进会计人才学历结构、职称结构、知识结构的优化，努力打造一支职业道德水准高、业务娴熟、技能综合、职业判断能力强的会计人才队伍。到 2015 年，实现具有中级会计师职称的会计人员翻一番，具有高级会计师职称的会计人员实现翻两番，执业注册会计师人数增长 50%。到 2020 年，具有中级会计师职称的人数实现翻两番，具有高级会计师职称的人数实现翻三番，执业注册会计师人数达到 3 000 人。

四、主要政策措施

（九）深化广西“十百千”拔尖会计人才培养。广西“十百千”拔尖会计人才培养工程是培养全区拔尖会计人才的重要措施。自治区财政厅要进一步完善广西“十百千”拔尖会计人才选拔培养、考核评价、推荐使用等制度，使“十百千”拔尖会计人才培养工程成为长效机制和长久性政策措施。要加强针对性培养，加强与组织、人力资源和社会保障以及有关主管部门的沟通协调，建立合作培训、引入管理、推荐使用等机制，推动实现拔尖会计人才培养与全国领军会计人才培养、广西会计人才小高地、会计专业技术职称（职务）制度、会计专业学位教育制度的有机衔接。各市、县财政部门和区直有关主管单位要按照自治区“十百千”拔尖会计人才培养工程的做法，大力培养本地区、本部门、本系统的拔尖会计人才。

（十）强化总会计师地位和职能。要适应现代会计职能重大转变，落实《总会计师条例》有关政策，推动大中型企业设置总会计师，推动行政事业单位特别是医院、高校等单位加大设置总会计师的力度。设置总会计师的单位不得设置与其职权重叠的副职，进一步强化总会计师职能，提升总会计师地位，充分发挥总会计师在加强单位经济管理、提高经济效益中的重要作用。探索建立总会计师资格认证制度，为用人单位科学选聘总会计师提供制度保障。建立总会计师知识更新制度，为充分发挥总会计师的职能作用创造条件。

（十一）加强高层次注册会计师的培养。以广西“十百千”拔尖会计人才培养工程和财政部全国会计领军人才培养工程为平台，贯彻落实桂政办发 215 号文，设立注册会计师行业发展专项资金，完善高层次注册会计师的培养机制，培养全区拔尖注册会计师和全国领军注册会计师，为推动我区注册会计师行业做大做强提供人才支持。

（十二）加强青年后备会计人才的培养。青年后备会计人才是指具备一定工作经验和专业知识、在单位承担财会核算工作、具有上升潜力的青年会计人员，是广西“十百千”拔尖会计人才和全国领军会计人才的后备力量。建立青年后备会计人才的选拔推荐制度、导师指导制度和系统培训制度，建立健全青年后备会计人才数据库，引导青年后备会计人才快速成长，培养一支数量充足、专业素养较高、有发展潜力的青年后备会计人才队伍，为高层次会计人才提供重要储备，形成会计人才梯队，保持各层级会计人员在数量、质量上的承接。

（十三）健全会计人员评选表彰机制。自治区财政厅要按照《中华人民共和国会计法》和《全国先进会计工作者评选表彰办法》，健全会计人员评选表彰机制，按照会计管理工作系列、会计实务工作系列、会计科研及教学系列、注册会计师系列、总会计师系列等五个系列开展评选表彰活动。严格评选程序，创新评选方法，努力将广西会计人员的评选表彰与全国会计人员评选表彰、自治区级劳动表彰奖励相衔接。各市、县财政部门和区直有关主管单位要结合本地区、本部门、本系统实际情况，依法健全先进会计工作者评选表彰制度，大力开展先进会计工作者评选表彰工作。通过开展全方位和经常化的先进会计工作者评选表彰活动，在全社会形成良好的会计人才培养、成长环境。

（十四）落实会计职称改革制度。要认真贯彻落实会计职称制度改革的有关政策措施，研究出台《广西壮族自治区正高级会计师评审办法》，形成初级、中级、高级（含副高级和正高级）等层次清晰、相互衔接、体系完整、逐级递进的会计专业技术资格体系。继续完善会计专业技术资格相关的各项管理制度，强化会计专业技术资格考试考务管理，确保会计专业技术资格考试的公正、公平。

（十五）加强会计从业资格管理。严格落实《会计从业资格管理办法》的有关规定，结合广西实际，制定出台广西会计从业资格管理实施办法，规范会计从业资格无纸化考试，完善会计人员信息化管理平台建设，以强化各类别、各层级会计人员的科学化精细化管理。

（十六）完善会计人员继续教育制度。修改完善《广西壮族自治区会计人员继续教育实施办法》，建立分门别类，初、中、高级职称等不同层次的会计人员继续教育模式，严格会计人员继续教育学时制度，创新和丰富会计人员继续教育内容和手段，实行远程网络现代化培训方式，加强对会计人员师资库建设和管理工作。要采取评估、考核、备案、公示等有效措施，加强对会计人员继续教育机构的管理，严厉打击继续教育机构乱收费、乱办班、虚假培训等行为。

（十七）推动会计行业产学研战略联盟。产学研战略联盟是培养应用型会计人才的重要途径。各市、县财政部门要推动建立以企事业单位和会计师事务所等用人单位为主体、以市场为导向的产学研战略联盟。鼓励和促进专业院校与用人单位的紧密合作，推广以院校教学与单位实践相结合的会计人才培养模式。鼓励和支持职业技术教育院校开展农村青年会计技能培训工作，加强职业技术院校的会计学科建设，引导职业技术院校与其他高等院校开展会计教学合作和与企业等用人单位的联系、交流，加大农村青年会计从业人员的继续教育力度，每年定向选拔一定数量的农村贫困学生参加“财会技能证书”项目培训，提高农村会计人员的技能，扩大就业。

（十八）建立会计人才流动配置机制。各市、县财政部门要利用财政部门会计管理网站提供会计人才需求信息，打造会计人才交流平台，逐步形成全区统一、开放、有序、竞争的现代会计人才市场体系，实现会计人才在全区范围内的合理流动。

（十九）发挥会计行业协会、学会服务职能。要充分发挥各级会计行业协会、会计学会在培养各类会计人才方面的重要作用，强化会员分级管理，开展丰富多样的会计交流活动，不断改善会员管理方式，以高质量的服务凝聚会员，寓管理于服务之中，满足不同层级会员知识更新和能力提升需要。

（二十）加强会计人才培养基地建设。进一步加强与教育部门协作，利用现有教学资源作为会计人员继续教育和会计人才培养基地。推动高等院校与企事业单位合作建立培训基地，有针对性地开展实用性会计人才培养。重视师资库、教材库建设和管理，使会计人才培养基地建设与会计人才发展要求相适应，有计划、有步骤、分层次地培养各类会计人才。

五、重大工程和计划

（二十一）广西“十百千”拔尖会计人才培养工程。“十百千”拔尖会计人才培养工程是培养全区拔尖会计人才的重要平台。进一步深化企业、行政事业、学术、注册会计师等四类拔尖会计人才的选拔、培养工作，积极推动我区会计人才参加财政部全国领军会计人才选拔培养。到2020年，培养2 000名左右、在全区拔尖的高层次会计人才，其中，着眼于我区企业走向东盟、走向世界，全面提高企业经营管理水平，培养1 000名左右高素质、复合型全区拔尖企业会计人才；着眼于提高行政和事业单位管理水平，推进财政科学化精细化管理，培养500名左右高素质、复合型全区拔尖行政事业会计人才；着眼于加快我区注册会计师行业做大做强，培养300名左右高素质、复合型全区拔尖注册会计师；着眼于繁荣我区会计理论研究工作，提高我区会计学术水平，培养200名左右全区拔尖学术会计人才。通过培养，使我区涌现出100名左右在全国有一定知名度、具有行业引领力的企业类、行政事业类、学术类、注册会计师类的全国领军会计人才。

（二十二）广西会计人才小高地建设计划。全面落实《自治区党委办公厅、自治区人民政府办公厅关于建设广西人才小高地的意见》（桂办发〔2004〕10号）精神，依托广西会计学会和高等院校，以“全国会计领军人才”及“广西十百千拔尖会计人才”为培养平台，开展广西会计人才小高地建设。充分利用广西人才小高地建设的政策优势，引进全国知名会计专家，积聚广西高层次会计人才，支持高层次会计人才开展实用型课题研究、学术论坛活动、考察研究等活动，推动广西会计理论界和实务界的交流，推动与区外会计学术界和企业界的交流，推动学术繁荣，促进研究成果的转化，推动广西企事业单位加强公司治理、完善内部管理，提高经营管理效益，提高会计服务经济社会发展的能力。

（二十三）青年后备会计人才培养计划。着眼于会计人才梯队建设、优化全区会计人才队伍的结构，采取个人自愿、单位推荐、导师指导的形式，由区内高等院校、企业或行政事业单位选拔推荐优秀毕业学生或工作表现突出、在初中级会计职称考试中取得优异成绩的会计人员为青年后备会计人才，由我区“十百千”拔尖会计人才培养工程的学员或企事业单位的财务部门负责人担任导师，对青年后备会计人才进行督导，加强对青年后备会计人才的职业规划、实践操作、业务能力、学术研究的指导。建立青年后备会计人才数据库和跟踪管理制度，每年开展对青年后备会计人才的专项、系统的技能培训，组织开展学术交流活动，扶持青年后备会计人才的成长，为“十百千”拔尖会计人才和全国领军会计人才培养工程输送后备人才。

（二十四）高层次会计人才知识更新计划。着眼于全面提升高层次会计人才的能力素质，充分利用区内外教学资源开展对全区企事业单位财务总监、总会计师、高级会计师、注册会计师等高层次会计人才进行系统培训，以5年为一个周期，每年400人左右的规模，分类型对全区高层次会计人才开展轮训，以强化能力建设，促进知识更新。

（二十五）高层次注册会计师培养工程。全面落实国办发56号和桂政办发215号文件，围绕注册会计师行业做大做强，充分利用注册会计师行业发展专项资金，以广西“十百千”拔尖会计人才培养工程和全国领军会计人才培养工程为平台，选拔会计师事务所负责人、部门经理、合伙人或者具有评估、税务、造价等多重执业资格的注册会计师进行培养。自治区财政厅、广西注册会计师协会牵头与国内国际大型会计师事务所、高校等机构建立培养合作关系，加强对高层次注册会计师的培养工作，为会计师事务所做大做强提供人才支持。到2020年，执业注册会计师达到3 000人，培养高素质、复合型、具有上市公司、跨国公司、大型集团企业审计能力的高层次注册会计师达到300人。

（二十六）面向东盟会计人才培养计划。着眼于我区企业、会计师事务所开拓东盟市场，提高会计人才服务外向型经济的能力，开展面向东盟会计人才培养。通过举办中国—东盟会计论坛、讲座、广西高校与东盟国家高校会计学生的交流和委托培养等形式，加强与东盟国家会计行业的交流和合作；有针对性地组织我区“十百千”拔尖会计人才、高层次会计人才、青年后备会计人才开展东盟会计、审计、经济环境、对外贸易、金融、税务等知识的专题培训；鼓励高等院校和科研机构开展对东盟会计、审计、税务等规则的研究，促进研究成果的转化；以产学研联盟为依托，鼓励在高等院校开设东盟会计人才的专项培养班。力争培养一批在全国有一定知名度和影响力的东盟会计研究学术专家，培养适应东盟市场开拓和发展需要的高层次会计人才。

（二十七）会计专家计划。着眼于会计理论和实践创新，树立会计行业楷模，在企业、行政事业、学术、注册会计师等四个类别的高层次会计人才中，着力发现、培养、举荐一批造诣高深、成就突出、影响广泛、具有全国较高知名度的杰出会计理论和实务工作者，形成会计专家库，推荐入选广西“八桂学者”、“特聘专家”，发挥会计专家在广西“十百千”拔尖会计人才培养工程、广西会计人才小高地建设、会计行业产学研联盟、高层次会计人员知识更新等方面的引领、指导作用。

（二十八）现代农村会计人才支撑计划。着眼于深化农村村务公开和民主治理工作，提高农村会计信息质量，加强农村“资金、资产、资源”管理，扎实推进村级会计委托代理服务。根据自治区纪委、财政厅、农业厅、民政厅《关于进一步加强我区村级财务会计委托代理服务的实施意见》（桂财会〔2010〕41 号）精神，有计划、分阶段、分层次地组织开展全省支农惠农财政、会计政策培训。规范农村会计人员的资格管理和继续教育管理，在经济基础较好的村集体经济组织试行会计师事务所帮扶制度和引入注册会计师审计制度。到 2020 年，力争对全区所有农村集体经济组织的会计人员、主要村干部、村民理财小组成员和村级会计委托代理服务机构代理会计、负责人轮训一遍。

六、组织实施

（二十九）加强规划实施的组织保障。自治区财政厅负责统筹协调《广西壮族自治区会计行业中长期人才发展规划（2010—2020

年》的组织实施工作。各市、县财政部门和各单位应当以规划为指导，结合实际，编制本地区、本部门、本系统会计人才发展规划和具体实施办法，形成全区会计人才发展规划实施体系。各用人单位应当重视会计人才队伍建设，制定本单位会计人才发展规划，为会计人才成长提供必要的平台和经费支持，切实发挥会计人才作用。

（三十）加强会计人才工作基础性建设。深入开展会计人才理论研究，积极探索人才资源开发规律，推进人才工作信息化建设，建立人才信息数据库，加强对会计人才成长的跟踪和评价。加大培训力度，提高服务会计人才工作队伍的政治素质和业务水平。

（三十一）建立健全规划实施的监控评估体系。自治区财政厅、各市、县财政部门和区直有关主管单位要建立《广西壮族自治区会计行业中长期人才发展规划（2010—2020 年)》实施的过程跟踪、执行监督、信息反馈机制和定期评估制度，对实施情况进行监控和指导，确保各项任务和要求落实到位。

（三十二）营造规划实施的良好社会环境。自治区财政厅、各市、县财政部门和区直有关主管单位应大力宣传财政部制定的《会计行业中长期人才发展规划（2010—2020 年)》和自治区财政厅制定的《广西壮族自治区会计行业中长期人才发展规划（2010—2020 年)》的重大战略和方针政策，加大力度，宣传会计人才规划的重大意义、指导方针、目标任务、重大举措、典型经验，动员各方面关心和支持会计人才工作，营造会计人才进步、发展的良好社会氛围，把各类会计人才集聚到支持广西科学发展、和谐发展、跨越发展的伟大事业中来。

湖北省财政厅关于印发《湖北省会计行业中长期人才发展规划（2011—2020年）》的通知

（2011年9月14日　鄂财会发〔2011〕31号）

各市、州、直管市、林区财政局，各有关单位：

按照《国家中长期人才规划纲要》（中发〔2010〕6号）、《湖北省中长期人才发展规划纲要》（鄂发〔2010〕24号）和财政部《会计行业中长期人才发展规划》（财会〔2010〕19号）的总体要求，在认真总结我省会计人才队伍建设经验、深入分析会计人才发展面临的新形势、新任务的基础上，制定了《湖北省会计行业中长期人才发展规划（2011—2020年）》（以下简称《规划》），现印发你们，请认真贯彻执行。

《规划》是深入贯彻人才强省战略、促进我省会计行业发展的指导性文件，是我省会计行业在激烈的国内外竞争中赢得主动的战略选择，对于当前和今后一个时期促进经济发展方式转变，更好地服务于经济社会跨越式发展具有重要而深远的意义。各级财政部门要高度重视会计人才队伍建设工作，切实加强《规划》实施的组织领导，积极推进《规划》有关工作的顺利开展和目标任务的完成落实。

附件：湖北省会计行业中长期人才发展规划（2011—2020年）

附件：

湖北省会计行业中长期人才发展规划

（2011—2020 年）

目　　录

四、会计人才队伍建设的重点工程

（一）省会计领军（后备）人才培养工程

（二）省高级会计人才素质提升工程

（三）省会计人才库工程

（四）省会计人员服务窗口建设工程

（五）省会计人才培养基地工程

五、保障与实施

（一）加强组织领导

（二）强化资金保障

（三）实施跟踪问效

（四）营造良好环境

为落实人才强省战略，全面提高会计人才素质，提升会计工作总体水平，促进我省经济社会跨越式发展，根据《国家中长期人才规划纲要》、《湖北省中长期人才发展规划纲要》和财政部《会计行业中长期人才发展规划》（2010—2020 年）的总体要求，制定本规划。

一、指导思想和发展目标

（一）指导思想

以邓小平理论和“三个代表”重要思想为指导，深入贯彻落实科学发展观，根据湖北经济社会跨越式发展要求，遵循会计人才发展规律，大力推进人才强省战略、创新人才体制机制，优化人才结构布局，形成育才、选才、聚才、用才的良好环境和政策体系。打造一支高素质会计队伍，为湖北经济社会发展奠定良好的会计人才基础。

（二）发展目标

到2020年，我省会计人才发展的战略目标是：建设一支规模合理、结构优化、素质优良、诚信敬业的财会人才队伍，确立我省会计人才竞争优势，拥有国内排名靠前、国际化水平不断提高的会计专业团队，为建设中部强省提供会计人才支撑。

——会计人才资源总量稳步增长，队伍规模不断壮大。力争到2015年会计人才资源总量增加20%以上；到2020年会计人才资源总量再增加20%以上。

——会计人才素质大幅度提高、结构进一步优化。2010年，我省具有会计专业技术资格人才占会计从业人员总量的28%，其中高、中、初级会计人才比例为6∶28∶66。到2020年，力争具有会计专业技术资格人才占会计从业人员的比重达到30%；高、中、初级会计人才比例达到9∶39∶52；会计从业人员中，大学本科学历会计人才达到25%以上，研究生学历人才达到1%。

——会计人才竞争力显著提高，人才规模效益充分显现。面向我省支柱产业的大中型企业、规模以上的事业单位和大中型会计师事务所，着力培养2 000名具有国内先进水平的高级会计人才、200名省级会计领军人才和20名国家级会计领军人才。

——会计人才使用效能明显提高，人才培养和使用机制日益健全。到2015年，会计人才发展体制机制创新取得突破性进展，市场配置人才资源的基础性作用得到充分发挥，城乡财会人才培养使用差别日渐缩小，农村会计人员素质偏低状况有较大改善，会计人才发展机制基本完善，市场配置人才资源的基础性功能基本实现。

二、会计人才队伍建设的主要任务

（一）培养具有处理国内外新兴业务及复杂问题能力的高级会

计人才。按照精通财会业务、熟悉市场规则，掌握金融、法律、内部控制、信息技术等相关专业知识，具有国际视野，能参与战略经营和管理决策、随时把握行业发展趋势、能够解决单位复杂经济问题的标准，打造胜任大中型企事业单位发展要求的我省高级会计人才队伍。到2015年，新增大中型企事业单位具有较强经营管理能力、胜任大中型企事业单位发展要求的高级会计师1 000人；到2020年，在2015年的基础上再新增1 000人。

（二）培养专业胜任能力强、具有国内行业认可度的注册会计师。全面贯彻《国务院办公厅转发财政部关于加快发展我国注册会计师行业若干意见的通知》（国办发〔2009〕56号）和《湖北省人民政府办公厅关于促进全省注册会计师行业科学发展的意见》（鄂政办发〔2010〕4号）精神，加快完善我省注册会计师行业人才选拔、培养、使用机制，努力造就一批职业道德良好、专业素质优异、执业经验丰富、具有复合型知识结构、谙熟国内行业规则，能够在国内会计审计市场规范执业的会计师事务所合伙人或业务骨干，为我省注册会计师行业提供强大的人才资源保障。到2015年，培养造就20名具有较高国内认可度的注册会计师，到2020年力争达到50名。

（三）培养具有国家（国际）水准的会计学术人才。通过会计理论高层次人才培育，促进会计理论和会计教育持续繁荣发展。努力造就一批具备突出的学术研究能力和完备的知识结构，能够在国家（国际）权威学术期刊发表学术论文，在国家（国际）会计学术领域具有较大影响的会计研究和教育工作者。到2015年，新增在国内有较高影响力的会计学术带头人10人，到2020年，力争达到30人。

（四）培养和开发其他各类各级会计人才。从我省会计人才的结构现状和未来发展趋势看，在较长的一段时期内，其他各类各级会计人才数量多，分布广，占较大比重。要加快其他各类各级会计人才的培养，为会计基础管理提供充足的多层次会计人才资源，形成不同类别和层级会计人才的合理布局，为高级会计人才提供重要储备。重视会计从业人员、会计初中级人才的培养，促进会计人才资源结构优化、布局合理，努力打造一支职业道德水准高、业务娴熟、技能综合、职业判断能力强的会计人才队伍。到2020年全省各类会计人才总人数达到100万人，形成高级、中级、初级会计人才数量充足、结构合理、层次优化的新格局。

三、会计人才队伍建设的主要措施

（一）加快会计领军人才培养。建立健全省级领军（后备）人才培养机制并和国家领军人才衔接，形成领军人才层级配置及晋升梯队。加强省级会计领军人才的培养，健全省级会计领军人才（后备）选拔、培养、淘汰、使用管理制度，统筹安排企业、行政事业、注册会计师、学术等四类会计领军人才培养工作，推动会计领军人才培养与专业技术职称制度、专业学位教育制度有机衔接，使领军人才培养形成长效机制。

（二）完善总会计师培养和使用机制。以财政部修订《总会计师条例》为契机，强化总会计师职责权限，提升总会计师工作地位；构建总会计师能力及评价框架体系，实行总会计师资质认证制度，建立总会计师人才信息库；完善总会计师培养和任（聘）用机制，进一步促进大中型企业总会计师的设置，加快行政事业单位配置总会计师进程；对全省总会计师开展岗位培训，拓展和提升总会计师专业胜任能力。

（三）造就高素质注册会计师人才。充分发挥会计师事务所在行业人才培养中的作用，改革完善内部治理及人力资源制度，优化激励约束、考核分配及合伙人进出机制，形成有利人才健康发展的行业文化；积极培养一批专业扎实、技术过硬、品德优良、与国际接轨的注册会计师人才；加大人才开发宣传力度，制定有利于注册会计师成长的培训、考核、评价政策，建立完善激励机制，为中青年业务骨干脱颖而出创造良好环境。

（四）深化会计职称制度改革。进一步完善会计专业技术资格考核和评审办法，实行网上评卷，改进考试防舞弊技术，确保会计专业技术资格考试的公平性、公正性和严谨性。加强高级会计师评审委员会建设，完善评审机制，使规则量化、细化、科学化，确保评审质量。积极开展正高级会计师职称评审，形成初、中、高、正高级梯次配置、体系完整、结构合理的会计专业技术资格体系。

（五）提高会计从业资格管理水平。把好会计人才的入门关，进一步完善会计从业资格管理办法，提高会计从业资格管理信息化水平，探索科学化、精细化管理模式，积极推进会计从业资格无纸化考试，建立网上报考、评卷、公示“一条龙”信息化服务系统，加快会计人才培养进程。

（六）健全会计人员继续教育制度。积极探索和总结会计人员继续教育服务管理有效模式，推进远程网络化教育，实现会计人员继续教育信息化管理。依托国家会计学院、省内高校建立培训基地，引导社会力量办学机构走规范化、集约化、品牌化发展道路，形成会计人员继续教育分类施教、有序发展的格局。

（七）优化会计人才资源配置机制。建立人才资源统计、供求预测和定期发布机制。积极创建“湖北省会计人才库”和“湖北会计人才交流中心”。实现人才供求信息有效对接和网上人才交流实时查证功能。形成统一开放、公平竞争的现代会计人才市场体系。

（八）建立先进会计工作者评选表彰制度。贯彻落实《湖北省先进会计工作者评选表彰办法》，进一步建立会计人员评选表彰机制，定期开展评选表彰活动，严格评选程序，细化评选标准，提升表彰等级，增强会计人才的荣誉感和成就感，在全社会形成激励会计人才成长的良好环境。

四、会计人才队伍建设的重点工程

（一）省会计领军（后备）人才培养工程。湖北省会计领军（后备）人才工程是国家会计领军人才工程的重要补充。建立省市财政部门主导、依托国家会计学院和省内外知名院校、定期集中培训和分散自修结合的会计领军人才培养机制。制定会计领军（后备）人才专业培训方案，科学设计教学周期，量体定制专业课程，协调发展企业、行政事业、注册会计师、学术等四类会计领军（后备）人才；加大与省外、国外财会相关机构的合作交流力度，派出省领军（后备）人才赴省外、国外交流访问、工作、实习，资助省领军（后备）人才参加省际、国际重要会议，拓展领军人才的思维和视野，占领国内学术制高点；注重省领军（后备）人才的实践锻炼，为其提供更多的项目任务。每年选拔、培养一期领军人才（后备），每期 20—30 人，高起点、严要求，建立优胜劣汰和竞争机制，确保培养质量。

（二）省高级会计人才素质提升工程。以全面提升高级会计师能力，促进各行业经营管理水平和竞争力为目的，充分利用省内著名财经类高校和国家会计学院教学资源，开展高级会计师业务轮训。每年培训 1 至 2 期，100 至 200 人。

（三）省会计人才库工程。设立领军人才、专业技术职称人才、总会计师人才、注册会计师人才等二级库。把人才库建成面向社会、并与人才市场同步联网，科学分类、信息完整、动态管理的信息平台。充分发挥各类人才库功能，为人才任用提供支撑。举荐一批造诣深、成就突出、影响广泛的会计理论工作者与实务工作者、学术类会计领军（后备）人才，精心培养、打造，组织、支持其开展论文研讨、著书立说、学术交流、深入基层答疑解惑等活动，争取我省会计理论和实务进入全国先进行列。

（四）省会计人员服务窗口建设工程。积极推进“湖北会计人才交流中心”建设，加大会计人员服务窗口建设力度，拓展会计人员服务窗口功能。在进一步完善会计人员登记、调转、继续教育等传统服务功能的同时，努力把服务窗口建设成设施完备、功能齐全，技术先进、服务优质的场所，为会计人员和用人单位提供供求信息，开展理论讲座、经验交流、继续教育、会计准则制度宣传、国际认证咨询等服务，为会计人才就业、任职、晋升、流动、鉴证、深造、咨询等创造便利条件。

（五）省会计人才培养基地工程。联合有关高等院校、部门、机构和社会团体，共建一批高质量的会计人才培养基地。重点承担会计领军（后备）人才、总会计师、高级会计师的培养和进修任务。要优化基地管理体制，完善教学设施，充实师资队伍，加强教材建设，提升教学能力，把基地办成一流水平的会计人才摇篮。

五、保障与实施

（一）加强组织领导。按照省委、省政府的总体部署和财政部的有关要求，在省委人才工作领导小组和省人力资源综合管理等有关部门的指导下，省财政厅负责统筹协调《规划》的组织实施。各市州财政部门要以《规划》为指导，结合各地实际，编制本地区、本部门、本系统会计人才发展规划和具体实施办法，形成全省会计人才发展规划的实施体系，为会计人才成长提供必要的平台和政策支持，切实发挥会计人才作用。

（二）强化资金保障。各级财政要适当安排人才发展经费，形成稳定的人才开发资金来源，加大会计人才培养和服务窗口建设的资金投入力度。

（三）实施跟踪问效。认真贯彻落实《会计法》，建立《规划》实施的全程跟踪、执行监督、信息反馈机制和定期评估制度，对实施情况进行监控和指导；根据反馈信息以及评估和监控情况，对实施中发现的新情况、新问题，及时采取切实有效措施，确保各项任务和要求落实到位。

（四）营造良好环境。各级财政部门应大力宣传人才工作的方针政策和最新成果，宣传《规划》的重要意义、指导方针、目标任务、政策措施、重点工程，宣传人才工程实施中的典型经验、做法和成效，形成全社会关心、支持会计人才发展的良好氛围。

中共山东省委组织部 山东省人力资源和社会保障厅 山东省财政厅关于印发《山东省会计行业中长期人才发展规划（2010—2020年）》的通知

（2011年6月30日　鲁财会〔2011〕42号）

各市党委组织部，各市人力资源和社会保障局、财政局，省直各部门、各大企业、高等院校，中央部属驻鲁有关单位：

根据《国家中长期人才发展规划纲要（2010—2020年）》和《山东省中长期人才发展规划纲要（2010—2020年）》，结合我省实际，我们制定了《山东省会计行业中长期人才发展规划（2010—2020年）》（以下简称《规划》），现印发给你们，请认真贯彻执行。

山东省会计行业
中长期人才发展规划

（2010—2020 年）

为推动全省会计行业科学发展，更好地为经济社会发展服务，根据《国家中长期人才发展规划纲要（2010—2020 年）》和《山东省中长期人才发展规划纲要（2010—2020 年）》，以及财政部《会计行业中长期人才发展规划（2010—2020 年）》要求，结合全省会计行业人才发展实际，制订本规划。

一、加强会计人才队伍建设的必要性和重要性

会计人才是人才队伍的重要组成部分，是维护市场经济秩序、推动科学发展、促进社会和谐的重要力量。加强会计人才队伍建设，着力培养高层次会计人才，是实施科教兴鲁战略和人才强省战略的重要内容，对于提高会计行业核心竞争力、充分发挥会计职能作用，推动经济文化强省建设具有重要意义。

长期以来，在省委、省政府的正确领导下，各级财政部门不断完善机制，统筹规划，大力推进会计人才队伍建设，取得了重大成就。一是会计人才相关法律制度体系基本建立。形成了以《中华人民共和国会计法》、《中华人民共和国注册会计师法》以及《山东省实施〈中华人民共和国会计法〉办法》和《山东省总会计师管理办

法》为基础、以会计人才评价标准体系为核心、以会计人才管理制度为支撑的会计人才相关法律制度体系。二是会计人才管理体制逐步完善。形成了省、市、县三级财政部门统筹运作、各负其责的纵向管理体制和各级财政部门牵头组织、相关部门协调配合的横向管理体制，为全省会计人才队伍建设提供了机制保障。三是会计人才整体素质和专业水平稳步提高。截至 2009 年年底，全省会计从业人员达到近百万人，其中，具有高级职称 1 万人、中级职称 12 万人、初级职称 28 万人。注册会计师行业从业人员达到 1.35 万人，其中执业注册会计师 0.61 万人。会计人员队伍专业水平不断提高，会计职业领域已从传统的记账、算账、报账拓展到内部控制、投融资决策、企业并购、价值管理、战略规划、公司治理、会计信息化等高端管理领域。四是会计人才成长与发展的环境明显改善。会计人才队伍发展体制机制进一步完善，人才辈出、人尽其才的环境基本形成，会计人才在推动企事业单位现代化管理、提升企事业单位核心竞争力、引导社会资源合理配置、保障社会公众利益、维护国家经济安全和市场经济秩序等方面发挥着越来越重要的作用。

同时，我们也应清醒地认识到，当前我省会计人才发展的总体水平同发达地区相比仍存在较大差距，与我省经济社会发展需求还存在一些矛盾，主要是：高层次复合型会计人才缺乏，会计人才结构和布局不尽合理，会计人才发展的体制机制有待完善，会计人才市场管理有待加强等等。随着经济全球化深入发展，企业跨国经营、资本跨境流动日益频繁，科技进步日新月异，知识经济方兴未艾，会计人才在经济社会发展中的基础性、战略性、关键性作用更加凸显，会计人才的竞争已经成为国家、地区和单位间竞争的焦点之一。未来十几年，是我省经济社会发展的重要战略机遇期，面对新形势新任务，我们必须认真贯彻《国家中长期人才发展规划纲要

（2010—2020 年）》和《山东省中长期人才发展规划纲要（2010—2020 年）》精神，进一步强化忧患意识和机遇意识，增强做好会计人才工作的责任感、使命感和紧迫感，抓住机遇，迎接挑战，统筹规划，整体推进，深化改革，开拓创新，不断开创会计人才工作新局面。

二、2010—2020 年全省会计人才发展指导思想和发展目标

（一）指导思想。以邓小平理论和“三个代表”重要思想为指导，深入贯彻落实科学发展观，根据我省经济社会发展总体要求，按照“服务发展，以用为本；健全制度，创新机制；高端引领，整体开发”的指导方针，遵循会计人才发展规律，大力推进会计人才战略实施，健全体制机制，优化结构布局，创新管理模式，强化国际交流，形成育才、聚才、用才的良好环境，以打造高层次会计人才为重点，统筹推进各类别、各层级会计人才队伍建设，为经济社会健康发展提供坚实的会计人才保障。

（二）发展目标。争取用十年左右的时间，培养和造就一支规模适度、结构合理、素质较高、勤奋敬业、乐于奉献的会计人才队伍，在理论研究、实务操作、教学科研等各领域形成我省的突出特点，确立会计人才竞争优势，为我省经济社会发展奠定人才基础。

三、主要任务

（一）着力培养造就大中型企事业单位高端会计人才。大中型企事业单位高端会计人才，是指大中型企事业单位中精通财会业务、熟悉市场规则，掌握金融、法律、内部控制、信息技术等相关专业知识，具有国际视野和跨领域交流能力，能够参与战略经营和管理决策、把握行业发展趋势、解决复杂经济问题的高层次经营管

理人才。着眼于提高我省大中型企事业单位现代化管理水平，到2020年选拔培养500名适应大中型企业、上市公司发展和高层次管理需求、适应全省事业单位改革发展需要的高端会计人才。

（二）着力培养造就具有国内较高水平的注册会计师。具有国内较高水平的注册会计师，是指职业道德良好、专业素质优秀、执业经验丰富、谙熟执业规则，在国内会计审计市场执业，并具有行业较高认可度的的会计师事务所合伙人和业务骨干。着眼于加快完善注册会计师行业人才培养和使用机制，推动全省注册会计师行业做大做强，到2020年，选拔培养50名具有国内较高水平和行业较高认可度、其中部分人员具有国际执业能力的中国注册会计师。

（三）着力培养具有较高水平的会计学术带头人。具有较高水平的会计学术带头人，是指具备突出的学术研究能力和完备的知识结构，活跃于会计学术领域的会计理论和教育工作者。着眼于提高会计理论创新能力，促进全省会计理论和会计教育事业持续繁荣发展，到2020年，选拔培养50名会计学术带头人。

（四）着力优化会计人才结构。着眼于全省会计人才资源结构优化，提升会计队伍整体素质，形成不同类别和层级会计人才的合理布局，努力打造一支职业道德水准高、业务娴熟、技能综合、职业判断能力强的会计人才队伍，要突出重点，兼顾一般，加大会计从业人员、初、中级会计人才的培养力度，到2020年，会计从业人员总量增加40万人，其中：高级会计师增加1万名，会计师增加10万名，初级会计专业技术资格人员增加16万名，其他13万名。力争使会计人员中受过高等教育的比例达到80%；涉及会计审计实务、会计理论研究和会计管理等方面的各类别高级会计人才总量增长50%，会计人才素质显著提升，会计人才的分布、层次和类别等结构趋于合理。

四、政策措施

（一）建立高端会计人才培养机制。从服务山东经济社会发展出发，建立健全高端会计人才选拔培养机制，以专业能力建设为核心，立足国际前沿，培养和造就一批精于业务、善于理财、强于管理、优于决策的高素质、复合型会计人才，促进会计理论创新、应用创新，充分发挥高端会计人员在推进经济体制改革、维护市场经济秩序、强化会计管理等方面的引领和辐射作用，带动我省会计队伍整体素质的全面提高。各市财政部门和省直各单位要参照全国、全省高端会计人才选拔培养模式，大力培养本地区、本部门、本系统的会计领军人才。

（二）健全会计人员评价体系。不断完善和提升不同层级会计专业技术人才的知识结构和能力框架，着力改革现行会计专业技术资格制度，增设正高级会计专业技术资格，形成初级、中级、高级（含副高级和正高级）层次清晰、相互衔接、体系完整、逐级递进的会计专业技术资格体系。要继续完善会计专业技术资格管理制度，强化会计专业技术资格考试考务管理，严厉打击考试舞弊等违纪违规行为，确保会计专业技术资格考试的科学性、公正性。

（三）加强会计从业资格管理。根据《中华人民共和国会计法》和财政部《会计从业资格管理办法》，修订《山东省会计从业资格管理实施办法》，建立和完善会计人员准入和退出机制。完善会计从业资格考试网络化管理，进一步提高会计从业资格考试的公正性、科学性，严把“入口”关。加强会计人员信息化管理平台建设，完善平台体系，拓展平台功能，为强化会计人员管理和单位使用会计人员提供基础性资料。注重提高农村会计人员素质，为深化农村村务公开和民主治理提供重要支持。

（四）强化总会计师地位和职能。要适应现代会计职能重大转变的需要，在国务院《总会计师条例》修订发布后，积极推动修订《山东省总会计师管理办法》，进一步强化总会计师职能，提升总会计师地位，充分发挥总会计师在加强单位经济管理、提高经济效益中的重要作用。大中型企业应当设置总会计师，设置总会计师的企业不得设置与其职权重叠的副职。积极推动行政事业单位设置总会计师。财政部门要继续做好总会计师的资格审查和认证工作，为用人单位科学选聘总会计师提供政策依据。有计划分批组织全省大中型企事业单位的总会计师参加高层次培训班，全面提升大中型企事业单位总会计师的能力素质，着力培养一支具备战略规划、资本运作、财会、金融、法律等专业水平和管理能力的总会计师队伍。

（五）建立会计人员评选表彰机制。按照《中华人民共和国会计法》和《全国先进会计工作者评选表彰办法》，强化协调配合，健全表彰机制，严格评选程序，创新评选方法，积极开展优秀会计人员表彰活动。各市和省直各单位要结合实际，健全评选表彰制度，对先进会计工作者及时给予表彰奖励，在全社会形成有利于会计人才培养、成长的良好环境。

（六）提高会计人员继续教育质量。根据工作需要和《山东省专业技术人员继续教育条例》等有关规定，进一步完善《会计人员继续教育规定》，制定会计人员继续教育指南，加强会计人员继续教育工作的管理。要严格继续教育学时制度，丰富继续教育内容，创新学习方法和手段，采用集中授课、远程网络化教学等多种培训方式，有计划、有步骤、分层次地培养各类会计人才。采取评估、考核、备案、公示等有效措施，加强对会计人员继续教育培训机构的管理，严厉打击乱收费、乱办班、虚假培训等行为，切实提高培训质量。

（七）开展齐鲁会计名家工程。着力发现、培养、举荐一批造诣高深、成就突出、影响广泛的杰出会计理论与实务工作者，形成齐鲁会计名家库，发挥会计名家引领作用，推动会计理论和实践创新，树立会计行业楷模。

（八）建立会计人员流动配置机制。充分利用山东省会计从业资格管理系统平台，发挥平台资源配置功能，积极推进会计人才交流，为单位提供所需的会计人才，服务全省经济社会发展。

（九）推动会计理论研究和学术交流。健全会计理论研究和学术交流机制，研究制定《山东省会计科研项目管理办法》，逐步建立起以山东省会计学会为依托，高校、企业、会计师事务所以及部门单位共同参与，理论与实务相结合的会计理论研究机制；按照《山东省哲学社会科学规划研究项目》的有关要求，认真做好省社会科学规划研究会计专项课题的管理工作，提高社会影响力，为全省财政会计工作服务。

（十）鼓励各地区、各单位引进高层次会计人才。坚持自主培养与重点引进相结合，鼓励各地区、各单位根据工作需要，重点引进高层次会计人才，发挥高层次会计人才对经济发展的推动作用。

五、组织实施

（一）加强组织领导。在省人才工作领导小组的指导下，省财政厅负责统筹协调《规划》的组织实施工作。各市财政部门和省直各有关部门、单位，根据《规划》要求，结合实际编制本地区、本部门、本系统会计人才发展规划和具体实施办法，形成全省会计人才发展规划实施体系。各单位要高度重视会计人才队伍建设，为会计人才成长提供必要的平台和经费支持，切实发挥会计人才作用。

（二）健全监控评估体系。各级财政部门要建立对《规划》实施的过程跟踪、执行监督、信息反馈机制和定期评估制度，对实施情况进行监控和指导；要根据反馈信息以及《规划》评估和监控情况，对实施中发现的新情况、新问题，及时采取切实有效的措施，确保各项任务和要求落实到位。

（三）营造良好社会环境。各级财政部门应大力宣传国家、省人才工作的重大战略思想和方针政策，宣传《规划》的重大意义、指导方针、目标任务、政策措施、典型经验和做法成效；要认真贯彻《中华人民共和国会计法》，进一步规范和加强会计工作，保障会计人员依法行使职责，发挥会计工作在维护社会主义市场经济秩序、加强经济管理、提高经济效益中的作用，为会计人员依法履行职责创造良好环境、为会计人才发展营造良好氛围。

国务院机关事务管理局关于印发《中央国家机关会计行业人才发展“十二五”规划》的通知

（2011 年 11 月 18 日　国管财〔2011〕501 号

国务院各部委、各直属机构，中央在京企业：

根据财政部《会计改革与发展“十二五”规划纲要》和《会计行业中长期人才发展规划（2010—2020 年）》的要求，在总结“十一五”时期中央国家机关会计工作的基础上，我局制定了《中央国家机关会计行业人才发展“十二五”规划》。现印发给你们，请遵照执行。

中央国家机关
会计行业人才发展“十二五”规划

为深入贯彻人才强国战略，全面提升中央国家机关会计人才队伍专业素质，健全会计人才培养、选拔和评价体系，推动会计行业科学发展，根据财政部《会计改革与发展“十二五”规划纲要》（财会〔2011〕19 号）和《会计行业中长期人才发展规划（2010—2020 年）》（财会〔2010〕19 号），结合工作实际，制定本规划。

一、“十一五”时期中央国家机关会计行业人才工作的基本情况

“十一五”期间，中央国家机关会计行业坚持以邓小平理论和“三个代表”重要思想为指导，深入贯彻落实科学发展观，着力加强制度建设，积极创新和改进管理方式，加大高素质会计人才队伍培养力度，会计行业人才发展取得了显著成绩。

（一）会计从业资格管理工作成效明显。加强中央国家机关会计从业资格管理，制定了《中央国家机关会计从业资格管理实施办法》（国管财〔2005〕246号）和《中央国家机关会计人员继续教育管理实施办法》（国管财〔2007〕68号），进一步提高了中央国家机关会计管理工作的制度化和规范化水平。大力推进会计从业资格管理信息化建设，开发并投入使用会计从业资格无纸化考试系统，增强了考试的透明度和公正性，提高了会计从业资格管理工作效率。五年来，共组织6014人次参加中央国家机关会计从业资格考试，3616人通过考试并取得会计从业资格证书。目前，中央国家机关共有会计从业人员52088人，其中高级职称4700人，中级职称10381人，初级职称8499人。2006年，为252个部门和单位的44666名会计人员换发了06版会计从业资格证书。平均每年办理会计从业资格的注册、调转、变更手续近2000人次。

（二）会计领军人才培养选拔工作成绩喜人。向全国会计领军（后备）人才班选拔输送人才212名，占已招收的9期行政事业类和企业类学员总人数的50%以上。搭建会计人员交流平台，举办了多期中央国家机关会计人员交流座谈会，发挥会计领军（后备）人才的引领和辐射作用，有力地推动了会计人员更新知识、拓展视野、提高水平。

（三）会计人员继续教育工作水平稳步提升。扎实做好会计人

员继续教育工作，举办会计人员培训班1189期，培训人员211048人次，其中高级会计人员培训班88期，培训人员35980人次。在培训中，注重分类型、分行业、分层次安排教学内容，对高级会计人员采用模块培训、自主选择的形式，取得了较好效果。

（四）先进会计工作者评选表彰和行业竞赛工作扎实开展。定期组织开展中央国家机关先进会计工作者评选表彰工作，两次召开中央国家机关先进会计工作者表彰大会，共评选先进会计工作者110名，先后有5人获得“全国先进会计工作者”称号，1人荣获“全国五一劳动奖章”。2007年，选拔代表队参加第三届全国会计知识大赛决赛，取得了第一名和第三名的好成绩。

目前，中央国家机关会计行业人才发展还存在一些问题，主要是：会计管理基础工作有待加强，会计从业资格管理信息化水平有待提高；会计人员队伍结构不够合理，高级应用型、复合型人才培养工作需要加强；会计人员分类继续教育工作有待深入，继续教育培训手段有待创新；会计人才培养、选拔和评价体系不够健全，会计人才发展机制需要进一步完善。

二、“十二五”时期中央国家机关会计行业人才发展的指导思想与总体目标

（一）指导思想。以邓小平理论和“三个代表”重要思想为指导，深入贯彻落实科学发展观，根据经济社会发展要求，认真实施会计人才发展战略，以“高端引领，整体推进”为指导方针，以建设高级会计人才队伍为主线，以实施会计领军人才培养工程为重点，以创新教育培训模式为抓手，统筹推进各类别、各层级会计人才队伍建设，实现中央国家机关会计行业人才队伍的全面、协调和可持续发展。

（二）总体目标。培养和造就一支规模合理、结构优化、素质

优良、业务过硬、勇于创新、乐于奉献的会计人才队伍，发挥中央国家机关会计人才在会计行业中的优势效应，为保障中央国家机关高效有序运转，维护市场经济秩序，推动我国经济社会发展作出积极贡献。

“十二五”时期中央国家机关会计行业人才发展指标

项　　目	“十一五”时期	“十二五”时期
会计从业人员（万人）	4.5	5
具有专业技术资格的人员比例（%）	46	50
高、中、初级专业技术资格人员比例（%）	14：50：36	20：50：30
会计人员大学本科以上学历比例（%）	41	45
会计人员硕士研究生以上学历比例（%）	8	10
会计从业资格考试通过人数（人）	[3616]	[4000]
会计人员继续教育培训（人次）	[211048]	[220000]
高级会计人员继续教育培训（人次）	[35980]	[40000]
入选全国先进会计工作者（人）	[5]	[5]
入选全国会计领军（后备）人才（人）	[212]	[230]
培养中央国家机关会计领军人才（人）	[200]	

注：带［　］的为五年累计数。

以上各项数据为预期性指标，是期望的发展目标，需要不断创造条件，努力争取实现。

三、“十二五”时期中央国家机关会计行业人才发展的主要任务

“十二五”时期，中央国家机关会计行业人才发展要贯彻“服务发展，以用为本；健全制度，创新机制；高端引领，整体开发”的指导方针，深化会计从业资格管理、会计人员继续教育和会计职称制度改革，建立健全中央国家机关会计人才选拔、培养和表彰机

制，为中央国家机关会计行业改革与发展提供有力的人才保障。

（一）努力打造一支精通财会业务、熟悉法规制度、具有开拓创新意识和较高理论水平、具备组织协调和分析研究能力的中央国家机关行政事业类高级会计领军人才队伍，解决高端会计人才匮乏问题。进一步优化中央国家机关各级行政事业单位会计人才队伍结构，促进各单位加强财务资产管理，提高资金使用效率，提升会计服务质量和会计管理水平。到 2015 年，培养中央国家机关行政事业类高级会计人才 100 人。

（二）为中央企业单位培养具有国际业务能力的高级会计人才，努力打造精通财会业务，熟悉市场规则，掌握金融、法律、信息技术等相关专业知识，具有国际视野和跨文化交流能力，能参与战略经营和管理决策、把握行业发展趋势、解决复杂经济问题的高层次经营管理人才。到 2015 年，培养中央企业类高级会计人才 100 人。

（三）加快中、初级会计人才的培养，努力打造一支业务娴熟、技能全面、职业道德水准高、职业判断能力强的会计人才队伍，为各单位会计基础管理提供充足的人才资源，形成不同类别和层级会计人才的合理布局，到 2015 年，实现高级、中级、初级会计人才比例为 20∶50∶30，会计人员继续教育参训率达到 90% 以上。

四、中央国家机关会计行业人才发展的具体措施

（一）加快会计领军人才培养。参照财政部《全国会计领军（后备）人才培养十年规划》，依托国家会计学院等会计人才培养基地，启动中央国家机关会计领军（后备）人才培养项目。健全中央国家机关会计领军人才选拔、培养、淘汰、使用机制，推动实现会计领军人才培养与会计专业技术职称制度、会计专业学位教育制度的有机衔接，充分发挥会计领军人才在维护市场经济秩序、强化组

织内部管理、提高资源配置效率、推动会计理论和实务创新、推进会计事业国际化发展等方面的引领和辐射作用，提升中央国家机关会计队伍整体素质。

（二）推进高级会计专业技术资格评审工作。组建国务院机关事务管理局高级会计专业技术资格评审委员会，完善高级会计专业技术资格评审制度，开展高级会计师评审工作。根据财政部会计专业技术资格评审制度改革进程，探索开展正高级会计专业技术资格评价试点工作，形成初级、中级、高级（含副高级和正高级）等层次清晰、相互衔接、体系完整、逐级递进的会计专业技术资格体系。

（三）加强会计从业资格管理。全面履行《中华人民共和国会计法》和《会计从业资格管理办法》规定的会计从业资格管理职责。建立中央国家机关会计管理信息系统，对各部门及会计人员的基本情况进行动态管理，充分发挥“中央国家机关会计网”在主管部门和会计人员之间的纽带作用。按照会计人员的知识和能力框架要求，完善中央国家机关会计从业资格无纸化考试制度，规范考试流程，进一步提高考试的公正性和科学性。

（四）完善会计人员继续教育制度。修订《中央国家机关会计人员继续教育管理实施办法》，健全不同级次、不同类别会计人员培养和培训体系，开展中央国家机关行政事业单位财务部门司局级领导和中央在京企业总会计师（财务总监）轮训，支持有条件的单位结合行业特点和工作实际，开展系统内会计人员继续教育。创新和丰富会计人员继续教育内容和手段，推广远程网络培训方式，满足不同层次会计人员的培训需求。加强对会计人员继续教育培训单位的监管，规范培训师资和培训教材管理，采取备案、督查、考核、评估等措施，构建分工明确、优势互补、布局合理的会计人员继续教育培训体系。

（五）强化总会计师地位和职能。积极推动《总会计师条例》修订工作，进一步强化总会计师参与单位财务经营决策的职能，充分发挥总会计师在加强单位经济管理、提高经济效益中的作用。积极开展完善总会计师制度的课题研究，推动大中型企业和行政事业单位设置总会计师。配合相关部门，探索建立总会计师资格认证制度，为用人单位科学选聘总会计师提供制度保障。

（六）健全会计人员评选表彰机制。制定中央国家机关会计人员评选表彰办法，严格评选程序，创新评选方法，探索将中央国家机关先进会计人员表彰与“五一”劳动表彰相衔接，加大对受表彰先进会计工作者宣传力度，激励广大会计人员爱岗敬业、诚实守信、开拓创新、勇创佳绩，形成良好的会计人才培养、激励和成才环境。

（七）加强会计人才流动配置。从会计人才岗位特征和能力结构出发，完善会计人才评价标准，加强中央国家机关会计人才库建设，促进优秀会计人才脱颖而出。以用人单位需求为导向，探索建立中央国家机关会计人才交流信息平台，发布会计人才需求信息，为中央国家机关各部门和广大会计人才提供形式多样、符合需要的交流服务，促进会计人才的合理流动与有效配置。

五、组织保障与规划落实

（一）加强组织保障。本规划是国家会计行业中长期人才发展规划的有机组成部分，对于贯彻实施会计行业人才发展规划，全面提高会计人员队伍素质具有十分重要的意义。在财政部的指导下，国务院机关事务管理局负责统筹协调规划的组织实施工作。各部门、各单位要充分认识规划的重要意义，高度重视会计人才队伍建设，加强组织领导，落实责任分工，依据本规划，制定本单位会计人才发展方案，健全会计管理机构，充实会计管理人员，加强教育培训，强化会计管理在财政管理和经济管理中的基础性地位，切实发挥会计人才作用。

（二）强化资金保障。各部门、各单位要安排好会计人才发展经费，加大会计领军人才培养和会计管理信息化建设等方面的资金投入力度，为会计人才的培养和发展提供稳定的资金来源，为全面落实规划创造有利条件。

（三）健全监督评估体系。建立规划实施过程中的监督跟踪、信息反馈机制和定期评估制度，定期跟踪分析规划实施情况，及时研究和解决实施中发现的新情况、新问题。不断探索落实规划的新思路、新机制和新办法，进一步提高落实规划的能力和水平，确保规划任务的全面完成和发展目标的顺利实现。

（四）营造良好社会环境。各部门、各单位要大力宣传国家人才工作的重大战略思想和方针政策，大力宣传规划的指导思想、目标任务和政策措施，宣传实施中的典型经验、做法和成效，为深化会计制度改革、加强会计管理、培养会计人才营造良好氛围和有利条件。广大会计工作者要振奋精神，扎实工作，锐意进取，开拓创新，努力开创中央国家机关会计事业科学发展的新局面。

内蒙古自治区财政厅关于印发《内蒙古自治区会计行业中长期人才发展实施意见》（2010—2020年）的通知

（2011年9月19日　内财会〔2011〕1419号）

各盟市财政局，满洲里市、二连浩特市财政局，自治区直属各部门、各单位：

为落实自治区党委政府提出的人才强区战略全面提高自治区会计人才素质，提升会计工作总体水平，更好地发挥会计工作在促进社会和谐，规范市场秩序，支持经济社会又好又快发展中的作用，根据财政部《会计行业中长期人才发展规划》（2010—2020年）和《内蒙古自治区中长期人才发展规划》，我厅制定了《内蒙古自治区会计行业中长期人才发展实施意见》（2010—2020年），现印发给你们，并提出如下要求，请认真贯彻执行：

一、加强组织保障

各地区财政部门要以《内蒙古自治区会计行业中长期人才发展

实施意见》（2010—2020 年）为指导，结合实际，编制本地区会计人才发展具体实施办法，形成全区会计人才发展规划实施体系。各用人单位要重视会计人才队伍建设，制定本单位会计人才发展规划，为会计人才成长提供必要的平台和经费支持，切实发挥会计人才作用。

二、加大资金投入

各级财政部门要根据需要合理安排会计人才发展经费，形成稳定的会计人才开发资金来源，建立人才基金的使用、管理、监督和追踪问效机制，在财力上予以充分保障。

三、健全评估体系

在认真贯彻落实《会计法》、《内蒙古会计条例》的基础上，自治区财政厅将建立《内蒙古自治区会计行业中长期人才发展实施办法》（2010—2020 年）实施的全程跟踪、执行监督、信息反馈机制和定期评估制度，对实施情况进行监控和指导；根据反馈信息以及评估和监控情况，对实施中发现的新情况、新问题，及时采取切实有效措施，确保各项任务和要求落实到位。

四、营造良好环境

各级财政部门和有关主管单位应大力宣传人才工作的方针政策和最新成果，宣传《内蒙古自治区会计行业中长期人才发展实施办法》（2010—2020 年）的重大意义、指导方针、目标任务、政策措施、重大工程，宣传人才工程实施中的典型经验、做法和成效，形成全社会关心、支持会计人才发展的良好社会环境。

内蒙古自治区会计行业
中长期人才发展实施意见
（2010—2020 年）

目　　录

（八）健全先进会计工作者评选表彰制度

（九）发挥会计学（协）会和科研机构职能作用

五、会计人才建设的重大工程

（一）内蒙古会计领军人才培养工程

（二）内蒙古注册会计师人才培养资助工程

（三）大中型企事业单位总会计师及高级会计人才素质提升工程

（四）会计人才库建设工程

（五）内蒙古会计人才培养基地建设工程

（六）内蒙古高学历会计人才培养资助工程

（七）现代农村会计人才支撑工程

为落实自治区党委政府提出的人才强区战略，根据财政部《会计行业中长期人才发展规划》（2010—2020 年）和《内蒙古自治区中长期人才发展规划》的总体要求，制定本实施意见。

一、加强会计人才队伍建设的必要性与紧迫性

会计人才是我区人才队伍的重要组成部分，是维护市场经济秩序、推动科学发展、增进社会和谐的重要力量。加强我区会计人才队伍建设，优化会计人才队伍结构，着力培养高层次会计人才，不仅关系到全区会计行业的长远发展、会计服务经济建设基础性作用的有效发挥，而且关系到人才强区强国、建设创新型国家的大局。

改革开放及西部大开发以来，我区经济发展势头良好，2010 年全区生产总值达到 11 655 亿元，经济总量由全国后列进入中列，人均生产总值达到 7 070 美元，位居全国前列；地方财政总收入达到 1 738. 1亿元，经济规模连续 9 年保持两位数增长。

为适应经济社会发展的需要，我区各级财政部门不断加强会计管理，健全会计法规制度，严格执行会计人才评价制度，强化会计职业道德教育，全区会计人才队伍不断壮大，整体素质稳步提高。截至2010年年底，全区会计从业人员已从90年代初的13万人左右发展到19万余人，增长了46.2%。具有会计专业技术资格的有10.4万人，占会计人员总数的55%，其中：具有初级专业技术资格人员5.6万人，占具有会计专业技术资格人员总数的54%；具有中级专业技术资格人员4.6万人，占具有会计专业技术资格人员总数的44%；具有高级专业技术资格人员2 345人，占具有会计专业技术资格人员总数的2%。具有专科以上学历的有12.84万人，占会计人员总数的68%，其中：专科学历8.6万人，占具有专科以上学历人员总数的67%，本科学历4.2万人，占具有专科以上学历人员总数的32%，研究生及双学位学历的1 104人，占具有专科以上学历人员总数的0.86%，博士14人，占具有专科以上学历人员总数的0.01%；注册会计师行业有近0.16万执业会员和0.15万非执业会员。会计队伍的全面发展为经济管理打下了坚实的基础。

会计人才在经济社会发展中发挥着基础性、战略性、关键性作用，会计人才的竞争已经成为国家、地区和单位间竞争的焦点之一。克服我区会计行业中存在的会计人才学历、职称结构不合理、高层次会计人才缺乏、会计人才发展体制机制不完善等不利因素，以人才强区的战略眼光统筹规划，精心编制并组织实施好人才发展实施规划，是各级财政部门的一项长期任务。各级财政部门要进一步增强责任感、使命感和紧迫感，抓住机遇，迎接挑战，深化改革，突出重点，努力开创我区会计人才工作新局面。

二、指导思想、基本原则和发展目标

（一）指导思想。高举中国特色社会主义伟大旗帜，以邓小平理论和“三个代表”重要思想为指导，深入贯彻落实科学发展观，根据自治区经济社会发展要求，遵循会计人才发展规律，大力推进人才强区战略、创新人才体制机制，优化人才结构布局，形成育才、选才、聚才、用才的良好环境和政策体系，打造一支专业精、懂管理的高层次会计专业化人才队伍，统筹兼顾各级各类基础会计人才培养，为自治区经济社会发展奠定良好的会计人才基础。

（二）基本原则。当前和今后一个时期，我区会计人才发展应坚持以下基本原则：服务发展，以用为本；健全制度，创新机制；高端引领，整体开发。

——服务发展，以用为本。把促进自治区经济社会发展作为财会人才队伍建设的根本出发点和落脚点，围绕经济社会发展目标确定财会人才队伍建设任务。坚持科学发展以人为本，人才发展以用为本，积极为会计人才成就事业和实现价值创造条件，用经济社会发展成果检验会计人才队伍建设成效。

——健全制度，创新机制。把深化体制机制改革作为推动会计人才发展的根本动力，建立健全与区情相适应、有利于科学发展、实现财会人才价值的体制机制，创新完善财会人才建设的各项制度，最大限度地激发财会人才的创造力。

——高端引领，整体开发。加大培养高层次财会人才力度，造就一批知识结构优化、实践经验丰富、创新能力突出、职业道德高尚、懂管理专业精的高级会计人才，引领财会队伍整体发展。着力提升中、初级财会人才能力水平，使各级各类人才比例协调、结构合理，形成我区财会人才队伍门类齐全、稳步发展的良好格局。

（三）发展目标。到2020年，我区会计人才发展的战略目标是：建设一支规模较大、结构优化、素质较高、勇于创新、敬业奉献的财会人才队伍，尽力缩小我区会计人才发展与先进省区的差距，用政策和措施把优秀的财会人才留住、用好，为快速发展的自治区经济提供会计人才支撑。

——会计人才资源总量稳步增长，队伍规模不断壮大。力争到2015年会计从业人员总量增加25%以上，会计从业人员总数达到24万人；到2020年会计从业人员总量再增加25%以上，达到30万人左右。

——会计人才素质大幅度提高、结构进一步优化。到2015年，会计人员中受过高等教育的比例达到75%，其中：专科学历的达到受过高等教育人员总数的51%，大学本科学历的达到受过高等教育人员的48%，研究生以上学历的达到受过高等教育人员总数的1%；到2020年，会计人员中受过高等教育的比例达到85%以上，其中：专科学历的达到受过高等教育人员总数的40%，大学本科学历的达到受过高等教人员总数的55%，研究生以上学历的达到受过高等教育人员总数的5%。到2015年，力争具有会计专业技术资格的会计从业人员占会计从业人员总数的比重达到60%，高、中、初级会计人才比例达到4:46:50；到2020年，力争具有会计专业技术资格会计从业人员占会计从业人员总数的比重达到65%，高、中、初级会计人才比例达到8:50:42。

——会计人才竞争力显著提高，人才规模效益充分显现。面向我区支柱产业的大中型企、事业单位和全区综合排名前十名的会计师事务所以及部分高校，着力培养1 800名具有国内先进水平的高级会计人才，着力培养2 000名注册会计师，将其中的40名打造成为能够参与国内竞争的注册会计师行业的领军人才，着力培养10名具有国家先进学术水平的带头人。在此基础上，力争培养造就具有国际业务能力的国家级会计领军人才5名、省级会计领军人才500名。

——会计人才使用效能明显提高，人才培养和使用机制日益健全。到2015年，会计人才发展体制机制创新取得突破性进展，市场配置人才资源的基础性作用得到充分发挥，城乡财会人才培养使用差别日渐缩小，农村会计人员素质偏低状况有较大改善，90%以上的村集体经济组织、农民专业合作社的会计人员、村镇报账员取得会计从业资格证书或经过相应的专业培训；到2020年所有农村经济组织的会计人员都能达到上岗要求，城乡会计人才管理机制并轨，会计人才发展机制基本完善，市场配置人才资源的基础性功能基本实现。

三、会计人才队伍建设的主要任务

（一）着力培养大中型企事业单位具有处理国内外新兴业务及复杂问题能力的高级会计人才。大中型企事业单位具有处理国内外新兴业务及复杂问题能力的高级会计人才，是指大中型企事业单位中精通财会业务、熟悉法律法规和政策、通晓金融税务、市场规则、内部控制与信息技术等相关专业知识，具有国际视野和跨文化交流能力，能参与战略经营和管理决策、把握行业发展趋势、解决复杂经济问题的高层次经营管理人才。到2015年，新增具有处理国内外新兴及复杂业务能力的高级会计人才900人，到2020年，再增加900人。

（二）努力造就具有国内先进水平的注册会计师。具有国内先进水平的注册会计师，是指职业道德良好、专业素质优异、执业经验丰富、具有复合型知识结构、谙熟国内行业规则，能够在国内会计审计市场执业的会计师事务所合伙人或业务骨干。目前，我区注册会计师队伍知识能力比较薄弱，高中低学历结构不合理，高、中、低学历比例为1∶28∶71。缺少高学历注册会计师，已经成为制约我区注册会计师整体素质提升的重要因素之一。因此，全面贯彻国办发56号精神，尽快建立健全我区注册会计师行业人才选拔、培养、使用机制，努力培养造就一批在业内具有较高声望，在行业发展中发挥关键作用，能承担国内新型业务的领军人才和高级人才，形成领军人才辐射带动，优秀人才一展宏图，潜在人才积聚递补，行业人才层出不穷的生动局面，为我区注册会计师行业的发展提供充足的人才资源保障。到2015年，培养造就20名具有国内先进水平的注册会计师；到2020年，再新增20名。

（三）精心培养具有国家水准的会计学术带头人。具有自治区（国内）水准的会计学术带头人，是指具备较好的学术研究能力和完备的知识结构，能够在国家权威学术期刊发表学术论文，在国家会计学术领域具有一定影响的会计研究和教育工作者。培养我区具有自治区（国内）水准的会计学术带头人，提高我区会计理论、实务研究的水平，获得在会计学术领域和会计审计标准制定方面的国内话语权，对提高我区会计学历教育水平，促进我区会计理论和会计教育持续繁荣发展具有非常重要的意义。到2015年，新增具有自治区（国内）先进会计学术水准带头人5人，到2020年，再增加5人。

（四）重点培养和开发其他各类各级会计人才。其他各类各级会计人才，具有人员多、分布广的特点，是会计队伍的主体力量。要加快其他各类各级会计人才的培养，形成不同层次和类别的会计人才合理布局，为企事业单位会计管理工作提供充足的人才资源，为高级会计人才提供储备。努力造就一支职业道德水准高、业务娴熟、技能全面、职业判断能力强的会计人才队伍。到2015年，实现高级、中级、初级会计人才比例为4:46:50；到2020年，使这一比例达到8:50:42。

四、会计人才队伍建设的主要政策措施

（一）加快会计领军人才培养。会计领军人才是高级会计人才中能够发挥引领作用的高端人才。要建立自治区、盟市两级领军人才培养机制并和国家领军人才衔接，形成领军人才层级配置及晋升梯队。加强自治区、盟市两级会计领军人才的培养，制定会计领军人才选拔、培养、淘汰、使用管理制度，统筹安排企业、行政事业、注册会计师、学术等四类会计领军人才培养工作，推动会计领军人才培养与专业技术职称制度、专业学位教育制度有机衔接，使领军人才培养形成长效机制。

（二）完善总会计师培养和使用机制。总会计师是单位主管经济工作和财务核算的行政领导人，应具备战略规划、资本运作、财会、金融、法律等专业水平和管理能力。以财政部修订《总会计师条例》为契机，结合《内蒙古自治区会计条例》有关规定，强化总会计师职责权限，提升总会计师地位；稳步推进总会计师制度改革，完善总会计师培养和任（聘）用机制，进一步促进大中型企业总会计师的设置，加快行政事业单位配置总会计师进程；对全区总会计师开展岗位培训，拓展和提升总会计师专业胜任能力。

（三）做大做强注册会计师行业。充分发挥会计师事务所在行业人才培养中的基础性、主渠道作用，改革完善内部治理及人力资源制度，优化激励约束、考核分配及合伙人进入退出机制，形成有利人才健康发展的行业文化，培养一批专业扎实、技术过硬、品德优良、能够参与国内市场竞争的注册会计师人才；加大人才开发宣

传力度，制定有利于注册会计师成长的培训、考核、评价政策，为中青年业务骨干脱颖而出创造良好环境。

（四）深化会计职称制度改革。会计职称制度是社会公认的选拔、评价不同层次会计人才的政策措施。要完善会计专业技术资格考核和评审办法，实行网上评卷，改进考试防舞弊技术，确保会计专业技术资格考试的公平性、公正性和严谨性。加强高级会计师评审委员会建设，完善评审机制，细化评审规则，确保评审质量。积极开展正高级会计师职称评审，形成初、中、高级体系完整、结构合理、逐级递进的会计专业技术资格体系。

（五）提高会计从业资格管理水平。会计从业资格是依法对从事会计工作的人员实行的市场准入制度，是会计人才的入门关。要完善会计从业资格管理办法，提高会计从业资格管理信息化水平，探索科学化、精细化管理模式，进一步完善会计从业资格无纸化考试，建立网上学习、报考、评卷、公示“一条龙”信息化服务系统，加快会计人才培养进程。

（六）完善会计人员继续教育制度。会计人员继续教育是会计人才培养的重要形式，是实现会计人员知识更新、能力提升的重要制度安排。依据财政部修订完善的《会计人员继续教育规定》和会计人员继续教育指南，制定《内蒙古自治区会计人员继续教育实施办法》。积极推进远程网络化教育，实现会计人员继续教育信息化管理。发挥中华会计函授学校四级办学的网络优势，开展农村财会人才的持续培训，依托高校建立培训基地，引导社会力量办学机构走规范化、集约化、品牌化发展道路，形成会计人员继续教育分类施教、有序发展的格局。

（七）优化会计人才资源配置，健全人才流通机制。建立人才资源统计、供求预测和定期发布制度。以“内蒙古会计网”为平台，发挥“内蒙古会计网”的桥梁纽带作用，实现人才供求信息有效对接和网上人才交流实时查证功能，充分发挥信息化管理的优势，使“内蒙古会计网”成为财会人才的交流中心，引导优化财会人才资源配置。

（八）健全先进会计工作者评选表彰制度。联合自治区有关部门制定《内蒙古自治区先进会计工作者评选表彰办法》，健全会计人员评选表彰机制，定期开展评选表彰活动，严格评选程序，细化评选标准，改进评选方法，提升表彰等级，增强会计人才的荣誉感和成就感，在全社会形成激励会计人才成长的良好环境。

（九）发挥会计学（协）会和科研机构职能作用。通过课题研究、学术交流等活动发现人才、锻炼人才、选拔人才。要以浓厚的学术氛围凝聚会员、壮大队伍，促进会计理论研究持续繁荣。改进会员管理方式，寓管理于服务之中，满足不同层级会员知识更新和能力提升需求。鼓励科研人员勇于瞄准前沿课题，承担基础性、尖端性科研项目，解决会计行业热点、难点问题，在实践中锻炼成长。

五、会计人才建设的重大工程

（一）内蒙古会计领军人才培养工程。自治区会计领军人才工程是国家会计领军人才工程的重要补充。继续加强与内蒙古大学EMBA中心的合作，将内蒙古大学作为会计领军人才培养的基地，以会计领军人才方向班为先导，制定会计领军人才专业培训方案，科学设计教学周期，量体定制专业课程，引入优胜劣汰竞争机制，协调发展企业、行政事业、注册会计师、学术等四类会计领军人才；利用各种方式和途径拓展领军人才的思维和视野，强化会计领军人才的实践锻炼，为其提供更多的项目任务。

（二）内蒙古注册会计师人才培养资助工程。贯彻落实国办 56 号文及《关于加快发展自治区注册会计师行业的意见》，在充分发挥会计师事务所在行业人才培养中基础性、主渠道作用的基础上，以年收入在百万元以上的会计师事务所为重点，与内蒙古大学、内蒙古财经学院等高校合作，定期举办骨干事务所主任会计师培训班，为培训班量身定制培训内容，从专业能力、管理能力、组织能力等几方面提升骨干事务所主任会计师的素质，为事务所做大做强奠定基础；实施注册会计师培养资助计划，设立注册会计师人才培养专项基金，以补助形式向考试取得注册会计师执业资格的人员以及取得更高学历的注册会计师提供资助，鼓励注册会计师行业从业人员加强学习，提高自身素质，全面提升注册会计师的职业道德水平和专业胜任能力。

（三）大中型企事业单位总会计师及高级会计人才素质提升工程。着眼于全面提升我区大中型企事业单位总会计师的能力素质，培养适应经济社会发展需要的高级会计人才，促进我区大中型企事业单位进一步提高现代化经营管理水平和竞争力。要充分发挥北京、上海、厦门国家会计学院以及内蒙古大学、内蒙古财经学院等高校开展高层次会计人才培养的教学资源优势，以 5 年为一个周期，每年 200 人左右的规模，对全区所有大中型企事业单位的总会计师开展轮训；以五年为一个周期，每个周期重点培养 900 名具有国内先进水平的高级会计人才，到 2020 年共培养 1 800 名。

（四）会计人才库建设工程。充分利用会计从业资格管理系统的信息资源，建立会计人才信息库，下设领军人才、专业技术职称人才、总会计师人才、注册会计师人才、会计高学历人才、会计名家等二级库。将人才信息库与已上线运行的内蒙古会计网对接，为会计人才走向市场提供更广泛的通道，使人才库成为面向社会、分类科学、信息完整、动态管理的信息平台，为人才交流、任用提供支撑。

（五）内蒙古会计人才培养基地建设工程。自治区、盟市财政部门要联合有实力的高等院校、部门、机构和社会团体，共建一批高质量的会计人才培养基地，重点承担会计领军人才、总会计师、注册会计师、高级会计师的培养和进修任务。要优化基地管理体制，完善教学设施，充实师资队伍，加强教材建设，提升教学能力，把基地办成一流水平的会计人才摇篮。

（六）内蒙古高学历会计人才培养资助工程。高学历财会人才缺乏是影响我区会计队伍整体素质的一个重要因素。鼓励、培养在校大学生、在职财会人员、从事会计教育工作者提高学历层次，充实理论和实践经验，是全面提高我区会计队伍素质的重要措施。自治区将设立会计人才培养基金，实施高学历会计人才培养资助计划。面向在校会计类专业学习的研究生、博士、高校会计类专业老师、大中型企事业单位会计人员，凡通过正规学习，取得更高层级会计类学历、学位，将通过会计人才培养基金提供资助。鼓励引导广大财会人员及教育工作者加强学习，提高自身素质，进而改变会计队伍的学历结构，提高学历层次。

（七）现代农村会计人才支撑工程。立足新农村建设，加强农村“资金、资产、资源”管理，提高农村会计信息质量，推进村级会计委托代理服务，充分利用中华会计函授学校培训平台，有计划、分阶段、分层次地组织开展全国支农惠农财政及会计政策培训。到2020年，力争对全区农村集体经济组织会计人员、农民专业合作社财会人员、村民理财小组成员和村级会计委托代理服务机构代理会计、负责人轮训一遍，不断提高农村会计人才素质，巩固农村财会管理基础。

铁道部关于加强全路财会队伍建设的意见

（2006年9月15日　铁财〔2006〕176号）

部属各单位，各铁路公司（筹备组）：

为进一步加强财会队伍（含财会、收入、资金部门，下同）建设，加快财会人才培养步伐，全面提高财会队伍素质，适应铁路跨越式发展的要求，促进财会工作更好地服务于铁路改革、建设和管理，现就加强全路财会队伍建设，提出如下意见，请按照执行。

一、充分认识加强财会队伍建设的必要性和紧迫性

铁路财会队伍承担着加强经营管理、保护资产安全、规范会计行为、保证会计信息真实、完整，维护铁路财经秩序的重要责任。大力加强财会队伍建设，对于促进铁路跨越式发展目标的实现具有十分重要的意义。

1. 加强财会队伍建设是社会主义市场经济发展的迫切需要。“十一五”是我国经济社会继续保持快速稳定发展的重要时期，也是经济社会发展转入科学发展轨道的关键时期。充分发挥财会工作在资源配置中的作用，增强财会工作在参与企业市场竞争中的服务功能，有利于促进市场经济体制的建立完善和安全运行。

2. 加强财会队伍建设是全面提升铁路跨越式发展服务能力的必由之路。随着铁路跨越式发展的深入推进，对统筹财务资源，夯实管理基础，有效防范经营风险，增强财会综合管控能力提出了新要求，需要建设一支进取创新、管理有方、素质较高的财会队伍，以切实提高对实现铁路跨越式发展战略目标的保障、支持和服务能力。

3. 加强财会队伍建设是提高企业经营管理和财务会计水平的重要基础。铁路企业的市场主体地位已逐步确立，经营和约束机制进一步转换，坚持以市场为导向，以经济效益为中心，增强市场竞争能力的要求，需要充分发挥财会队伍在强化经营管理、提高经济效益、实现企业持续经营和发展方面的作用和能力。

4. 加强财会队伍建设是财会队伍自身发展的根本要求。新的形势和任务对铁路财会队伍建设提出了新要求。只有不断加强学习，提升思想水平和管理能力，才能真正树立铁路现代化管理者的良好形象，担负起财会队伍在铁路跨越式发展中的重要职责。

二、加强财会队伍建设的指导思想和总体目标

（一）指导思想

坚持以邓小平理论、“三个代表”重要思想和科学发展观为指导，以推进铁路跨越式发展为主线，以提高财会人员综合素质为目标，以增强依法理财能力为核心，加强职业道德教育，强化业务培训，完善管理机制，全面提高财会人员的素质和能力，为推进铁路财会工作迈上新台阶，提供支持和保障。

（二）总体目标

经过 5 年左右的时间，努力建成一支政治坚定、业务熟练、作风过硬的铁路财会队伍。

——政治素质明显增强。全路各级财会部门和财会人员认真学习和实践“三个代表”重要思想，牢固树立科学发展观，增强以德理财、依法理财、规范管理的自觉性。

——业务能力明显提高。全路财会人员中，具有初级及以上会计专业技术资格的人员要从2005年末的75%提高到2010年末的80%；具有会计师及以上专业技术资格的人员要从2005年末的22%提高到2010年末的29%；具有高级会计师技术资格的人员要从2005年末的1.5%提高到2010年末的2.5%。财会机构负责人（会计主管人员）具备中级及以上会计专业技术资格，其中铁路局财会主管部门负责人具备高级会计师等资格或职称；财会人员的配备从数量和质量上满足加强经营管理的需要；单位领导班子中按规定配备总会计师。

——学历结构明显改善。全路财会人员中，大专及以上学历人员要从2005年末的62%提高到2010年末的71%，其中，本科及以上学历人员要从2005年末的13%提高到2010年末的17%，研究生以上学历（学位）人员的比例达到0.5%。财会机构负责人（会计主管人员）具备大专以上学历，其中铁路局财会主管部门负责人具备大学本科及以上学历。着力培养以财经类专业为主、兼学其他专业的复合型人才。

——作风建设明显加强。财会人员自觉遵守职业道德规范，政治意识、法律意识、效率意识、服务意识、廉洁自律意识明显增强，整体服务水平和能力明显提升，违法违纪行为明显减少。

三、加强财会队伍建设的主要措施

（一）加强思想政治建设，提高财会队伍思想政治素质

1. 加强理想信念教育。用党的创新理论武装财会人员头脑，教

育财会人员树立正确的人生观、世界观和价值观，进一步坚定理想信念，增强宗旨意识、大局意识、责任意识，立足本职，勤奋工作，认真履行工作职责。

2. 开展社会主义荣辱观教育。开展以“八荣八耻”为主要内容的社会主义荣辱观教育，引导广大财会人员培养良好的思想道德修养，争做“知荣辱、明使命、树新风”的表率。

3. 加强法治和纪律教育。紧密结合实际，组织广大财会人员认真学习《会计法》以及税务、金融、证券、经济管理等相关法律、法规、规章，依法指导和规范日常财会管理工作，善于用法律手段处理各种经济关系，不断增强遵纪守法的自觉性。

（二）加强作风建设，提高财会人员职业道德水准

1. 转变思想意识。引导广大财会人员积极转变观念，更新管理理念，树立诚实守信、爱岗敬业、依法办事、客观公正、搞好服务、保守秘密、开拓创新的职业道德观。

2. 建立和完善管理制度。按照《关于弘扬求真务实精神加强财会队伍作风建设的意见》要求，建立和完善财会队伍管理、考核和监督等制度，推动作风建设长效机制的形成。

（三）加强总会计师和财会机构负责人的管理，提高财会队伍执行力

1. 选好配强总会计师和财会机构负责人

总会计师和财会机构负责人的任职条件必须符合《总会计师条例》、《铁路会计基础工作规范》规定的基本条件，财会机构负责人的任免必须事先征求上级人事部门的意见。同时由上级人事部门征求同级财务部门的意见。

2. 建立总会计师和财会机构负责人任职轮岗或交流制度

总会计师和财会主管部门负责人在同一单位、同一岗位上任职

达到一定年限或需执行领导干部任职回避规定的，实行轮岗或交流回避。对长期在上级部门工作，缺乏基层工作经验或长期在基层岗位上工作，缺乏宏观协调管理能力的总会计师和财会机构负责人，根据需要安排下派或上挂锻炼。

3. 增强总会计师和会计机构负责人执行力

强化总会计师和财会机构负责人的政策观念，防止和克服上有政策、下有对策、工作随意、政令不畅的行为，增强政策执行能力；按照统筹配置有限财务资源、提高资源使用效益的要求，正确处理局部和全局、眼前和长远利益的关系，不断增强总会计师和财会机构负责人统筹协调、促进发展的能力。

（四）建立规范的职业准入和人才成长机制，提高队伍专业化水平

1. 建立规范的职业准入机制

（1）严格执行会计从业资格制度。认真按照《会计法》和《会计从业资格管理办法》，加强铁路系统财会人员管理。各单位不得任用（聘用）不具备会计从业资格的人员从事会计工作，不得提拔其担任财会部门的负责人。各单位新增会计人员，除引进大学毕业生外，必须从持有会计从业资格证书的在职人员中择优选拔。各级财会主管部门定期对所属单位财会人员情况进行检查，凡不符合规定的，坚决予以纠正。

（2）加大财经专业毕业生引进力度。各单位要根据铁道部《关于推行“3＋1”录用、培养铁路主专业大学生方案的函》等有关文件精神，利用好“3＋1”等各种形式，引进财经专业优秀大学毕业生，充实财会队伍，增强队伍活力。

（3）规范财会岗位补缺制度。各单位财会部门出现岗位空缺时，要严格把握财会人员录用标准、条件和程序，通过公开招聘、

考试等方式选拔调入所需人员，优先考虑大学本科以上学历（学位）或会计师以上专业技术资格的人员。部属单位财会主管部门新增财会人员须具有大学本科及以上学历，或具有会计师及以上专业技术资格，同时还应当具有一定的基层工作经验。已经在各级财会主管部门工作的人员不具备规定学历的，应当通过岗位自学、业余学习、脱产学习等多种形式接受学历教育，达到学历要求。

2. 建立良性的财会人才成长机制

（1）形成符合财会人才特点的开发型培养机制。采取多种措施，重点培养财会人才的学习能力、实践能力和创新能力，应对新形势、新任务的挑战。各单位要分类建立财会人才库，为良好地开展人才培养、选拔、任用等工作奠定基础。

（2）创新财会人才评价和选拔任用机制。以公开、平等、竞争、择优为导向，结合专业技术人员岗位管理改革试点，进一步完善职称评定、职务晋升等制度，建立有利于优秀财会人才脱颖而出、充分施展才能的选人用人机制和激励约束机制，激发财会人员更新知识、拓展视野、提高水平的自觉性和积极性。

（3）建立和完善财会人员交流轮岗制度。根据工作需要和财会人员素质状况，合理确定岗位交流轮换时间，以促进财会人员业务能力和素质的全面提高。

（五）加强财会人员教育培训，提高财会队伍综合素质

1. 全面抓好继续教育

（1）强化组织管理。各单位要制定财会人员继续教育实施规划，根据铁道部《持有会计从业资格证书人员继续教育实施办法》的规定，按照“分层、分级、分类”的原则，认真抓好会计人员继续教育。铁道部重点抓好运输企业总会计师、财务处长、收入处长和其他高级财会人员的培训，部属单位财会主管部门重点抓好所属

单位中初级财会人员的培训。要切实加强教学管理，对接受培训的人员进行考试和考核；加强财会人员继续教育档案管理，对财会人员继续教育情况进行检查和考核。

（2）合理安排继续教育内容。财会人员继续教育的教学内容安排要突出前瞻性、实用性和针对性，根据不同层次、不同岗位的财会人员应当掌握的业务知识和能力框架的不同要求，结合财会重点工作内容，区别对待、分类安排。

（3）加强财会人员继续教育教材、培训基地和师资力量建设。铁道部财务司将组织开发统一实用的培训教材。各级要加强对培训单位教学设施、师资队伍、教学质量和管理力量等方面的考核评估，促进其不断改进教学内容和方法，创新培训方式，提高教学质量。

2. 突出重点培养对象

在全面加强财会人员继续教育培训的同时，要加强对财会机构负责人和具有一定潜力的中青年业务骨干的重点培养。“十一五”期间，铁道部组织3—5期全路财会骨干脱产培训班，铁路局每年要组织50名全日制大学专科以上学历的中青年业务骨干进行不少于一个月的脱产培训。各单位要积极组织符合条件的财会人员参加全国高级会计人才培训选拔；要对中青年财会业务骨干实施动态跟踪培养，建立后备人才储备机制；要有计划地将优秀人才安排到重要岗位上，加强历炼，促其尽快成长。

3. 构建终生学习体系

（1）引导广大财会人员形成终生学习、不断学习的理念。各单位要通过多渠道、多种形式经常组织财会人员学习财经法规和业务知识，引导、鼓励和支持会计人员参加上一层次的学历学位教育、技术资格考试和注册会计师等职业资格考试；开展多种形式的知识竞赛、岗位能手、练功比武等活动，形成良好的学习氛围。

（2）增强财会人员融入生产经营、参与管理的自觉性。各单位要组织财会人员学习生产经营知识，熟悉本单位的生产过程、了解作业特点，根据本单位的实际，制订切实可行的财会管理制度和措施，积极参与本单位的经营管理活动，提高财会人员解决实际问题的能力。

四、切实加强对铁路财会队伍建设的组织领导

1. 加强组织领导工作。要建立和落实“一把手”负总责的财会队伍建设工作领导责任制。在生产力布局调整过程中，妥善安置具有会计师及以上专业技术资格或大专以上学历的会计人员。根据实际制定本单位财会队伍建设规划，明确目标，采取措施，把财会队伍建设提高到一个新水平。

2. 加大宣传教育力度。要通过多种形式，大力宣传加强财会队伍建设对提升企业综合竞争力和提高企业管理水平的重要性和紧迫性。加强对财会工作先进事迹和人物的宣传、表彰，形成学先进、赶先进的良好氛围。

3. 加强制度创新和考核监督。要建立与现代企业管理相适应财会队伍建设管理、考核和监督制度，形成有利于财会人才选拔、培养、任用、引进、储备、评价和激励的科学机制。要将财会队伍建设目标纳入日常财会工作的考核内容。各级财会主管部门要加强对基层单位会计队伍建设情况的检查指导，不断促进基层财会队伍建设。

四川省会计人才队伍建设实施方案（2011—2020年）

（2011年4月20日　征求意见稿）

为落实人才强省战略，全面提升会计人才工作总体水平，促进经济社会又好又快发展，根据财政部《会计行业中长期人才发展规划（2010—2020年）》总体要求，制定本方案。

一、指导思想

高举中国特色社会主义伟大旗帜，以邓小平理论和“三个代表”重要思想为指导，深入贯彻落实科学发展观，根据经济社会发展要求，遵循会计人才发展规律，大力推进会计人才战略，健全体制机制，优化结构和布局，创新培养使用模式，强化交流，形成育才、聚才、用才的良好环境和政策优势，以打造高层次会计人才为重点，统筹推进各类别、各层级会计人才队伍建设，为全省经济社会健康发展提供坚实的会计人才保障。

二、总体目标

四川省会计人才队伍建设总体目标是：到2020年，培养和造就一支规模大、结构优、素质高、具有创新精神和甘于奉献的会计人才队伍，使会计人才队伍建设适应全省经济社会发展。一是会计人才资源总量会计人才资源总量增长40%；二是会计人员中受过高等教育的比例达到80%，涉及会计审计实务、会计理论研究和会计管理等方面的各类别高级会计人才总量增长50%，力争各类别高、中、初级会计人才比例达到10∶40∶50；三是着力培养造就500名全省会计领军人才；四是会计人才培养和使用机制建设取得突破性进展，市场配置人才资源的基础性作用得到充分发挥，形成全社会支持尊重会计人才的良好氛围。

三、主要任务

着力培养造就大型企事业单位具有国际业务能力的高级会计人才。到2015年，新增大型企事业单位具有国际业务能力的高级会计人才1 000人；到2020年，在2015年的基础上再新增1 000人。

着力培养造就具有国际认可度的注册会计师。全面贯彻《国务院办公厅转发财政部关于加快发展我国注册会计师行业若干意见的通知》（国办发〔2009〕56号）和《四川省人民政府办公厅转发财政厅关于加快发展我省注册会计师行业的实施意见的通知》（川办发〔2010〕13号）精神，加快完善全省注册会计师行业人才培养、使用机制，为全省注册会计师行业发展提供人才保障。到2015年，培养造就20名具有国际认可度的中国注册会计师；到2020年，在2015年的基础上再新增80人。

着力培养适应财政体制改革和事业单位体制改革的高级会计人才。到2015年，培养100名左右在行政事业单位或相关重要领域担任财务负责人的行政事业类会计领军人才。到2020年，在2015年的基础上再新增100人。积极发挥这些人才在深化行政事业单位体制改革，优化资源配置，加强财政、财务管理，推动依法行政、依法理财，提高财政资金使用效益等方面的重要作用。

着力统筹开发其他各类各级会计人才。其他各类各级会计人才，具有人员多、分布广的特点，是我国会计队伍的主体力量。重视会计从业人员、会计初中级人才的培养，促进会计人才资源结构优化、布局合理，努力打造一支职业道德水准高、业务娴熟、技能综合、职业判断能力强的会计人才队伍。到 2015 年，实现高级、中级、初级会计人才比例为 5∶35∶60；到 2020 年，使这一比例为 10∶40∶50。

四、主要措施

（一）加快会计领军人才培养。制定并出台《四川省会计领军人才培养十年规划》，健全会计领军人才选拔机制、培养机制、淘汰机制、使用机制，使高端会计人才培养成为长效机制和永久性政策措施。推动实现会计领军人才培养与会计专业技术职称（职务）制度的有机衔接。各市（州）财政部门和相关省级部门也比照全省会计领军（后备）人才培养工程做法，大力培养本地区、本部门、本系统的会计领军人才。

（二）积极开展会计人员评选表彰机制。按照《中华人民共和国会计法》和四川省的相关规定，不断健全会计人员评选表彰机制，严格评选程序，创新评选方法，努力将全省会计人员评选表彰与省级级劳动表彰奖励相衔接。各市（州）、扩权试点县（市）财政部门和省级有关主管单位要参照财政厅的做法，结合本地区、本部门、本系统实际情况，依法健全先进会计工作者评选表彰制度，大力开展先进会计工作者评选表彰工作。通过开展全方位和经常化的先进会计工作者评选表彰活动，在全社会形成良好的会计人才培养、成长环境。

（三）深化会计职称制度改革。着力改革现行会计专业技术资格制度，按照财政部安排部署，适时增设正高级会计专业技术资格，形成初级、中级、高级（含副高级和正高级）等层次清晰、相互衔接、体系完整、逐级递进的会计专业技术资格体系。要继续完善会计专业技术资格相关的各项管理制度，强化会计专业技术资格考试考务管理，严厉打击考试舞弊等违纪违规行为，确保会计专业技术资格考试的科学性、公正性。

（四）加强会计从业资格管理。根据《中华人民共和国会计法》和《会计从业资格管理办法》，从事会计工作的人员应当具备相应的专业基础知识，通过严格考试取得会计从业资格。加强会计从业资格管理，加快推进会计从业资格无纸化考试，提高会计从业资格考试的公正性、科学性。开展会计人员信息化管理平台建设。

（五）严格会计人员继续教育学时制度，创新和丰富会计人员继续教育内容和手段，开展远程网络化教学等现代化培训方式。要采取评估、考核、备案、公示等有效措施，加强对会计人员继续教育施教机构的管理，严厉打击施教机构乱收费、乱办班、虚假培训等行为。

（六）现代农村会计人才支撑计划。有计划、分阶段、分层次地组织开展全国支农惠农财政、会计政策培训，到 2020 年，力争对全省所有农村集体经济组织的会计人员、主要村干部、村民理财小组成员和村级会计委托代理服务机构代理会计、负责人轮训一遍。

（七）加强全省会计人才队伍建设的组织保障。四川省财政厅负责全省会计人才队伍建设工作，并为会计人才成长提供必要的平台和经费支持。

甘肃省关于加强
会计人才培养的实施意见

（征求意见稿）

为了贯彻落实国家人才强国战略，实现会计人才培养的规范化、系统化、科学化，充分发挥会计人才在振兴甘肃经济、实施西部大开发中的重要作用，根据财政部《会计行业中长期人才发展规划（2010—2020年）》、《全国会计领军（后备）人才培养十年规划》（财会〔2007〕8号）和《甘肃省中长期人才发展规划（2010—2020年）》的总体部署，结合我省会计行业实际情况，制定本实施意见。

一、指导思想

以邓小平理论和“三个代表”重要思想为指导，深入贯彻落实科学发展观，认真贯彻科教兴陇、人才强省战略，遵循“高端引领、整体开发、服务发展、以用为本”的指导方针，健全体制机制，采取激励措施，创新培养使用模式，强化省际、国际交流，形成育才、聚才、用才的良好环境和政策优势，以培养高层次会计人才为重点，统筹推进各类别、各层级会计人才队伍建设，打造一支适应我省经济社会全面持续健康发展的会计人才队伍，促进我省会计人才队伍整体素质的全面提升，为推动经济社会和会计事业发展提供优秀的人才储备和强大的智力支持。

二、总体目标

适应当前及未来一段时期国有企业加快发展、行政事业单位深化改革、会计师事务所做优做强做大的发展战略、会计理论研究对会计人才的需求以及推进农村村级会计委托代理服务工作的需要，用5年时间着力培养和造就一支规模宏大、结构优化、层级分明、素质较高的会计人才队伍。

——总量增长，壮大规模。全省会计人才资源总量增长20%，达到18万人，进一步壮大会计队伍规模，较好地满足我省经济社会发展需要；

——提高素质，优化结构。大幅度提升会计人员的素质，会计人才的分布、层次等结构逐步趋于合理，力争使具备高、中、初级会计职称的人才比例达到5:30:65；

——重点突出，高端引领。先行启动甘肃省高端会计人才培养工程，包括两个层面：一是培养100名省内会计领军人才（企业、行政事业、注册会计师、会计学术四类），担负起全省会计行业的引领重任；二是培养1 000名高级会计师，使全省高级会计师总量达到2 000人，成为全省会计行业的骨干力量。鼓励并支持参加全国会计领军人才的选拔考试，力争向全国输送3 -5 名国家级会计领军人才；

——夯实基础，整体开发。夯实会计人才基础工作，选拔培养2 500名会计师、5 000名助理会计师，使全省会计师、助理会计师总量分别达到12 000人、28 000人；强化对一般会计人员的从业资格管理和后续教育，启动现代农村会计人才支撑计划，对农村会计人员进行从业资格准入管理，开展大规模的财会和支农政策轮训。

——发挥优势，服务发展。增强会计人才竞争优势，提高人才规模效益，面向涉及国计民生、高新技术、金融保险等重点领域的大型企事业单位和大型会计师事务所输送高端会计人才；

——以用为本，人尽其才。进一步提高会计人才使用效能，不断健全人才培养和使用机制，基本形成会计人才辈出、人尽其才的良好环境。

三、组织分工

（一）成立甘肃省会计人才队伍建设工作领导小组，负责研究制定会计人才培养工作规划，指导、推动全省会计人才队伍建设工作的实施。领导小组由省财政厅、省委组织部、省人社厅等部门及承担培训任务的省内高等院校的领导组成。

领导小组下设办公室（办公室设在省财政厅会计处），由省财政厅会计处、预算处、注协、干教中心等部门的负责人组成。主要任务是：负责拟定全省会计人才培养规划，具体组织开展全省高端会计人才的选拔培养工作，指导、协调、落实培训工作，对培养对象进行跟踪考核管理和服务，建立高端会计人才信息库，向有关部门和用人单位推荐人才，督促、指导各地、各部门的会计人才培养工作。

（二）按照“统一规划、分级培养”的原则，高端会计人才的培养由省财政厅具体组织实施；中、初级会计人才培养由各省辖市（州）财政部门及省直有关部门具体组织实施；一般会计人员和农村会计人员的培养由各县（区）财政部门具体组织实施，各级财政部门和各有关部门结合实际制定具体培养规划。

（三）各有关部门、企事业单位协助和支持财政部门开展会计人才的选拔、培养、使用和管理，建立会计人才的选送机制，并制定相应的奖励办法，全面落实好会计人才培养工作。

（四）承担会计人才培训的相关院校协助财政部门做好会计人员能力框架设计、培训方案制定及领军人才学员选拔工作，负责会计人才培训的实施工作。

四、主要任务及措施

（一）会计领军人才培养

1. 人才选拔

按照“高起点、高标准、高质量”的要求，以公开、公平、公正的方式，经过个人申报、单位推荐、笔试、面试、考察和公示等程序，从全省在职的高级会计师、注册会计师、入选全国会计考试金银榜的会计师、参加全国会计知识大赛获得优异成绩的会计人员中挑选诚实守信、年富力强、潜力较大的人员进行培养，一般每年选拔一次。

2. 培养周期

每届会计领军人才培养周期为 3 年。第一年为知识拓展阶段，第二年为能力提升阶段，第三年为使用提高阶段。为确保质量，每个阶段都实施考核淘汰机制。

3. 培养方式

实行集中培训与在职学习实践相结合、课堂教学与应用研究相结合、集中交流和跟踪管理相结合的培训方式，通过建立学习、研究、实践、交流平台，系统学习知识，强化能力建设，不断完善学员知识结构，全面提升学员的综合素质。

4. 管理机制

实行激励与约束相结合的培养管理机制，建立健全培训管理办法，引导学员按照培训方案完成学习和实践任务，每年度结合学员的综合素质和发展潜力进行量化考核。

（二）高级会计师培养

1. 人才选拔

高级会计师的选拔，主要通过宣传鼓励符合条件的会计人员积极报名，参加全国统一考试和评审。

2. 培养方式

包括考前培训、任职前培训和后续教育培训三种方式。考前培训，目的是帮助学员打开思路，增强分析理解能力，提高考试合格率；高级会计师任职前培训，目的是提高其专业胜任能力；高级会计师后续教育培训，采取集中培训与在职学习实践相结合、课堂教学与省外（境外）考察相结合，全面提升综合素质。

（三）会计师、助理会计师的培养

会计师、助理会计师的培养工作由省辖市（州）财政部门及省直有关部门负责，主要通过加大考前培训力度，提高考试合格率来组织实施，为高端会计人才的选拔提供人才资源。各市（州）财政部门、各省直有关部门根据实际情况制定具体培养计划，抓好落实工作。

（四）一般会计人员和农村会计人员的培养

一般会计人员和农村会计人员的培养工作由县级财政部门负责，主要通过加强日常后续教育和培训，为助理会计师的选拔打好基础。各县（市、区）财政部门根据实际情况制定具体培养计划，抓好落实工作。

五、培养经费

建立以财政部门为主，用人单位、培养对象为辅的多元化培养经费投入机制。省级财政安排专项资金用于高端会计人才的选拔培养；市（州）级财政安排专项资金用于中、初级会计人才的培训，省级财政根据其工作开展情况给予适当补助和奖励；县级财政安排专项资金用于一般会计人员和农村会计人员的培训，省、市级财政根据其工作开展情况给予适当补助和奖励；省直管理部门和相关用人单位要重视和支持高端会计人才的选拔培养，在资金和时间上给予支持。

六、管理使用

坚持科学发展以人为本，人才发展以用为本，把用好用活人才作为会计人才培养的重要任务，把促进经济社会发展作为会计人才培养的根本出发点和落脚点。积极为会计人才拓展事业和实现价值提供机会和条件，并用经济社会发展成果检验会计人才培养成效。按照“培养与使用相结合”的指导思想，建立各类别、各层次的会计人才支持、激励和推举机制。

铁道部全路高级财会骨干人才培训实施方案

（2006 年 1 月　铁财函〔2006〕110 号）

一、培训目标

贯彻实施人才强国、人才兴路战略，适应铁路跨越式发展和现代化管理的要求，培养和造就一批政治素质高、精通业务、善于管理、视野开阔、具有战略思维的高素质、复合型财务会计骨干人才，充分发挥他们在强化会计职能、加强经营管理、防范经营风险等方面的推动和辐射作用，促进全路财会队伍整体素质的提高，更好地为铁路建设、管理和发展服务。

二、培训对象

主要培训对象为具有会计师及以上职称且担任科职的财务会计人员。具体包括：

1. 铁路局、专业运输公司的财务、资金、收入、预算主管部门和多元财务主管部门中任科职且具有会计师及以上职称的人员；

2. 具有会计师及以上职称、在主要站段担任副职的总会计师和会计机构负责人。

三、培训对象的选拔

（一）基本条件

1. 遵守《会计法》等相关法律法规，诚实守信。

2. 具有开拓创新意识，担任一个单位财务会计管理工作，或从事过企业内部会计制度设计、重要课题项目研究；有较强的组织协调、管理、分析研究能力，有发展潜力。

3. 具有全日制普通高等学校经济管理类专业大学专科及以上学历，有较高的政策水平和较丰富的财务会计工作经验，从事财务会计工作 5 年以上。

4. 具有一定的英语基础，能够使用英语获取必要的信息。

5. 年龄不超过 40 岁（含）；身体健康。

（二）选拔程序

1. 组织推荐。各铁路局、专业运输公司人事、财会主管部门按规定条件和名额推荐拟参加培训的人选。经所在单位同意，填写《全路高级财会骨干人才培训推荐表》（见附表），各铁路局每期确定培训人选不超过 3 人，三个专业运输公司每期确定培训人选不超过 2 人。

2. 资格审查。由铁道部人事、财务司共同对被推荐人选的资格进行审查。

3. 选拔考试。由铁道部人事、财务司共同组织选拔考试，统一命题、集中考试。考试范围为财务会计、企业内部控制、金融、税收、财经法规等知识和英语。考试为闭卷考试，考试时间为 3 个半小时。

4. 确定人选。各铁路局、专业运输公司将推荐材料于规定时间报送铁道部人事、财务司各一份。铁道部人事、财务司组织专家对试卷和推荐材料进行评卷和审核，确定培训人选。

四、培训方式和内容

（一）培训方式：实行集中脱产培训 1 年。以课堂教学为主，同时结合企业改革、经济改革和财会改革等热点，组织讲座、互动研讨和参观学习等，拓展学员视野。

坚持因材施教、学以致用的原则，由财务司和承担培训任务的学校共同量身制定培训计划和培训大纲，商定教学方式。通过在学校一年的学习，夯实理论基础、提升知识结构、更新管理理念、拓展管理视野。

（二）培训内容：主要包括金融理财知识；现代经营管理内容；高级财务会计内容；相关法律法规内容；其他方面的内容。具体教材的使用和课程设置，由铁道部财务司和承担培训的学校共同商定。

五、培训时间、地点和规模

（一）培训时间。从 2006 年开始，对选拔的人员进行为期 1 年的脱产培训。

（二）培训地点。选择师资力量强、教学条件好的财经会计类高校。

（三）培训人数。从 2006 年开始每期 30—40 人，举办 3—5 期。

六、对培训学员的考核和管理

1. 由承担培训任务的学校负责培训期间对学员进行日常管理，

建立学员档案，系统记载学员在培训期间的学习等情况。

2. 实行铁道部资助与考核挂钩制度。参加培训的学员完成培训学习任务，考试考核合格者，其培训期间的培训费用由铁道部承担。未能完成规定学习计划，考试考核不合格的，其培训费用由学员所在单位解决。

3. 颁发铁路系统高级财会人才培训证书。学员学习期满，完成教学计划规定的全部课程，考试考核合格者，由铁道部人事、财务司共同颁发全路高级财会骨干人才培训证书。学员申请学位需符合国家规定条件。

4. 培养和使用相结合。取得全路高级财会骨干人才培训证书者，优先作为上一职务任职提拔的对象，优先参加财政部等国家有关部门和铁道部组织的更高层次培训和参加其他活动。

七、培训费用

学员在培训期间的食宿费用自理，由学员所在单位按规定予以报销或给予补贴。培训期间发生的其他培训费用由铁道部专项经费解决。

八、组织领导和相关部门职责

铁道部人事、财务司共同组织开展全路高级财会骨干人才培训工作。其中，部人事司负责将高级财会骨干人才培训班纳入全路技术干部整体培训计划，与财务司共同审查确定培训人选。部财务司具体负责培训的组织和协调工作，制定高级财会人才能力框架，组织协调开发培训教材和课程设置，建立高级财会骨干人才信息库，对学员实行跟踪管理，指导相关高校的培训工作。

各路局、专业运输公司人事、财会部门负责高级财会骨干人才培训对象的选拔推荐、考虑培训学员的使用、协助有关方面做好后期管理等工作。

相关高校负责高级财会骨干人才培训的实施，具体负责课程开发、教学组织、结业考核、学员档案库建设、教务管理等。

附表：全路高级财会骨干人才培训推荐表（略）

新疆高级会计人才（企业、行政事业类）培训实施方案

（2006 年 4 月　新财会〔2006〕15 号）

一、指导思想

以邓小平理论和“三个代表”重要思想为指导，认真贯彻会计法关于“对会计人员的教育和培训工作应当加强”的规定和中共中央“十一五”规划中关于“深入实施科教兴国战略”的要求，进一步加快我区高级会计人才培养，逐步全面提高我区会计队伍人员素质，为新疆经济发展提供会计人才保障。新疆高级会计人才选拔培训由财政部门牵头，充分发挥社会团体、科研院所和企事业单位的作用，为热爱会计事业、有志于在会计领域深入发展的人员创造一个进一步深造和提高的平台。充分发挥会计人才在强化会计职能、宣传会计政策、研究学术理论与实务问题等方面的组织推动和辐射作用，促进本单位、本地区、本部门经济工作的发展。

二、培训目标

实施“人才强新”战略，适应我区经济和会计行业的发展要

求，力争通过五至十年的时间，培养和造就一批（300 人左右）精通业务、善于管理、熟悉国家财经法规、具有国际视野和战略思维的高素质、复合型会计人才，发挥高级会计人才在强化会计职能、宣传财经会计政策、研究会计理论与实务等方面的组织推动和辐射作用，促进新疆会计队伍整体素质的全面提高。

三、组织领导

新疆财政厅成立新疆高级会计人才培训工作领导小组（以下简称“领导小组”），负责新疆高级会计人才选拔、培训工作。

领导小组下设新疆高级会计人才培训工作领导小组办公室（设在财政厅会计处，以下简称“领导小组办公室”），负责人才选拔的具体实施及人才培训的组织和协调工作，制定新疆高级会计人才能力框架，组织协调培训师资和教材，建立高级会计人才信息库，对学员实行跟踪考核管理，指导培训单位的工作。

各地、州、市财政局和新疆各主管部门在组织开展本地区、本部门会计人才培训的同时，负责组织高级会计人才选拔培训的报名、材料审查等工作。

新疆设立培训基地，同时依托财政部，借助三所国家会计学院以及全国知名财经院校的力量，组织实施新疆高级会计人才培训。

四、培训对象

（一）企业高级会计人才：具有高级会计师任职资格或参加高级会计师资格考评结合考试成绩达到国家合格标准，在新疆大中型企业分管财务工作的企业负责人、财务部门负责人及其后备人员；

（二）行政事业单位高级会计人才：具有会计师任职资格，在地级以上行政事业单位分管财务工作的单位负责人、财务部门正科级以上干部及其后备人员。

五、培训对象的选拔

（一）基本条件：

1. 遵守《会计法》等相关法律法规，诚实守信；

2. 具有一定的英语水平；

3. 年龄不超过 45 岁；身体健康。

（二）其他条件：

企业高级会计人才：

1. 在新疆大中型企业分管财务工作的企业负责人、财务部门负责人及其后备人员，具有开拓创新意识和较强的组织协调、分析研究能力；

2. 具有经济管理类专业大学本科以上学历，有较高的政策水平和较丰富的财务工作经验，从事财务会计工作 3 年以上；具有高级会计师职务任职资格或参加高级会计师资格考评结合考试成绩达到国家合格标准。

行政事业单位高级会计人才：

1. 在地级以上行政事业单位分管财务工作的单位负责人、财务部门正科级以上干部及后备人员，具有开拓创新意识和较强的驾驭政策能力、组织协调能力、分析研究能力；

2. 具有经济管理类专业大学本科以上学历，有较高的政策水平和较丰富的财务工作经验，从事财务会计工作 3 年以上；具有会计师职务任职资格满 3 年以上。

六、选拔方式和程序

新疆高级会计人才的选拔与财政部高级会计人才选拔同步进

行，每年选拔一次，培训一期，每期不超过 30 人。

（一）申请与推荐。符合新疆高级会计人才选拔条件的申请者按要求填写《新疆高级会计人才培训申请表》，经所在单位同意后，连同申请表中所填列事项有关证明材料的复印件，报所在地、州、市财政部门或新疆各主管部门，各地、州、市财政部门或新疆各主管部门对申请者的申报条件进行复核，并提出审查意见，向领导小组办公室推荐。

（二）笔试。由领导小组办公室负责组织具体选拔笔试，时间与财政部选拔高级会计人才笔试同时举行，使用同一试题，申请者分别参加企业、行政事业类的考试。笔试结束后，由新疆领导小组办公室统一组织阅卷。

（三）面试。笔试结束后，领导小组办公室组织专家对试卷及申报材料进行审阅，同时，根据财政部选拔情况，确定新疆参加面试的人员名单。面试由领导小组办公室统一组织命题，为结构化面试，主要考察考生自我认知、策划和决策能力、综合分析能力、组织协调及人际交往能力、语言表达及逻辑思维能力、气质风度、举止仪表等。面试时间不超过 30 分钟。

（四）确定培训对象。领导小组办公室根据选拔考试的结果，确定培训人选并向社会公布。

七、培训方式

按照因材施教、学用结合的原则，实行集中培训与在职学习实践相结合、课堂教学与应用研究相结合的培训方式，通过建立学习、研究、实践、交流平台，全面培养和提升培训对象的综合素质。

（一）培训期限：3 年为一个培训周期，采取集中培训和跟踪培训的方式。集中培训时间为第一年一个月，第二年一个月，其余时间实行跟踪培训管理。

1. 集中培训以专题讲座、专题研讨、论坛等方式为主。培训以新疆培训基地为主，根据需要分别在三个国家会计学院或国内其他知名财经院校组织进行。主要是通过在校期间的学习和交流，夯实基础理论、提升知识结构、更新经营观念、拓展管理视野，培养组织协调能力，搭建起学员之间和学员与培训师资之间的沟通平台，同时，通过培训和综合考察，确定学员在职学习的方向与参与科研、实践的具体任务。集中培训结束后，由新疆培训基地提供自学书目、课题项目和网上辅导服务，指导学员理论联系实际、深化培训内容。

2. 跟踪培训。学员按照集中培训单位提供的自学书目、课题项目进行自学，定期参加网络论坛的讨论，通过网络实施老师和学员一对一的辅导，指导学员理论联系实际，深化培训内容，按时参加领导小组办公室要求的各项活动，定期向领导小组办公室报送学习心得体会、业绩报告、专业论文、案件研究报告、调研报告、考察报告等（心得体会、业绩报告每年至少报一篇，其他项目材料一年内报送的数量不得少于3篇），边工作，边学习，努力把学到的理论知识运用到工作中去。

（二）在职学习的跟踪管理。建立新疆高级会计人才学习、研究、交流平台，充分利用“财政会计行业管理系统”，引导学员在集中培训结束后，持续进行在职学习，进一步提升学员的理论联系实际、解决实际问题的能力。具体措施是：

1. 建立高级会计人才信息库和培训学员档案，对学员实行动态跟踪管理。在培训周期内，领导小组办公室不定期与学员进行联系，了解学员的学习、工作、科研等情况。

2. 组织、引导学员参加科研和社会实践活动。领导小组办公室有计划、有针对性地组织学员到区内外知名组织机构实地考察、研究，学习和交流管理经验。同时，组织学员根据培训情况和所在单位实际，撰写研究报告。领导小组办公室组织提供学术指导。培训周期内和培训期满后，组织优秀学员参加新疆财政厅、新疆会计学会的科研课题、调查研究、考察、学术会议等活动，承担新疆高级会计人才后续培训、会计准则制度宣传培训授课任务，逐步使学员成长为会计政策宣传的专家，会计制度宣传、贯彻实施的专家，给学员提供进一步拓展才能的平台。

3. 建立持续跟踪评价体系，定期了解学员完成培训后的职业岗位变化，听取学员对学习课程的建议，为测评培训实施效果提供基础数据。

八、培训教材

根据每期培训学员的特点和需求，“量身定做”培训方案和培训内容。

（一）借鉴和使用财政部《高级会计人才培训大纲》和国家会计学院高级会计人才培训教材。

（二）关注社会经济热点问题，结合经济改革和会计改革等热点问题，组织系列专题讲座和互动讨论，拓展学员视野。

（三）领导小组办公室组织开发新疆高级会计人才培训系列辅导教材，形成一套高级会计人才培训辅导资料，并根据学科发展趋势、我国经济管理和财务会计工作的发展进程以及学员参与学习的效果等情况，定期对培训辅导资料进行充实、修订和完善。

九、对学员的考核与管理

（一）领导小组办公室及新疆培训基地负责培训期间学员的日常管理。新疆培训基地应当建立学员档案，系统记载学员在培训期间的学习、科研等情况。

（二）实行政府资助与考核挂钩制度。申请新疆高级会计人才培训专项经费，参加培训的学员，培训周期结束考核合格的，其培训期间的培训费用由新疆专项资金资助。未能按照规定定期向领导小组办公室报送学习心得体会、业绩报告、专业论文、案例研究报告、调研报告、考察报告等的，视为自动放弃继续参加培训的权利。

（三）引入淘汰机制。建立量化考核体系，根据学员在每个3年培训周期中的综合表现，以量化分为依据，择优选拔可塑性强、表现优秀的学员参加下一周期更高层次培训。每一周期的学员淘汰率不低于20%。

（四）颁发新疆高级会计人才培训证书。学员学习期满，完成教学计划规定的全部课程，考核合格者予以结业。学员结业时，由新疆财政厅用印，颁发新疆高级会计人才培训证书。

（五）培养和使用相结合。取得新疆高级会计人才培训证书者，将列入新疆会计专家人才库和择优聘任为新疆高级会计师评审专家委员，可申请成为新疆会计学会个人会员，优先参加新疆财政厅、新疆会计学会组织的科研、学习等活动。

云南省财政厅关于印发《云南省高级会计人才培养十年规划》的通知

（2008年4月14日　云财会〔2008〕21号）

各州、市财政局，省委各部委，省政府各部门，省属各企业集团公司，省属高等院校，省注册会计师协会：

为贯彻落实“科技兴滇、人才强省”战略，切实加强我省高级会计人才培养工作，建立健全我省高级会计人才培养机制，实现高级会计人才培养的规范化、系统化、科学化，更好地发挥会计工作在促进云南经济社会建设事业中的重要基础作用，结合财政部《全国会计领军（后备）人才培养十年规划》（财会〔2007〕8号）精神及云南实际，我们制定了《云南省高级会计人才培养十年规划》（以下简称《规划》），现予以印发。

该《规划》适用于云南省财政厅组织的全省高级会计人才培养工作，也可作为各州、市财政部门和省属各主管单位组织和开展本地区、本部门、本系统会计人才培养工作参考。

附件：《云南省高级会计人才培养十年规划》

云南省高级会计人才培养十年规划

为实现科技兴滇、人才强省战略，有计划地培养出我省既有一定数量又有一定质量的高级会计管理人才，更好地发挥会计工作在促进云南经济社会建设中的重要基础作用，为建设开放、和谐、富裕的云南做好服务，结合财政部《全国会计领军（后备）人才培养十年规划》精神及云南实际，制定本规划。

一、指导思想

以十七大精神为指导，用科学发展观统领全省高级会计人才培养工程，认真贯彻科教兴滇、人才强省战略，以能力建设为核心，遵循人才成长规律，营造人才选拔培养的良好环境，立足国内、国际前沿，创新培养机制，严格科学管理，着力培养一批具有全国视野和本省全局战略思维的复合型高级会计人才，打造一支适应我省经济社会全面持续健康发展和全国会计事业发展战略要求的云南省高级会计管理人才队伍，促进全省会计人才整体素质的全面提升，为云南经济社会和会计事业发展提供充足的人才保障和强有力的会计智力支持。

二、培养目标及任务

（一）培养目标

我省培养的高级会计人才，着重从服务云南经济社会发展需要出发，计划用10年左右的时间，在全省范围内有计划分批地在企业、行政事业单位、注册会计师行业和高等院校中培养一批云南省高级会计人才，担负全省会计行业的领头重任，更好地为全省经济社会发展服务。

高级会计人才应当具备恪守诚信、敬业爱岗、甘于奉献的道德品质；形成科学系统、结构合理、学养深厚的知识体系；具备精于理财、善于管理、勇于创新的工作能力；作出推动发展、促进和谐、壮大行业的社会贡献；享有社会认同、行业肯定、备受推崇的良好声誉；实现由执行者向管理者、领导者、决策者的转变。这些人才应当在深化经济体制改革、维护市场经济秩序、强化组织内部管理、提高资源合理配置效率、推动会计理论和实务创新、塑造会计行业品牌、推进会计事业国际化发展等方面积极发挥引领和辐射作用，进而形成高端会计人才团队，推动我省会计队伍整体素质的全面提升。

我省培养高级会计人才的任务是实施“2311”工程，划分为三个培养层次。

1. 第一层次人才的培养。利用10年时间，向财政部选拔输送培养20名国家级会计领军（后备）人才。根据财政部关于印发《全国会计领军（后备）人才培养十年规划》的通知（财会〔2007〕8号），争取用十年左右的时间在全国培养1 000名左右会计领军人才的精神。结合我省财会队伍的实际，通过全省财政部门广泛宣传、发动和认真组织，用10年的时间在全省选拔输送培养出

20 名以上全国会计领军（学术）人才，入选全国会计人才库。以增强我省参与全国会计理论研究和制订会计规章制度等方面的能力，并担负起全省会计行业的领军重任。

2. 第二层次人才的培养。利用 10 年时间，培养云南省高级会计管理人才 300 名。为适应云南经济社会发展，增强会计人员参与全省经济建设的管理能力，充分发挥会计在经济社会建设中的作用，用 10 年的时间培养 300 名云南省高级会计管理人才，更好地为全省经济社会发展提供会计高级服务。

3. 第三层次人才的培养。可分为两个具体项目：一是利用 10 年时间，培养 1 000 名在职会计硕士研究生（分为 MPAcc 会计专业硕士和在职人员攻读会计硕士学位两类）。以改善会计队伍学历及知识结构为重点，大幅度提高会计管理能力为目标，为全省经济社会发展输送高级会计人才。二是利用 10 年时间，使全省高级会计师总量达到 1 000 人。通过认真组织好高级会计师考评工作，完善评定办法，促进全省高级会计师的选拔与聘用，为全省经济社会发展提供高级会计人才服务。

（二）具体任务

根据我省的“2311”高级会计人才培养总体目标，结合不同领域的实际情况，云南省高级会计人才培养的具体任务：

1. 20 名国家级会计领军（后备）人才的选拔与输送。每年按财政部领军（后备）人才选拔计划，在全省范围内和云南省高级会计人才库内选拔参与考试，积极输送符合条件的人选进入国家级会计人才库。

2. 云南省高级会计管理人才的培养分为两个方面：一是为适应我省大中型企业和民营企业管理和发展对高层次财务会计人才的需要，以此带动全国企业会计人员整体素质的提高，着力培养 150 名左右在大型企业或重要经济领域担任财务负责人的企业类高级会计管理人才，并积极发挥这些人才在深化企业内部改革，建立健全现代企业制度，增强企业核心竞争力，保障企业做强做大，推动企业实施“走出去”战略，促进云南经济社会和谐发展等方面的重要作用；二是为适应我省财政体制改革和事业单位改革对高层次会计管理人才的迫切需要，带动和引导各级重点行政事业单位加强财务管理，着力培训150名左右在行政事业单位或相关重要领域担任财务负责人的行政事业类高级会计管理人才。积极发挥这些人才在深化行政事业单位体制改革，优化资源配置，加强财政、财务管理，推动依法行政、依法理财，提高财政资金使用效益等方面的重要作用。

3. 1 000名在职会计硕士研究生（分为MPAcc会计专业硕士和在职人员攻读会计硕士学位两类）。为适应推动全省经济社会建设，构建和谐社会的客观需要，培养在各行各业具有较高水平与能力的云南省高级会计人才，着力培养1 000名在职会计硕士研究生，促进全省各行各业在职高级会计人才无论在学历上、能力上还是管理水平上，都能够发生质的飞跃，充分发挥好这些会计人才在各经济领域中的重要作用。计划每年招收100名在职会计研究生，其中企业类50名，行政事业等单位50名。

4. 1 000名高级会计师的选拔。适应逐步改善我省高级会计人才结构的需要，结合高级会计师考评结合改革步伐，全方位推进我省高级会计师考评结合工作。在原有561名高级会计师的基础上，利用10年时间，使我省的高级会计师总量达1 000名，逐步改善会计队伍专业技术资格结构及人才结构，使高级专业技术资格人才脱颖而出，充分发挥高级会计师在企业、事业单位的高级管理作用。

三、培养平台

我省的“2311”高级会计人才培养计划，按照省财政厅的规划统一实施，各州、市财政局，省直各主管部门协调配合的方式进行。云南省高级会计管理人才的培养，主要依托三所国家会计学院、云南财经大学、云南大学为平台，建立云南财经大学、云南大学两个培养基地。

（一）努力使用好财政部搭建的全国会计领军人才培养平台，扎实开展我省“2311”计划中20名领军人才的培养工作。按照财政部、中国会计学会开展高级会计人才培养和会计领军（后备）人才培养的平台，大力宣传、积极推荐、做好服务，把符合条件人才积极向财政部推荐，并创造条件使之进入国家级领军人才库。

（二）云南省财政厅组织，通过考试和选拔，每年选拔30名左右的培养对象，依托三所国家会计学院、云南财经大学、云南大学为培养平台，重点培养我省企业类、行政事业类高级会计管理人才。

（三）建立我省在职会计硕士研究生人才培养基地。云南省财政厅组织，依托云南财经大学、云南大学等教育平台，完成每年100名在职会计硕士研究生的培养。

（四）以高级会计师考评结合为平台，培养1 000名高级会计人才。在原有高级会计师的基础上，结合高级会计师考评结合工作，加大考评力度，力争每年以50名以上的高级会计师评审通过。

四、组织管理

（一）成立“云南省高级会计人才培养领导小组”（以下简称领导小组）。领导小组设组长一名，由厅长担任，副组长若干名，由分管理会计工作、人事教育工作的副厅长担任。领导小组成员由会计处处长、人事处处长、预算处处长、云南财经大学会计学院、云南大学经济管理学院有关负责人组成，领导小组下设办公室，办公室设在会计处。

领导小组负责规划、指导全省高级会计人才培养工作。领导小组办公室具体负责指导全省高级会计人才培养建设，构建云南省高级会计人才联合培养机制、培养沟通机制，协调各类高级会计人才培养工作，加强对外宣传，督促、指导各单位贯彻、落实领导小组的决议。

各州、市财政局要高度重视，加强领导，因地制宜，采取有效措施，积极协助省财政厅做好高级会计人才的培养、组织发动、资格初审、推荐上报等工作以及后期管理工作。

（二）云南省高级会计人才的培养，采取“分类培养，联合打造”的模式。省财政厅为云南省高级会计人才培养的管理部门，依托云南财经大学会计学院、云南大学经济管理学院具体实施培养规划，必要时依托三所国家会计学院实施我省的高级会计人才培养规划。

（三）省财政厅会计处具体负责组织协调云南省高级会计人才的选拔培养工作。研究制定企业类、行政事业类高级会计管理人才能力框架，组织设计培养方式，协调开发培训教材，建立企业类、行政事业类高级会计管理人才信息库，对企业类、行政事业类学员实行跟踪管理；指导云南财经大学会计学院、云南大学经济管理学院开展高级会计人才培养工作。

（四）云南财经大学会计学院、云南大学经济管理学院协助会计处做好学员选拔、能力框架建设、人才培养工作的组织等工作，负责协助云南省高级会计人才培养规划的实施。具体负责协助会计处组织学员选拔、参与研究制定高级会计管理人才能力框架、开发培训课程、结业考核、学员档案建设及跟踪管理等事务性工作。

五、高级会计人才培养对象及选拔

（一）培养对象。云南省高级会计人才的培养对象，共分三个层次，四个类别进行。涵盖企业类、行政事业类、在职会计硕士研究生、高级会计师四个类别高级会计人才的选拔与培养。

1. 云南省高级会计管理人才共分为企业类、行政事业类两个大类。企业类高级会计管理人才的培养对象：各企业分管财务会计工作的企业负责人、财务部门负责人及其后备人员、具有发展潜力的中青年财务会计骨干；在会计师事务所从事审计、查账、验证业务的注册会计师。行政事业类高级会计管理人才的培养对象：各行政、事业单位分管财务会计工作的负责人、财务部门负责人及其后备人员、具有发展潜力的中青年骨干；高等院校、学术团体从事会计教学、会计理论研究的中青年骨干。

2. 在职会计硕士研究生。由省财政厅联合云南财经大学会计学院、云南大学经济管理学院两所大学进行定向培养，力争培养出的人才为云南经济发展服务十年。

3. 高级会计师。按每年高级会计师考评结合工作要求，通过宣传，动员符合条件的人员报名参加高级会计师考试，并按高级会计师申报要求及评审条件，促进我省高级会计师队伍逐年增长。

（二）选拔条件。

1. 20 名国家级领军后备人才的选拔按照财政部、中国会计学会的选拔条件选拔。

2. 300 名云南省高级会计管理人才的选拔。

（1）基本条件：

遵守《会计法》、《云南省会计条例》等相关法律法规，诚实守信；

有较丰富的财会工作经验，从事财会工作5年以上；

年龄不超过45周岁，身体健康；

具有大专经管类以上学历。

工作实绩突出，政策理论水平较高，具有开拓创新意识和较强的组织协调能力、分析研究能力；

具有较好的英语水平，能够运用英语进行听、说、读、写、译。

（2）具体条件：

在企业中工作，具有中级会计师及以上会计专业技术资格，任职年限在五年以上的；

在会计师事务所工作，具有注册会计师执业资格，在会计师事务所执业时间五年以上；

在会计教育、会计科研、会计学术工作中具有讲师以上职称，从事教育工作五年以上，或是在公开刊物上发表两篇以上具有学术价值论文的；

在行政事业单位工作，具有中级会计师及以上专业技术资格职称并任职年限在五年以上的。

具备以上条件之一的，即可申报参加云南省高级会计管理人才选拔考试。

（3）选拔渠道：

云南省高级会计管理人才的选拔，一是按照以上基本条件、具体条件向社会广泛选拔；二是从入选的“云南省高级会计人才库”中选拔。

3. 1 000名在职会计硕士研究生。具有大学本科学历、会计从业资格证、年龄在35岁以下者，在全省企业、行政事业、其他单位或部门工作的在职会计从业人员。通过 MPAcc 考试或是在职人员攻读会计硕士学位考试，符合云南省高级会计人才培养条件、经省财政厅面试通过、自愿履行服务合同者，入选云南省高级会计人才库。

4. 1 000 名高级会计师。按每年高级会计师考评结合试点要求、申报要求及评审条件，通过评审者将直接进入云南省高级会计人才库。

（三）选拔方式

建立公开、平等、竞争、择优的选拔机制。实行推荐 + 考试 + 考核的选拔方式，完成每年云南省高级会计人才的选拔工作。

1. 选拔周期及规模

云南省高级会计人才的选拔，按四种类别分别进行。300 名云南省高级会计管理人才的选拔每年选拔一次，按类别每次选拔 30 名，并按企业类、行政事业类隔年分别进行选拔（如 2008 年选拔企业类、2009 年选拔行政事业类，以此推之）；1 000 名在职会计硕士研究生的选拔，将根据云南财经大学、云南大学的招生计划进行，每年 100 名；1 000 名高级会计师的选拔，将根据每年开展的高级会计师考评工作逐年进行。

2. 选拔程序

学员选拔应当经过申报、笔试、面试等程序，重点考察申请人的知识结构、专业素养、外语水平、分析创新能力、政策把握能力、组织协调能力、交际沟通能力、应变能力等素质。

300 名高级会计管理人才的培养，按照申报——资格审查——考试——考核——确定人选的程序进行。

1 000 名在职会计硕士研究生的培养，按照报名——参加考试——考核——确定人选的程序进行。

1 000 名高级会计师高级会计人才的培养，按照考试——申报——评审——评审结果（确定人选）的程序进行。

六、培养时间

（一）300 名高级会计管理人才的培养以 2 年为一个培训周期，每个培训周期分为集中学习培训和跟踪学习培养两个部分。

（1）集中学习培训以专题讲座、专题研讨等方式为主，目的是通过学习与交流，夯实会计理论基础，提升知识结构、更新管理理念、拓展管理视野，培养组织协调能力，为各位学员之间及学员与师资之间搭建一个相互沟通交流的平台。同时，通过培训和综合考核，确定学员在职学习的方向和参与科研、实践的具体任务。

（2）学员离校期间，实施跟踪培养。主要以学员在职自学为主，采取边实践边学习的方式。实行导师制，由培训基地为学员配备导师，提供学习书目、课题项目和辅导服务。在导师指导下，学员按照自学书目、课题项目和工作中碰到的实际问题，进行自学、应用和调研等，定期参加网络论坛等的讨论，通过网络等实施导师和学员一对一的辅导，按时参加领导小组办公室安排的有关活动，定期向领导小组办公室和科研培训基地报送规定数量的学习心得体会、实践应用报告、业绩报告、专业论文、案例研究报告、调研报告、考察报告等，提高学员应用理论知识解决实际问题的能力和科研能力。

（3）在职学习的跟踪管理。建立云南省高级会计管理人才学习、研究、实践、交流平台，引导学员集中培训结束后，持续进行在职学习，进一步提升学员的综合素养。主要措施如下：

建立云南省高级会计管理人才培训学习档案，对学员实行动态跟踪管理。在培训期间，领导小组办公室和培训基地不定期与学员及学员所在单位进行联系、了解、通报学员的学习、工作、科研等情况。

组织、引导学员参加科研和社会实践活动。领导小组办公室和培训基地有计划、有针对性地组织学员到知名单位等实地考察、调研，学习先进管理经验。选择部分单位作为实践基地，增长学员解决实际问题的才干。组织学员根据培训情况和所在单位实际，撰写研究报告，培训基地提供学术指导。组织学员参加课题项目学术研究、出国考察、学术会议等活动。

建立培训后持续跟踪评价体系，定期了解学员完成培训后的职业岗位变化，听取学员对学习课程的建议，为测评培训效果提供基础数据。

（二）1 000 名在职会计硕士研究生的培养，按照云南财经大学会计学院、云南大学经济管理学院的教学计划完成培养工作。学员毕业后必须向省财政厅上报三年来的学习工作总结及毕业论文，总结及论文将作为省财政厅考核评定云南省高级会计人才的重要依据。

（三）全国会计领军（学术）人才的培养按照财政部及中国会计学会的时间安排进行。高级会计师的培养时间按每年一次的考试及申报评审时间进行。高级会计师报名参加考试前，省财政厅可依托云南财经大学会计学院聘请知名教授进行辅导。

八、培训学员的考核与管理

（一）培养基地负责培训期间学员的日常管理。由基地建立学员档案，系统记载学员在培训期间的学习、科研、出勤等情况，定期将这些情况提供给领导小组办公室。

（二）领导小组办公室与培养基地、学员及学员所在单位经常进行联系、沟通，及时收集和更新学员培训等有关信息，定期向领导小组和学员所在单位通报，落实培训管理的各项具体措施，积极研究和解决培训中遇到的问题。

（三）300 名云南省高级会计管理人才的培养实行淘汰制。对 300 名高级会计管理人才建立量化考核体系，根据学员在培训周期的综合表现，以量化分为依据，对于无故缺课、未完成培训规定的全部课程学习、不按规定向基地和领导小组办公室报送学习心得、实践应用报告、调研报告、专业论文、案例研究报告、业绩报告等的学员，予以淘汰，劝其退学，并将情况通报学员所在单位。

（四）300 名云南省高级会计管理人才颁发证书。培训周期届满，学员完成教学计划规定的全部培训课程，经考试考核合格的，予以结业，由云南省财政厅颁发《云南省高级会计管理人才荣誉证书》，对选拔并培养合格的云南省高级会计管理人才给予认定并使用。

九、培养经费

确立人才投入优先的理念，建立政府、用人单位、培养对象个人共同承担的多元化人才培养经费投入机制。省财政厅安排必要的资金，给予参加全国会计领军（学术）人才培训、300 名高级会计管理人才培养、1 000 名在职会计硕士研究生予以补助，具体办法另行制定。

十、建立评价认证机制

云南省高级会计管理人才的培养，将建立以能力和业绩为导向，包括品德、知识、能力等关键要求，体现不同领域、不同岗位特点，科学、合理的“云南省高级会计管理人才”认证指标体系。

按照公开、平等、竞争、择优的原则，开展好“云南省高级会计管理人才”评价认证工作，并通过媒体公布入选人员名单，对入选人员授予“云南省高级会计管理人才”荣誉称号，培养合格后颁发《云南省高级会计管理人才荣誉证书》，以促进云南省高级会计管理人才脱颖而出，努力打造“云南省高级会计管理人才”品牌。

对入选“云南省高级会计人才库”的在职会计硕士研究生人员和每年评审通过并进入“云南省高级会计人才库”的高级会计师人员，将在毕业后或评审通过后可继续参加“云南省高级会计管理人才”选拔考试，成为“云南省高级会计管理人才”。

十一、建立培养与使用相结合机制

建立“云南省高级会计管理人才”培养与使用高度结合机制，促进高级会计管理人才学以致用，发挥所长，为云南经济社会发展服务。取得《云南省高级会计管理人才荣誉证书》的人员，将享受下列使用机制：

（一）对符合条件的“云南省高级会计管理人才”，择优向财政部推荐为领军人才（后备）、学术带头人候选人，经考试考核通过后进入国家级会计人才库。

（二）已取得《云南省高级会计管理人才荣誉证书》的我省高级会计管理人才，将聘任为全省会计管理咨询专家、会计人员继续教育培训辅导专家。

（三）优先取得云南省资助的重点会计科研课题，在课题立项、投标与经费支持上给予适当倾斜。组成团队，并优先向财政部等推荐申请国家级课题项目，为云南省高级会计管理人才开展科研活动创造有利条件。

（四）实行奖励制度。对工作实绩突出，在财务管理上有建树、为单位带来明显经济效益的云南省高级会计管理人才，以及对获得省级或国家级会计科研成果评比奖项的高级会计管理人才，给予奖励。

（五）建立表彰制度。根据财政部会计人员表彰办法和云南省会计人员表彰实施办法的有关规定，在定期召开的全省先进会计工作者表彰工作中，“云南省高级会计管理人才”荣誉的获得，将作为一个重要的评比及考核条件，给予认定，以树立高级会计管理人才先进典型，提高高级会计管理人才的社会地位、影响力和感召力。

（六）择优向国有资产监管部门、组织人事部门、知名企业等用人单位推荐使用，为高级会计管理人才的使用创造良好环境。

（七）不具备高级会计师资格的，在申报高级会计师评审工作中将作为重要参考条件，给予照顾。具备高级会计师资格条件的，推荐成为云南省高级会计师资格评审委员会专家库成员。

十二、实行云南省高级会计人才培养工作评比表彰制度

（一）建立全省“云南省高级会计人才”培养工作目标责任制。各州、市财政部门要从加快当地经济社会发展的高度着眼，将“云南省高级会计人才”的培养纳入重要议事日程，积极协助省财政厅做好选拔及培养工作。努力使本地涌现出一批同行公认、有较高知名度的会计行家，为本地区经济发展提供良好会计人才保障。

（二）实行“云南省高级会计人才”培养工作督查制度。省财政厅对各州、市开展高级会计人才推荐、后续跟踪管理等工作进行督促检查，及时研究解决培养过程中出现的新情况、新问题。

（三）实行“云南省高级会计人才”培养工作评比表彰制度。省财政厅将对各州、市财政部门开展高级会计人才的推荐、选拔、培养、使用等情况，纳入省财政厅对各州、市财政局的考核评比内

容，对领导重视，措施得力，成效显著的州、市，省财政厅将定期给予表彰奖励。

本培养规划自2008年1月1日实施，由省财政厅负责解释，具体实施办法由省财政厅制定并执行。

中共宁波市委组织部
宁波市财政局　宁波市人事局
关于印发《宁波市会计领军（后备）人才培养实施方案》的通知

（2011 年 4 月 7 日　甬财政会〔2011〕256 号）

各县（市）区党委组织部、财政局、人事局，有关高校、企业：

为贯彻落实财政部《会计行业中长期人才发展规划（2010—2020 年）》和《宁波市中长期人才发展规划纲要（2010—2020 年）》，加强我市会计人才队伍建设，培养一批具有国际视野和战略思维、精通业务、善于管理、勇于创新的高素质会计人才，为我市推进“六个加快”提供有力的会计人才保障，经研究，决定启动宁波市会计领军（后备）人才培养工程。现将《宁波市会计领军（后备）人才培养实施方案》印发给你们，请按照各自职责，做好宣传、组织和培养工作。

宁波市会计领军（后备）人才培养实施方案

为贯彻落实财政部《会计行业中长期人才发展规划（2010—2020年)》和《宁波市中长期人才发展规划纲要（2010—2020年)》，加强我市会计人才队伍建设，发挥高端人才对会计工作的引领带动作用，满足我市社会经济发展对高端会计人才的需求，经研究，决定实施宁波市会计领军（后备）人才培养工程。现制订培养实施方案如下：

一、指导思想

高举中国特色社会主义伟大旗帜，坚持以邓小平理论和“三个代表”重要思想为指导，深入贯彻落实科学发展观，深入实施人才强市战略，借鉴全国会计领军人才培养机制，实施我市高端会计人才培养工程，面向企业和注册会计师行业，重点培养打造企业类会计领军人才，满足我市企业在市场开拓、企业并购、资本运作、融资上市、产业转型升级、增强核心竞争力等方面对国际化、复合型高端会计人才的需要，发挥高端会计人才“传、帮、带”作用，带动我市会计队伍整体素质不断提高，为我市推进“六个加快”提供坚强有力的会计人才保障。

二、培养目标

从实用性和前瞻性出发，引进国内外最新的管理理念和方法，通过系统研修学习，造就一批精通业务、善于管理、熟悉国际会计语言、符合会计行业、社会经济发展要求的高端会计人才，发挥会计领军（后备）人才在强化会计职能、宣传会计政策、组织会计培训、研究实务问题等方面的组织推动和辐射作用，促进我市会计队伍整体素质的全面提高。2011—2015 年期间，计划组织两期会计领军（后备）人才培训班，每期招生 50 人，培养领军（后备）人才 100 名。

三、组织领导

市委组织部（市委人才办）、市财政局、市人事局共同负责部署全市会计领军（后备）人才培养工作，制定全市会计领军（后备）人才培养实施方案，指导会计领军（后备）人才培养工作的开展。

市财政局负责培训的具体组织和协调工作，执行全市会计领军（后备）人才培养实施方案，负责培训学员选拔，建立全市会计领军（后备）人才信息库，对学员实行跟踪管理，指导培训机构的培训工作。

各县（市）区财政部门负责组织本地区相关人员参加会计领军（后备）人才培养选拔的报名、材料审查及后期管理等工作。

上海国家会计学院负责我市会计领军（后备）人才培训的实施，具体负责培训课程开发、教学组织、结业考核、学员档案库建设、教务管理等。

四、培养对象

宁波市大、中型企业的财务负责人（总会计师、财务总监）、财会部门负责人或具有发展潜力的中青年财会业务骨干，宁波市注册会计师行业的业务骨干，在甬高校的会计类专业教学科研业务骨干。

五、培养对象的选拔

（一）基本条件

1. 遵守《会计法》等相关法律法规，诚实守信；

2. 具有大学本科以上学历；

3. 取得高级会计师资格，或取得会计师资格（或注册会计师资格）并从事财会业务工作5年以上，或具有会计学副教授以上职称、并从事会计教学科研工作5年以上；

4. 具有较好的外语水平；

5. 年龄不超过45周岁，身体健康。担任大型企业财务负责人（总会计师、财务总监）或会计师事务所负责人，取得高级会计师资格的，年龄放宽到50周岁。

（二）选拔程序

1. 申请与推荐。具备条件的人员本人提出申请，经所在单位同意后填写《宁波市会计领军（后备）人才培训申请表》，报单位所在地的财政部门审核。各县（市、区）财政部门将本地区申报人员的有关材料审查汇总后报市财政局会计管理处。市地税直属分局户管企业及在甬高校人员的申请材料，经单位审核同意后直接报市财政局会计管理处。

2. 选拔笔试。市财政局组织对申请人进行集中选拔笔试。考试为闭卷形式。考试范围为会计实务、企业内部控制、企业管理综合知识和英语等。

3. 选拔面试。根据笔试成绩并适度考虑地区、行业平衡，确定参加选拔面试的人选，面试名单将在市财政局网站上公布，并以书面形式通知考生本人。选拔面试由市委组织部（市委人才办）、市财政局、市人事局组织，为结构化面试，主要考察考生自我认知、策划和决策能力、综合分析能力、组织协调、人际交往能力、语言表达及逻辑思维能力等。

4. 确定人选。根据笔试、面试成绩计算确定综合成绩，其中笔试成绩、面试成绩各占综合成绩的60%和40%。由市委组织部(市委人才办)、市财政局、市人事局根据考试综合成绩并参照工作能力和业绩确定培训人选。

六、培养方式

宁波市会计领军（后备）人才培训班委托上海国家会计学院具体实施。每期培训班周期为3年，实行集中学习培训与跟踪学习培训相结合。本培训项目同时与上海国家会计学院会计专业硕士项目(MPAcc）进行有效对接，也为有意参加高级会计师考评或申报教授级高级会计师的学员创造比较有利的学术研究条件。

课程设计的总原则是：贴近实际、结合案例、突出前沿、体现创新。培训师资由上海国家会计学院选聘国内外知名教授和会计实务界资深专家组成。培训内容设置主要是：我国会计准则制度改革和发展动态、企业会计准则、企业风险管理与内部控制设计及实施、成本控制与全面预算管理、企业税收环境与税务筹划、企业发展战略、企业并购重组、资本市场运作、高级会计人员能力框架等。

集中学习培训以专题讲座、专题研讨为主，目的是通过学习与交流，夯实理论基础，完善知识结构，更新管理理念，开拓管理视野，同时为学员搭建一个相互交流沟通的平台。集中学习培训一般每年安排4—5次，每次4—5天。

跟踪学习培训以在职自学为主，采用边实践边学习的方式，目的是通过研究报告、研究论文的撰写，提高学员理论应用和研究分析问题的综合能力。每个学员必须按要求提交学习心得体会、专业论文和课题研究报告等。同时，要求学员积极配合市、县财政会计管理部门，参与会计准则、制度、法规调研征求意见工作及会计科研工作。

七、考核与管理

（一）由上海国家会计学院具体负责对学员的日常管理，建立学员信息库和档案，进行学习情况、出勤情况和科研情况的信息登记，对学员进行考核，并定期将有关资料提供给市财政局。

（二）参加培训的学员，不得无故缺课，必须按时完成规定的研究报告、专业论文等作业，否则视同放弃培训的权利，取消参加进一步培训的资格，并将情况通报学员所在单位。

（三）学员完成所有培训课程，并经考核合格后，由市委组织部（市委人才办）、市财政局、市人事局颁发《宁波市会计领军（后备）人才培训结业证书》，由上海国家会计学院颁发《上海国家会计学院财务总监资格证书》。

（四）培养与使用相结合。取得《宁波市会计领军（后备）人才培训结业证书》者，可优先参加市财政局、市会计学会等组织的全市性科研、学术活动，择优聘任为市财政局会计准则制度咨询专家、宁波市会计专家库成员，选聘担任会计业务培训师资等。

八、培训费用

培训费用由市与县（市）区财政各承担50%；集中培训期间食宿费用及往来交通费由学员自理，学员所在单位按标准给予补贴。

江西省财政厅关于印发《江西省企业会计领军人才培养实施方案》的通知

（2011 年 5 月 13 日　赣财会〔2011〕15 号）

为了贯彻落实《中华人民共和国会计法》关于“对会计人员的教育和培训工作应当加强”的规定和新时期人才战略的要求，更好地发挥会计工作在富民兴赣、建设文明和谐江西中的促进作用，省财政厅决定从 2011 年起开展江西省企业会计领军人才培养项目，根据《国家中长期人才规划纲要》、《江西省中长期人才发展规划纲要》和财政部《会计行业中长期人才发展规划》的总体要求，省财政厅制定了《江西省企业会计领军人才培养实施方案》，现予以印发。各级财政部门和有关部门单位，要高度重视会计人才建设工作，结合本地区、本部门单位实际，积极参与、支持和开展我省企业会计领军人才的培养工作，在全社会形成良好的会计人才发展氛围。

附件：江西省企业会计领军人才培养实施方案

附件：

江西省企业会计领军人才培养实施方案

一、培养目标

实施人才强省战略，适应我省市场经济和会计行业发展要求，培养和造就一批精通业务、善于管理、熟悉国际惯例、具有国际视野和战略思维的高素质、复合型会计人才，发挥会计领军人才在强化会计职能、宣传会计政策、组织继续教育、研究实务问题等方面的组织推动和辐射作用，促进我省会计队伍整体素质的全面提高。

二、组织领导

省财政厅全面负责选拔培养工作，成立江西省会计领军人才培养工作领导小组，领导小组组长由江西省财政厅副厅长王斌担任，上海国家会计学院副院长谢荣担任副组长，成员由江西省财政厅会计处和上海国家会计学院教务部的负责人组成。领导小组下设项目管理组，江西省财政厅、上海国家会计学院分别指定 1 至 2 名项目管理人员，负责项目的具体运作和管理。

江西省财政厅具体负责企业会计领军人才培养的组织和协调工作，制定全省企业会计领军人才能力框架，建立全省企业会计领军人才信息库，对学员实行跟踪管理，组织实施全省企业会计领军人才培训的报名、材料审查、组织考试和管理等工作。各设区市财政局和省直主管部门协助做好全省企业会计领军人才选拔培养工作。

上海国家会计学院负责江西省企业会计领军人才培养项目的具体实施，负责培训课程开发、教学组织、结业考核、学员档案库建设、教务管理等。

三、培养对象及选拔

（一）基本条件

1. 遵守《中华人民共和国会计法》等相关法律法规，诚实守信。

2. 在企业担任分管财会工作的企业负责人、财会部门负责人及财会后备干部，工作业绩突出，政策理论水平较高，具有开拓创新意识和较强的组织协调能力、分析研究能力。

3. 具有经济管理类专业大学本科以上学历，有较高的政策水平和较丰富的财务工作经验，从事财务会计工作 5 年以上；具有中级会计师以上职称或取得注册会计师资格。

4. 具有较高的英语水平，能够运用英语进行听、说、读、写。

5. 年龄不超过 45 周岁，身体健康。

（二）选拔方式

建立公开、公平、公正、择优的选拔机制，实行推荐、考试、考核相结合的选拔方式。

选拔工作依照个人申请→单位推荐→财政部门资格审查→笔试→申报材料审核→面试的程序。江西省会计领军人才培养工作领导小组聘请政府部门、知名企业、高校专家对通过笔试的人选进行面试，并综合进行标准量化打分，根据选拔考试的结果，择优确定培养对象。

四、培养方式

按照因材施教、学用结合的原则，实行集中培训与在职学习实践相结合、课堂教学与应用研究相结合的培训方式，通过建立学习、研究、实践、交流平台，全面培养和提升培训对象的综合素质。

（一）培训基地。我省企业会计领军人才培养以省财政厅为主导，上海国家会计学院为主要培训基地，学员所在单位或知名企业为培训实践基地。

（二）培养周期。培养分为集中培训和跟踪管理两部分，集中培训周期为 3 年。集中培训依托上海国家会计学院，以专题讲座、专题研讨、案例讨论、论坛等方式为主，以案例教学为主要教学形式。实行导师制，由培训基地为学员配备导师，提供自学书目、课题项目和网上辅导服务，搭建起学员之间以及学员与导师之间的沟通平台。建立江西省企业会计领军人才信息库和培训学员档案，集中培训结束后为跟踪管理阶段，主要以学员在职自学为主，采取边实践边学习的方式。江西省会计领军人才培养工作领导小组定期了解学员完成培训后岗位、职称以及职务等变化情况，对学员实行动态跟踪管理。

（三）培训内容。我省会计领军人才将以能力建设为核心，根据学员的特点和需求，按照“贴近实际、结合案例、突出前沿、体现创新”的原则，确定培养课程体系。主要课程包括：公司治理、会计准则与财务报告、战略成本管理、内部审计、财务报告分析、公司并购与资本运作、企业风险管理与内部控制、公司财务战略与决策等。

（四）考核管理。上海国家会计学院负责学员集中培训时期的日常管理，建立学员档案，制定学员考勤、课程考核、报告撰写、学绩评定等管理制度，系统记录学员在培养期间的学习、综合表现、出勤等情况，定期将这些信息提供给江西省会计领军人才培养工作领导小组。在培训周期内，省财政厅和上海国家会计学院不定期与学员进行联系，了解学员学习、工作、科研等情况。集中培训结束后，主要以学员在职自学为主，采取边实践边学习的方式。学员按照上海国家会计学院提供的自学书目、课题项目进行自学，定期参与专属网络论坛的讨论，按时参加江西省会计领军人才培养工作领导小组要求的各项活动，定期向领导小组报送学习心得体会、业绩报告、专业论文、案例研究报告、调研报告、考察报告等，边工作，边学习，努力把学到的理论知识运用到工作中去。

五、对学员的管理与使用

坚持“培养与使用相结合”的指导思想，建立与国家、省级有关人才使用部门的沟通合作机制，加强与人才所在单位的沟通，积极向财政部会计准则委员会、中国会计学会等专业机构、江西省大型企业、事业单位、江西省人才库推荐优秀学员，打造江西省会计行业品牌。

经培训合格的江西省会计领军人才，由江西省财政厅用印、上海国家会计学院颁发江西省会计领军人才证书。取得江西省会计领军人才证书者，已具备高级会计师资格，符合条件的学员，可推荐进入江西省高级会计师资格评审委员会；优先参加省财政厅、江西省会计学会组织的科研、学术等活动；省财政厅择优向财政部推荐为企业会计准则、企业内部控制等方面的咨询专家。

会计领军人才具有宣传会计法律法规，完善本单位会计政策，带领本单位会计人员学习会计理论、创新会计理念、发挥会计职能，推动我省会计改革与发展的义务和责任。

六、培养经费

建立省财政厅、用人单位、培养对象共同承担的多元化人才培养经费投入机制。省财政厅安排专项资金，用于省级企业会计领军人才的培训开支，相关培训的食宿、往返路费等费用由学员所在单位给予资助。

湖北省委组织部　省人力资源和社会保障厅　省发展和改革委员会　省财政厅关于实施省会计领军人才培养计划的通知

（2011 年 6 月 30 日　鄂财会发〔2011〕20 号）

各市州、直管市、林区党委组织部，政府发展和改革委员会（局）、人力资源和社会保障局、财政局，各有关单位：

为贯彻落实《中共中央国务院关于印发国家中长期人才发展规划纲要（2010—2020 年）的通知》（中发〔2010〕6 号）和《湖北省中长期人才发展规划纲要（2010—2020 年）》（鄂发〔2010〕24 号）精神，适应我省经济社会发展对会计行业的需要，根据《财政部关于印发会计行业中长期人才发展规划（2010—2020 年）的通知》（财会〔2010〕19 号）和财政部《全国会计领军（后备）人才培养十年规划》（财会〔2007〕8 号）的要求，经省委人才工作领导小组同意，省委组织部、省发改委、省人社厅、省财政厅决定，启动现代服务业人才培养工程（省会计领军人才培养计划）。

现将有关事项通知如下：

一、指导思想

以科学发展观为指导，认真贯彻科教兴省、人才强省战略，遵循会计人才发展规律，创新培养机制，科学组织，规范管理，培养造就一批具有国际视野、知识结构优化、实践经验丰富、创新能力突出、职业道德高尚的高层次会计人才，倾力打造适应我省经济社会发展需要的高端优秀会计人才队伍，推动我省会计人才队伍建设，为实现我省经济社会跨越式发展提供充分的会计人才储备和智力支持。

二、总体目标

从服务经济社会跨越式发展需要出发，在充分考虑我省现有会计人才现状和培训能力的基础上，把“省领军人才培养计划”作为全省“现代服务业人才培养工程”的重要内容，先行启动，用5年左右时间，实施省会计领军人才培养计划，在我省企业、行政事业单位、会计学术领域和注册会计师行业培养造就100名左右精通业务、善于管理、综合素质高、业绩突出、在全省具有较高知名度的会计领军人才，积极发挥省会计领军人才在强化会计职能、提高理财水平、参与管理决策、宣传会计法规、研究实务问题、开展会计人才培训等方面的带动和辐射作用，提升我省会计队伍的整体素质和会计工作的整体水平，为加快我省经济社会发展提供高端会计人才支持。

三、组织领导

成立省会计领军人才培养计划领导小组（以下简称“领导小

组”），领导小组负责研究决定全省会计领军人才培养、管理的重要事项，指导、推动全省会计领军人才培养工作的实施。

领导小组下设办公室（办公室设在省财政厅会计处，以下简称“领导小组办公室”），负责拟定全省会计领军人才培养计划；具体组织开展会计领军人才培养对象的选拔、培养工作，落实培训单位，确定培训教材和培训师资，指导协调培训单位开展培训工作，对培养对象进行跟踪考核管理；建立会计领军人才信息库，对会计领军人才进行动态跟踪服务和管理。

四、选拔对象

（一）省会计领军人才选拔按照个人申报与单位推荐、考试考核、资格审查、确定人选的程序进行。

（二）申报省会计领军人才应具备以下基本条件：

1. 遵纪守法，诚实守信；

2. 从事财务会计实务或理论、教学工作 5 年以上；

3. 第一学历本科，身体健康；

4. 具有较高的英语水平，能够运用英语进行听、说、读、写；

5. 具有较强的理论研究能力，承担过 1 项以上省部级研究课题或在省部级报刊上公开发表理论研究文章 2 篇以上。

申报参加省会计领军人才选拔考试的人员，除具备以上基本条件外，还必须具备下列条件之一：

1. 具有高级会计师专业技术职称，年龄不超过 38 岁。

2. 取得注册会计师资格，年龄不超过 35 岁。

3. 入选全国会计专业技术资格考试中级金榜、银榜，年龄不超过 32 岁。

4. 中央在鄂企业，省、市（州）大、中型企业中担任分管财务的企业负责人、财务部门主要负责人及其后备人员，或上市公司的总会计师；中央在鄂以及省、市（州）政府直属行政事业单位中担任分管财务的单位负责人、财务部门处级干部及其后备人员；在鄂大专院校或科研单位从事会计科研、教学工作，具有副高以上职称，或拥有经济、管理类专业博士学位，年龄不超过40岁的人员。

对取得突出实绩、条件特别优秀的，年龄条件可适当放宽。

（三）会计领军人才选拔采取考试和考核两种方式。

选拔考试分笔试和面试。笔试原则上依托国家会计领军人才考试进行，省会计领军人才申报对象在全国会计领军人才考试中的成绩作为我省会计领军人才的选拔依据之一。按笔试成绩择优进行面试。

考核选拔方式适用于符合申报条件，且学历较高、年龄较轻的分管财务的企业或单位负责人以及财务部门的主要负责人。

（四）会计领军人才申报对象通过考试或考核，经审查合格后入选全省会计领军人才培养管理体系。

五、人才培养

省会计领军人才的培养，采取集中培训与个人自学相结合、课堂教学与调查研究相结合等形式。包括：

（一）依托省内外著名财经类高校、科研院所建立培训基地，进行集中授课、研讨。

（二）聘请省内外著名财务会计类专家进行结对培训，实行一对一辅导培养。

（三）组织赴世界知名院校、研究机构、企业和有关组织进行访问交流。

省会计领军人才的培养以2至3年为一个周期，由领导小组办公室根据实际情况确定。

会计领军人才的培养应制定切实可行的实施方案，由领导小组办公室组织专家团队科学设计培训内容、形式，加强培训管理，强化培训效果。

建立量化考核和淘汰机制，对培养期间表现优秀者给予一定的精神和物质奖励，激励优秀会计领军人才脱颖而出。培训期满，经考核认定，授予全省会计领军人才荣誉称号并通报全省。

六、管理使用

建立以财政部门为主，用人单位、培养对象为辅的多元化人才培养经费投入机制。用人单位应重视和支持省会计领军人才的选拔培训，在资金和时间上给予支持；省级财政安排适当资金用于省会计领军人才的选拔培养。

建立省会计领军人才培养档案信息库，对省会计领军人才的年龄、学历、职称、工作单位、职务、业绩、培养情况等相关信息实行动态管理。

对入选的省会计领军人才，将在以下方面给予支持：

（一）承担省级会计科研项目，并给予科研经费支持；

（二）聘任为省级会计管理咨询专家、会计人员继续教育培训专家，任期内给予适当补助；

（三）纳入全省高级会计师资格评审专家库；

（四）在选拔省级以上各类专家和表彰优秀人才时予以重点倾斜。

（五）为取得国际资本市场认可的专业资格，晋升高级、正高级专业技术职务创造条件。表现特别优秀的，通过相关资格、能力考试后，在高级、正高级专业技术资格评审中给予适当倾斜。

（六）择优向大型企事业单位、组织人事部门以及知名企业等用人单位推荐；

（七）组织优秀会计领军人才赴境外考察、实习、研修；

（八）纳入全省高层次人才库，并享受休假疗养、国情考察、政治理论培训等待遇。

（九）树立为会计行业先进典型，提高社会地位、影响力和感召力。

中共青岛市委组织部 青岛市财政局 青岛市人力资源和社会保障局关于印发《青岛市会计领军（后备）人才选拔培养实施方案》的通知

（2011 年 10 月 20 日　青财会〔2011〕34 号）

各区（市）党委组织部，各区（市）人力资源和社会保障局、财政局，市直各部门、各大中型企业、高等院校，中央、省驻青有关单位：

为深入贯彻落实财政部《会计行业中长期人才发展规划（2010—2020 年）》、《山东省会计行业中长期人才发展规划（2010—2020 年）》和市委办公厅、市政府办公厅《关于加强机关事业单位财会人员队伍建设的意见》（青厅字〔2010〕37 号），切实加强我市会计人才队伍建设，着力培养一批具有国际视野和战略思维的复合型高层次会计人才，满足我市经济和社会发展对高端会计人才的需求，提升全市会计人才队伍的整体素质，我们研究制定了《青岛市会计领军（后备）人才选拔培养实施方案》，现印发给你们，请结合本地区、本部门、本系统工作实际，认真履行职责，做好宣传、组织和培养等相关工作。

青岛市会计领军（后备）人才选拔培养实施方案

为深入贯彻落实财政部《会计行业中长期人才发展规划（2010—2020年）》、《山东省会计行业中长期人才发展规划（2010—2020年）》和市委办公厅、市政府办公厅《关于加强机关事业单位财会人员队伍建设的意见》（青厅字〔2010〕37号），切实加强我市会计人才队伍建设，着力培养一批具有国际视野和战略思维的复合型高层次会计人才，满足我市经济和社会发展对高端会计人才的需求，提升全市会计人才队伍的整体素质，经研究决定，在全市范围内启动青岛市会计领军（后备）人才培养工程。培养实施方案如下：

一、指导思想

高举中国特色社会主义伟大旗帜，坚持以邓小平理论和“三个代表”重要思想为指导，深入贯彻落实科学发展观和科学人才观，更好地实施科教兴市、人才强市和“环湾保护、拥湾发展”战略，遵循社会主义市场经济规律和人才成长规律，借鉴全国会计领军人才培养机制，实施我市高端会计人才培养工程，培养青岛市会计领军（后备）人才，为我市经济和社会事业发展提供强有力的会计人才保障。

二、培养目标

从我市经济社会发展的实际需要出发，把握会计人才发展趋势，按照会计领军人才能力框架和素质要求，在全市范围内开展青岛市会计领军（后备）人才选拔培养工作，力争用10年时间，选拔培养100名青岛市会计领军人才。

三、组织领导

市委组织部、市人力资源和社会保障局、市财政局共同负责部署全市会计领军（后备）人才选拔培养工作，研究制定青岛市会计领军（后备）人才选拔、培养、使用、激励等有关政策。办公室设在市财政局，由市财政局具体负责组织会计领军（后备）人才选拔培养工作的实施，履行制定分类选拔培养计划、组织培训学员的选拔、委托培训机构进行集中和跟踪培训、建立会计领军人才库、实行动态跟踪管理等职责。

各区、市财政局负责组织本地区相关人员参加会计领军（后备）人才选拔培养的报名、材料审查及后期管理等工作。

受托培训机构根据青岛市会计领军（后备）人才选拔培养工作办公室的要求，结合青岛市实际，拟定培训计划和培训方案并报经办公室同意后组织实施。

四、培养对象

青岛市大中型企业，上市公司，行政事业单位，中央、省驻青企事业单位，高等院校以及在青岛市注册的会计师事务所财务负责人（总会计师、财务总监），中青年财务会计骨干，注册会计师行业的业务骨干，从事高校财务会计学科教学和研究的教师等。根据不同的行业特点，实行分期分类培训。

五、培养对象的选拔

（一）基本条件

（1）遵守《中华人民共和国会计法》等相关法律法规，诚实守信、具有良好的会计执业道德；

（2）具有经济管理类专业大学本科以上学历，在职、在岗从事财务会计工作 5 年以上；

（3）具有高级会计师资格，或取得会计师资格 3 年以上，或取得注册会计师资格 3 年以上，或具有会计专业副教授以上职称；

（4）精通业务，熟悉政策，工作业绩突出，具有开拓创新意识和较强的执业判断能力；

（5）具有较高的英语水平；

（6）年龄原则上不超过 45 周岁，身体健康。

对获得市级以上劳动模范、优秀教师、先进会计工作者荣誉称号，或取得省级以上科研成果一、二等奖，以及担任大型企业、上市公司的财务负责人（总会计师或财务总监），选拔条件可以适当放宽。

（二）选拔程序

1. 申请与推荐。具备条件的人员由本人提出申请，如实填写《青岛市会计领军（后备）人才选拔培养申请表》，经本人所在单位同意后，连同有关证明材料报单位所在地的人社部门及财政部门审核。各区、市财政部门将本地区申报人员的有关材料进行审查汇总后报市会计领军（后备）人才选拔培养工作办公室。属市直部门或单位的，直接报市会计领军（后备）人才选拔培养工作办公室进行审核。

2. 笔试。市会计领军（后备）人才选拔培养工作办公室组织对申请人进行集中选拔笔试。考试形式为闭卷。考试范围为财务会计实务、企业内部控制、企业管理（财经）综合知识、相关法律法规和英语。根据考试成绩和申报条件，适度考虑地区、行业、专业技术资格等因素，按 1:1.5 的比例确定面试人员，并在青岛市会计信息网上予以公布。

已经参加过山东省高端会计人才选拔考试且未入选培养对象的人员，其笔试成绩可作为青岛市会计领军（后备）人才选拔考试的笔试成绩，统一纳入青岛市组织的笔试成绩进行由高到低排名，其考试成绩有效期为3年，其他程序按青岛市的规定执行。

3. 面试。选拔面试由市委组织部、市人力资源和社会保障局、市财政局等部门共同组成面试专家组。主要考察考生的综合分析能力、组织协调能力、应变能力、人际交往能力、语言表达能力、逻辑思维能力以及与职位相匹配的其他能力等。

4. 确定培养人选。根据笔试、面试成绩计算综合成绩，其中笔试成绩、面试成绩各占综合成绩的60%和40%。市会计领军（后备）人才选拔培养工作办公室根据考试综合成绩排序确定培养人选，并按规定组织异议期公示，公示期内有异议的要认真调查核实，无异议后，书面通知入选人员本人。入选人员名单将在青岛市会计信息网上予以公布。

六、培养方式

青岛市会计领军（后备）人才培养委托上海国家会计学院具体实施。每期培训班周期为3年，原则上每期培训不超过40人，实行集中学习培训与跟踪学习培训相结合。

集中学习培训采取专题讲座、专题研讨、案例分析、组织论坛、现场观摩、考察等方式进行。目的是通过学习与交流，夯实理论基础，完善知识结构，更新管理理念，拓展管理视野，同时为学员搭建一个相互交流沟通的平台。每年集中两次，每次两周左右。

跟踪学习培训以学员在职自学为主，采用边实践、边学习的方式，目的是通过研究报告、研究论文的撰写，提高学员理论应用能力、研究分析和解决问题的综合能力。上海国家会计学院根据学员岗位特点和知识结构，制定个性化辅导方案，并对学员进行学术指导。每个学员必须按要求提交学习心得体会、专业论文和课题研究报告等。同时，学员还须积极配合市财政会计管理部门，参与会计制度等方面的调研工作。

七、培养内容

会计领军（后备）人才选拔培养工作办公室按照切近实际、结合案例、突出前沿、体现创新的原则，与上海国家会计学院商定培训方案。主要内容包括：会计执业道德素养、专业会计理论知识、会计综合能力框架构建、会计信息化建设研究、国内外典型会计案例分析、企业风险管理与内部控制设计、成本控制与全面预算管理、资本市场运作、会计改革发展前沿问题探讨等。

八、考核与管理

（一）建立跟踪评价机制

上海国家会计学院具体负责对学员的日常管理，建立学员信息库和档案，对学员的学习情况、出勤情况和科研情况进行系统记录和考核，并定期将有关资料提供给青岛市会计领军（后备）人才选拔培养工作办公室。办公室和上海国家会计学院不定期与学员及学员所在单位进行联系，了解通报学员的学习、工作、科研以及职业岗位变化等情况，听取学员对学习课程的建议，为培训效果测评提供基础数据。在培训周期内，每年年终由市会计领军（后备）人才选拔培养工作办公室对学员进行全面考核，考核结果记入个人档案。

（二）实行淘汰机制

对参加培训无故缺课、未完成规定的全部课程、不按时完成规定的研究报告、专业论文等作业的学员，取消其参加进一步培训的资格，予以淘汰，并将情况通报学员所在单位。

学员完成所有培训课程并经考核合格后，由上海国家会计学院、中共青岛市委组织部、青岛市人力资源和社会保障局、青岛市财政局颁发《青岛市会计领军人才培养结业证书》；由中共青岛市委组织部、青岛市人力资源和社会保障局、青岛市财政局颁发《青岛市会计领军人才证书》。

（三）培养与使用相结合

取得《青岛市会计领军人才证书》者，进入青岛市会计领军人才库，可优先聘为市财政局会计制度咨询专家委员会的专家；优先推荐作为专家参与市财政局财政资金项目评审；优先推荐成为承担青岛市会计人员继续教育、会计业务培训的师资；优先推荐担任青岛市会计学会理事候选人；优先推荐青岛市先进会计工作者；优先推荐作为总会计师、财务总监竞聘候选人资格等。鼓励青岛市会计领军人才积极参加全国会计领军（后备）人才和山东省高端会计人才的选拔培养，进一步提升个人的专业知识水平、工作能力和整体素质。

九、培养经费

建立财政、用人单位、培养对象共同承担培养费用的经费保障机制。市财政承担市会计领军（后备）人才选拔培养阶段的费用，列入年度财政预算。学员及所在单位承担培训的往返交通费等其他费用。

十、人才库建设

取得全国会计领军（后备）人才培养资格和山东省高端会计人才培养结业证书的人员，经本人申请，可以自动进入青岛市会计领军人才库，不再参加青岛市组织的会计领军（后备）人才的选拔培养。市会计领军（后备）人才选拔培养工作办公室负责我市会计领军人才库的建设，不断提高信息化管理水平，对全市会计领军（后备）人才实行动态管理。

四川省财政厅关于征求《四川省会计领军人才培养十年规划（征求意见稿）》的通知

（2011年9月21日　川财会函〔2011〕12号）

各市（州）财政局：

为切实做好我省会计领军人才工作，现将《四川省会计领军人才培养十年规划（征求意见稿）》予以印发，请组织征求意见，并于2011年11月10日前将书面意见反馈省财政厅会计处。

联系人：省财政厅会计处　黄和成

联系电话：028－86722751

电子邮箱：huanghc0600@163.com

附件：四川省会计领军人才培养十年规划（征求意见稿）

附件：

四川省会计领军人才培养十年规划（征求意见稿）

一、指导思想

坚持以邓小平理论和“三个代表”思想为指导，深入贯彻落实科学发展观，扎实推进人才强省战略，以能力建设为核心，遵循人才成长规律，立足国际前沿，创新培养机制，严格科学管理，着力培养一批具有市场化理念和战略思维的复合型高层次会计人才，促进我省会计人才整体素质的全面提升，为加快实现我省经济跨越式发展提供会计支持和人才支持。

二、培养目标及任务

（一）总体目标

从服务四川经济社会发展的需要出发，在全省范围内，有计划地分别企业类、行政事业类、注册会计师类、学术类四类，争取用十年左右的时间，培养500名左右专业扎实、综合素质高、具有实践经验的省级会计领军人才，担负全省会计行业的领军重任。

会计领军人才应当具有恪守诚信、敬业爱岗、甘于奉献的道德品质；形成系统科学、结构合理、学养深厚的知识体系；具备精于理财、善于管理、勇于创新的工作能力；作出推动发展、促进和谐、壮大行业的社会贡献；享有社会认同、行业肯定、备受推崇的良好声誉；实现由执行者向管理者、领导者、决策者的转变。这些人才应当在深化经济体制改革、维护市场经济秩序、强化组织内部管理、提高资源配置效率、推动会计理论和实务创新、塑造会计行业民族品牌等方面积极发挥引领和辐射作用，进而形成高端会计人才团队，推动我省会计队伍整体素质的全面提升。

（二）具体任务

根据会计领军（后备）人才培养工作的总体目标，结合不同领域的实际情况，会计领军（后备）人才培养工作的具体任务为：

1. 适应大中型企业，特别是境内外上市公司加快发展、强化管理对高层次财务会计人才的需求，着力培养200名左右在大中型企业或重要经济领域担任财务负责人的企业类会计领军人才。积极发挥这些人才在深化企业内部改革，建立健全现代企业制度，增强企业核心竞争力，保障企业做强做大，促进经济社会和谐发展等方面的重要作用。

2. 适应我省财政体制改革和事业单位体制改革对高层次会计人才的迫切需要，着力培养150名左右在行政事业单位或相关重要领域担任财务负责人的行政事业类会计领军人才。积极发挥这些人才在深化行政事业单位体制改革，优化资源配置，加强财政、财务管理，推动依法行政、依法理财，提高资金使用效益等方面的重要作用。

3. 适应完善社会主义市场经济体制的要求，加快我省注册会计师行业的发展，促进注册会计师业务水平的全面提升，推动会计师事务所做大做强，着力培养50名左右具备具有全国竞争力的注册会计师类会计领军人才。积极发挥这些人才在规范会计服务市场，增强行业竞争力，促进行业全面发展等方面的重要作用。

4. 适应建立有中国特色和国际影响的会计理论体系的要求，充分发挥理论研究、学科建设对会计改革与发展的理论支持作用，着力培养100名左右在会计学科担任学术带头人的学术类会计领军人才。积极发挥这些人才在加强会计理论研究，培养优秀会计人才，打造学术研究团队，提升会计学科地位等方面的重要作用。

三、组织分工

（一）成立四川省会计领军（后备）人才培养工作领导小组（以下简称领导小组）。领导小组主任，由分管会计工作的厅领导担任；副主任若干名，由财政厅会计处以及相关培训院校等单位负责人担任；成员若干名，由大型企业总会计师、注册会计师行业代表、行政事业单位财务负责人、会计理论资深专家组成。

领导小组负责规划、指导全省会计领军（后备）人才培养工作。包括指导会计领军（后备）人才培训网络建设，构建会计领军（后备）人才联合培训机制，建立各类会计领军（后备）人才培训沟通机制，协调各类会计领军（后备）人才培训工作，加强对外宣传，督促、指导各单位贯彻落实领导小组的决议。

（二）会计领军（后备）人才培训采取“分类培训，联合打造”的模式。省财政厅会计处是企业类、行政事业类、学术类和注册会计师类会计领军（后备）人才培训的管理部门，依托四川财经职业学院、西南财经大学等具体实施培训。

1. 省财政厅负责组织管理各类会计领军（后备）人才的选拔培训工作，研究制定会计领军人才能力框架，组织设计培训方式，建立会计领军（后备）人才信息库，对企业类、行政事业类和学术类学员实行跟踪培训，指导四川财经职业学院、西南财经大学开展会计领军（后备）人才培训工作。

2. 四川财经职业学院、西南财经大学等协助培训管理部门做好学员选拔、能力框架建设等工作，负责会计领军（后备）人才培训的实施。具体负责协助培训管理部门组织学员选拔、参与研究制定会计领军人才能力框架、结业考核、学员档案库建设等教务管理工作。

四、学员选拔

按照“高起点、高标准、高质量”的要求，分别四类人才，确定报名条件，严格选拔程序，认真组织选拔工作。

（一）省财政厅组织对企业类、行政事业类、注册会计师类和学术类会计领军（后备）人才的选拔工作。

（二）选拔程序包括申报、笔试、面试等程序，重点考察申请人的知识结构、专业素养、分析创新能力、政策把握能力、组织协调能力、交际沟通能力、应变能力等素质。

（三）选拔条件主要包括：政治合格、考试成绩、业界影响。并具有财会类相关专业大学本科以上学历，高级会计师以上专业技术资格（或已通过高级会计师考试）或注册会计师资格，有较高的理论水平和较丰富的财务工作经验，从事财务会计工作 5 年以上的青年会计人员。

五、培训组织

（一）培训周期

每届培训班的培训周期为 3 年，分为 3 个考核周期。第一个考核周期为培训的第 1 年，第二个考核周期为培训的第 2 年，第三个考核周期为培训的第 3 年。并实行考核淘汰机制。

第一个考核周期为知识拓展阶段。该周期以组织教学、跟踪培训为主，着重培养学员的专业素养，努力提高学员的理论水平、管理意识以及分析判断、沟通协调、团队精神等方面素质，提升学员的道德修养、职业使命感及社会责任感，为学员实现从执行者向管理者、领导者、决策者的转变夯实基础。

第二个考核周期为能力提升阶段。该周期以高层次论坛、大跨度交流为主，着重培训学员的综合素质，努力提高学员的决策能力、沟通能力，扩展学员的视野，为学员实现从执行者向管理者、领导者、决策者的角色转变集聚能量。

第三个考核周期为使用提高阶段。该周期以工作实践、推荐使用为主，着重加强对学员的使用，在持续打造学员各项能力的同时，强调对学员实际工作能力的考察，强化对学员的使用，发挥优秀学员的带动作用，提升学员在行业中的知名度和影响力，重点培养、精品打造，帮助学员实现从执行者向管理者、领导者、决策者的角色转变。

（二）培训方式

培训由集中培训和跟踪培训两部分组成。集中培训的地点为四川财经职业学院、西南财经大学或国家会计学院等。结合会计领军（后备）人才工作实际，集中培训采取短期、多次集中的培训方式，每年举办若干次短期集中培训。每个培训周期的首次集中培训时间一般为1周左右，以后各次集中时间根据学习情况安排确定。集中培训结束即进入跟踪培训阶段。

1. 集中培训

集中培训以课堂教学、专题讲座、专题研讨等方式为主，通过学习和交流，夯实基础理论、优化知识结构，完善研究方法、更新经营理念、拓展管理视野。通过培训，确定学员在职学习的方向和参与科研、实践的具体任务。

（1）课堂教学与专题讲座。以案例教学为主要培训方式，聘请一流的专家、学者、国家政策制定机构领导担任培训授课教师，重点讲授会计知识，覆盖社会学、管理学、经济学、法学、哲学、历史及人文学等多学科的知识。

（2）课堂互动与专题研讨。建立课堂互动、课后讨论的培训模式，加强师生间、学员间的沟通与交流，及时消化培训内容，让学员在碰撞中吸收知识，拓展视野，不断提升。

（3）实地参观考察。有计划地安排学员到大型企事业单位、知名高校和研究机构参观、考察，引导学员从实践中学习。

（4）网络信息交流。构建网络交流平台，以网络为载体，拓宽教学手段和方式，增强学员之间的交流互动。

（5）其他培训方式。利用拓展训练、野餐会、班会、体育比赛、模拟教学等多种手段，构建学员的团队意识。

2. 跟踪培训

跟踪培训以学员在职自学为主。通过建立会计领军（后备）人才学习、研究、实践、交流平台，引导学员在集中培训结束后，持续进行在职学习，完成培训管理部门规定的自学任务，按时参加培训管理部门要求的各项活动，定期向培训管理部门报送学习心得体会、业绩报告、专业论文、案例研究报告、调研报告、考察报告等，边工作，边学习，进一步提升学员理论联系实际、解决实际问题的能力。

（1）实施动态跟踪培训。建立会计领军（后备）人才信息库和培训学员档案，详细记录学员在培训期间的各项表现。加强与学员的联系，随时掌握学员动态，在培训周期内，培训管理部门每年与学员联系1—2次，跟踪了解学员学习、工作、科研等情况，定期编发学员动态。

（2）敦促学员完成自学任务。结合会计领军（后备）人才能力要求，安排一定的自学任务，要求学员利用业余时间认真完成学习指定阅读书目、承担相关研究课题、取得国际资本市场认可的专业资格等自学任务。通过不断学习，掌握相应的理论知识、科学方法，增强学员发现问题、分析问题、解决问题的能力，提高学员的专业水平和综合能力。

（3）安排课外跟踪辅导。建立跟踪辅导交流平台和联系机制，增强学员与教师之间、学员与学员之间的联系。培训管理部门会同相关院校根据学员的研究方向，安排导师或前期学员对后期学员进行跟踪课外辅导，帮助学员理解、掌握相关知识。

（4）鼓励优秀学员返校讲课。根据学员的研究方向及提交论文的学术质量，定期择优选拔学员参与会计领军（后备）人才培训的授课任务，反哺会计领军（后备）人才培训项目。

（5）开展案例研讨。结合重点案例，组织学员开展研究，引导学员到实践中去总结学习，并就研究成果进行交流讨论。开展案例研究竞赛，深化案例研究工作，提高案例研究质量，形成较好的研究报告。

（6）建立后续跟踪评价体系。定期了解学员完成培训后的岗位职业变化，听取学员对学习课程的建议，为测评培训实施效果提供基础数据。

（三）培训管理

实行激励与约束相结合的培训管理机制，建立健全培训管理办法，引导学员按照培训方案完成培训任务，按照考核周期，对学员参加集中培训情况、完成指定自学任务情况、返校讲课情况、发表学术论文情况、参加论坛情况、工作业绩、晋升情况、获奖情况、单位满意度等进行量化考核，结合学员的综合素质和发展潜力，按照考核淘汰机制，选拔产生优秀人才。

（四）培训经费

省财政厅承担企业类、行政事业类、注册会计师类、学术类会计领军（后备）人才培训选拔阶段的全部费用、集中培训期间的全部教学、管理费用以及跟踪培训期间发生的相关费用；其他培训所需费用由学员所在单位负担。

六、加强对外合作

牢固树立为大型企业集团、大型会计师事务所“走出去”战略服务、占领会计前沿阵地的战略意识，高度重视人才培养的对外合作，加强会计人才培养的对外经验、技术、人员的交流与合作特别是与国家会计学院等的交流合作。

七、探索可持续发展模式

通过创新会计领军（后备）人才培养使用机制，总结积累会计领军（后备）人才培养经验，按照学员选拔、重点培养、精品打造、定向举荐、发展提升的领军人才发展路径。通过拓展领军人才成长发展渠道，加速领军人才价值创造，扩大领军人才社会影响，塑造领军人才品牌形象，实现领军人才可持续发展。

黑龙江省高端会计行业中长期人才发展方案

（2011 年 8 月 9 日　黑财会〔2011〕12 号）

为建立高素质会计队伍，充分发挥会计人才在建设“八大经济区”和“十大工程”中的作用，促进全省经济更好更快发展，根据《财政部关于印发会计行业中长期人才发展规划（2010—2020 年）的通知》（财会〔2010〕19 号）精神，结合我省会计人员队伍实际，制定本方案。

一、指导思想

以邓小平理论和“三个代表”重要思想为指导，深入贯彻落实科学发展观，全面贯彻实施人才强省战略，以能力建设为核心，以高层次会计队伍建设为重点，遵循会计人才发展规律，创新培养机制，科学组织，规范管理，倾力打造适应我省经济全面协调可持续发展要求的优秀会计人才队伍，着力培养诚实守信、精通业务、善于管理、具有开拓视野和战略思维的复合型高级会计人才，全面提升我省会计队伍整体素质，为推动经济社会和会计事业发展提供充分的人才储备和智力支持。

二、总体目标

从服务经济社会发展需要出发，在充分考虑我省现有的会计人才现状和培训能力的基础上，计划用10年左右时间，在我省会计行业实施“金字塔”工程，即在我省企业、行政事业单位、会计学术领域培养造就5—10名精通业务、善于管理、综合素质高、业绩突出、在全国有较高知名度的复合型会计专家（第一层次）；50—100名专业素养高、理财能力强、发展潜力大、业绩显著、在全省有较高知名度的高级管理型会计人才（第二层次）；300—500名业务熟练、理财水平较高、起骨干带头作用、在市县有较高知名度的会计行家（第三层次），并积极发挥“金字塔”工程会计人才在强化会计职能、提高理财水平、参与管理决策、宣传会计法规、研究实务问题、开展会计人才培训等方面的带动和辐射作用，提升我省会计队伍的整体素质和会计工作的整体水平，为加快黑龙江经济社会发展提供高端管理型会计人才支持。

三、培养平台

我省“金字塔”工程会计人才的培养按照统一规划、分级实施的原则推进，省里主要负责培养第一、第二层次的会计人才，各市（地）主要负责培养第三层次的会计人才。各地要充分用好以下三个平台，扎实推进人才培养工作开展。

（一）努力用好财政部搭建的全国会计领军人才培养平台。扎实推进“金字塔”工程，使我省的“金字塔”工程会计人才成为全国会计领军人才的后备力量，积极向全国会计领军人才培训班输送更多的黑龙江学员，并借助此平台，把黑龙江会计人才推向全国，培养他们逐步成长为在全国有较高知名度的复合型会计专家。

（二）搭建省级“金字塔”会计人才培养平台。采取公开、公平、竞争、择优的选拔机制，将热爱财会工作、遵守财经法规、年富力强、好钻研、知识面宽广、精通业务、善于理财、具有发展潜力和战略思维观念、工作实绩突出的会计人才选拔出来；选择合适的学习、实践培训基地，设计科学、实用的课程体系，实行集中培训，组织开展课题研究和学术交流活动，提高其研究能力和创新能力，逐步培养他们成为全省有较高知名度的高级管理型会计人才，为全国会计领军人才的培养储备更多后备人选。

（三）搭建地市级“金字塔”工程会计人才培养平台。采取地市级为主导、县里积极配合、省里督促指导等方式，通过科学、合理选拔，把发展潜力较大的会计人才挑选出来，进行集中培训，培养他们成为各市县知识丰富、业务熟练、理财能力较强、骨干带头作用突出、业绩优秀、知名度较高的会计行家和高级管理型会计人才、复合型会计专家的主要后备人选。

四、组织领导

省财政厅成立全省“金字塔”工程会计人才培养工作领导小组（以下简称“领导小组”），领导小组负责研究决定全省“金字塔”工程会计人才培养、管理的重大事项，指导、推动全省“金字塔”工程会计人才培养工作的实施。

领导小组下设全省“金字塔”工程会计人才培养工作办公室（设在省财政厅会计管理局，以下简称“办公室”），负责草拟全省“金字塔”工程会计人才培养方案、管理制度；组织开展“金字塔”工程会计人才第一、第二层次培养人选的选拔、培养工作，落实培训单位，确定培训教材和培训师资，指导协调培训单位开展培训工作；指导各地市实施第三层次会计人才的培养工作；建立会计人才信息库，对“金字塔”工程会计人才进行动态管理。

各市（地）财政局要高度重视，加强领导，因地制宜，采取有效措施，积极开展本地第三层次会计人才的培养工作；做好全省第一、第二层次会计人才培养人选的组织发动、资格初审、推荐上报等工作。

五、培养对象及选拔

（一）培养对象。涵盖企业、行政事业单位、会计学术领域三个类别的会计人才。

企业类会计人才：各企业分管财务会计工作的企业负责人、财务部门负责人及其后备人员、具有发展潜力的中青年财务会计骨干。

行政事业类会计人才：各行政、事业单位分管财务会计工作的负责人、财务部门负责人及其后备人员、具有发展潜力的中青年财务会计骨干。

会计学术带头人：我省高等院校、科研院所从事会计教学、科研工作、有发展潜力的优秀人才。主要通过财政部搭建的“全国高级会计人才——会计学术带头人后备人才培训班”平台进行培养。

（二）选拔条件和培养基地：

<table>
<tr><th>培养对象</th><th>选拔条件</th><th>培养基地</th></tr>
<tr><td>一、企业类会计人才</td><td>1. 基本条件
（1）遵守《会计法》等相关法律法规，诚实守信；
（2）有较丰富的财会工作经验，从事财会工作5年以上；
（3）年龄不超过45周岁，身体健康。
2. “第一、二”层次的具体条件
除具备以上基本条件外，还应当同时具备下列条件：
（1）具有大专以上学历；
（2）具有高级会计师专业技术资格，或者通过高级会计师资格考评结合考试（包括通过全国或黑龙江合格分数线），或者具有注册会计师非执业会员资格，或者特别优秀且担任会计师职务5年以上（含5年）；
（3）工作实绩突出，政策理论水平较高，具有开拓创新意识和较强的组织协调能力、分析研究能力；
（4）具有较好的英语水平，能够运用英语进行听、说、读、写。
3. “第三”层次的具体条件
由各市根据实际情况确定</td><td>1. 在财经类高校等设立科研培养基地；
2. 以学员所在单位或知名企业作为实践培养基地</td></tr>
<tr><td>二、行政事业类会计人才</td><td>1. 基本条件
（1）遵守《会计法》、《预算法》等相关法律法规，诚实守信；
（2）有较丰富的财会工作经验，从事财务会计工作5年以上；
（3）年龄不超过45岁，身体健康。
2. “第一、二”层次的具体条件
（1）具有大专以上学历，具有中级及以上会计专业技术资格；
（2）工作实绩突出，具有开拓创新意识和较强的驾驭政策能力、组织协调能力和分析研究能力；
（3）具有一定的英语水平，能够运用英语进行听、说、读、写。
3. “第三”层次的具体条件
由各市根据实际情况确定</td><td>1. 在财经类高校等设立科研培养基地；
2. 以学员所在单位作为实践培养基地</td></tr>
</table>

续表

培养对象	选拔条件	培养基地
三、会计学术带头人	1. 热爱会计科研、教育事业，有良好的职业道德和敬业精神； 2. 拥有经济、管理类专业硕士学位，具有 8 年以上会计科研、教学工作经历，具有副高以上职称； 3. 在国家一级刊物上发表两篇以上论文或出版一本以上专著； 4. 具备熟练运用外语进行听说读写的能力，或具有一年或一年以上国外学习、科研、教学或工作经历； 5. 年龄不超过 45 周岁，身体健康。	以财政部的全国会计学术带头人后备人才培训班为主

（三）选拔方式。建立公开、平等、竞争、择优的选拔机制，实行推荐 + 考试 + 考核的选拔方式。

（四）选拔周期及规模。3 年一个周期，第一、二层次的培养人选计划每年选拔一次，按类别每次选拔 3—5 名、30—50 名。第三层次培养人选的选拔周期及规模由各市确定。

（五）选拔程序。申报→资格审查→考试→考核→确定人选。

六、培训内容

以能力建设为核心，根据培训学员的特点和需求，按照贴近实际、结合案例、突出前沿、体现创新的原则，确定培训课程。

（一）以会计人才能力框架为指导，交流、讲授每类会计人才应具备的知识和技能。

（二）以学员的实际需求为出发点，学以致用，解决学员在工作中遇到或将要遇到的实际问题。

（三）关注会计改革、企业改革和经济社会改革等热点问题，组织系列专题讲座和互动讨论等。

七、培养方式

按照因材施教、学用结合的原则，对学员实行集中培训、课堂教学与应用研究相结合的培训方式，全面培养和提升学员的综合能力。

第一、第二层次人才的培养以 3 年为一个培训周期，第三层次会计人才的培训周期由各市（地）根据实际情况确定，每个培训周期分为集中学习培训，并根据企业改革和经济社会改革等热点问题，组织系列专题讲座和研讨等。

集中学习培训以专题讲座、专题研讨等方式为主，目的是通过学习与交流，夯实理论基础、提升知识结构、更新管理理念、拓展管理视野，培养组织协调能力，为各位学员之间及学员与师资之间搭建一个相互沟通交流的平台。同时，通过培训和综合考察，确定学员在职学习的方向和参与科研、实践的具体任务。

八、学员的考核与管理

（一）科研培训基地负责培训期间学员的日常管理。由科研培训基地建立学员档案，系统记载学员在培训期间的学习、科研、出勤等情况，定期将这些情况提供给领导小组办公室。

（二）领导小组办公室与培训基地、学员及学员所在单位经常进行联系、沟通，及时收集和更新学员培训等有关信息，定期向领导小组和学员所在单位通报，落实培训管理的各项具体措施，积极研究和解决培训中遇到的问题。

（三）实行淘汰制。建立量化考核体系，根据学员在培训周期中的综合表现，以量化分为依据，对于无故缺课、未完成培训基地规定的全部课程学习、不按规定向科研培训基地和领导小组办公室报送学习心得、实践应用报告、调研报告、专业论文、案例研究报告、业绩报告等的学员，予以淘汰，劝其退学，并将情况通报学员所在单位。

（四）颁发培训证书。培训周期届满，学员完成教学计划规定的全部培训课程，经考核合格的，予以结业，由省财政厅颁发相应级别的黑龙江“金字塔”工程会计人才培训证书。

九、培养经费

确立人才投入优先的理念，建立政府、用人单位、培养对象个人共同承担的多元化会计人才培养经费投入机制。比照其他省市做法，在省本级财政中安排培训资金，用于第一、二层次培养对象的选拔、集中培训等开支，第一、二层次培养对象参加集中培训的往返路费等其他费用由学员所在单位给予资助。

第三层次培养对象的选拔、集中培训等有关费用，由地级市确定解决方案。

十、建立评价认证机制

建立以能力和业绩为导向，包括品德、知识、能力等关键要素，体现不同领域、不同岗位特点，科学、合理的“金字塔”工程会计人才评价认证指标体系。按照公开、平等、竞争、择优的原则，开展“金字塔”工程会计人才评价认证工作，通过媒体公布入选人员名单，对入选人员授予黑龙江“金字塔”工程会计人才称号，颁发相应级别的黑龙江“金字塔”工程会计人才证书，使会计人才脱颖而出，努力打造黑龙江“金字塔”工程会计人才品牌。

十一、培养与使用相结合

积极创造条件，为黑龙江“金字塔”工程会计人才提供施展才能的平台。主要措施如下：

（一）对符合条件的会计人才，择优向财政部推荐为全国会计准则、内部控制制度等方面的咨询专家，聘任为省会计管理咨询专家、会计人员继续教育培训辅导专家，推荐成为黑龙江高级会计师资格评审专家库成员。

（二）优先取得省资助的重点会计科研项目，在课题立项、投标与经费支持上给予适当倾斜。

（三）组成团队，优先向财政部等推荐申请国家级课题项目，为会计人才开展科研活动创造有利条件。

（四）建立表彰制度。定期召开全省会计人才表彰大会，树立一批会计人才的先进典型，提高会计人才的社会地位、影响力和感召力。加强舆论宣传，吸引更多的优秀人才加入到我省会计人才工程建设中来。

（五）择优向国有资产监管部门、组织人事部门、知名企业等用人单位推荐使用。

十二、实行会计人才培养工作评比表彰制度

（一）建立全省“金字塔”工程会计人才培养工作目标责任制度。各市（地）财政部门要从加快当地经济社会发展的高度着眼，将“金字塔”工程会计人才的培养纳入重要议事日程，制定科学、可行的培养方案，重点做好第三层次会计人才的培养工作，积极创造条件，扎实落实培养方案，努力使本地涌现一批同行公认、有较高知名度的会计行家，为第一、第二层次会计人才和全国会计领军

人才的培养提供更多高素质的后备人选。

（二）实行“金字塔”工程会计人才培养工作督查制度。省财政厅对各市（地）开展第三层次会计人才培养等工作进行督促检查，定期通报各地市开展会计人才培养工作的情况，研究解决培养过程中出现的新情况、新问题，指导各市（地）扎实推进各项培养工作。

（三）实行“金字塔”工程会计人才培养工作评比表彰制度。将各市（地）开展第三层次会计人才培养工作的努力程度、输送的第一、二层次会计人才培养人选数量、涌现的“金字塔”工程会计人才数量等，纳入省财政厅对各市（地）财政部门的考核评比内容，对领导重视、措施得力、成效显著的市，省财政厅将定期给予表彰奖励。

湖南省会计领军人才培养规划（草案）

为了贯彻落实《会计法》关于“对会计人员的教育和培训工作应当加强”的规定，切实加强我省会计领军人才培养工作，建立健全会计领军人才培养机制，实现会计领军人才培养的规范化、系统化、科学化，结合我省会计人员队伍的实际，制定本规划（草案）。

一、总体目标

坚持以科学发展观和社会主义和谐社会理论为指导，深入实施人才强省战略，抓住选拔、培养、评价、使用等关键环节，计划用5至10年的时间，在我省企业、行政事业单位、会计学术领域、注册会计师行业培养造就一批精通业务、善于管理、综合素质高、业绩突出、在全国有较高知名度的复合型会计专家。积极发挥会计领军人才在强化会计职能、提高理财、参与管理决策、宣传会计法规、研究实务问题、开展会计人才培训等方面的带动和辐射作用，提升我省会计队伍的整体素质和会计工作的整体水平，为加快湖南经济社会发展提供高端管理型会计人才支持。

二、培养平台

我省会计领军人才的培养按照统一规划、分级实施的原则推进，省一级主要负责选拔、培养会计领军人才，各市（州）主要负责选拔培养本地区优秀会计人才。各级要充分用好三个平台，扎实推进培养工作的开展。

（一）努力用好财政部搭建的全国会计领军人才培养平台。扎实开展我省会计领军人才的培养工作，使我省的会计领军人才成为全国会计领军人才的重点后备人选，积极向全国会计领军人才培训班输送更多的湖南学员，借助这个平台，把湖南的会计人才推向全国、推向国际，使他们逐步成长为在全国有较高知名度的复合型会计专家。

（二）搭建省级会计领军人才培养平台。采取公开、公平、竞争、择优的选拔机制，把那些热爱财会工作、遵守财经法规、年富力强、好钻研、知识面宽广、精通业务、善于理财、具有发展潜力和战略思维观念、工作实绩突出的会计人才选拔出来。选择合适的学习、实践培训基地，设计科学、实用的课程体系，实行一段时间的集中培训与实践跟踪培养，组织开展课题研究和学术交流活动，为他们发现高质量的论文等创造条件，把他们培养成为在全省有较高知名度的高级管理型会计人才，为全国会计领军人才的培养储备更多的后备人选。

（三）搭建市（州）的优秀会计人才选拔培养平台。采取市（州）主导、县（区）积极配合、省财政部门督促指导等方式，通过科学、合理的选拔，把发展潜力较大的会计人才挑选出来，使他们成为高级管理型会计人才、复合型会计专家的主要后备人选。

三、组织领导

省财政厅成立湖南省会计领军人才培养工作领导小组（以下简称“领导小组”），领导小组负责研究决定全省才人培养、管理的重大事项，指导、推动全省会计领军人才培养工作的实施。

领导小组下设全省会计领军人才培养工作领导小组办公室（设在省财政厅会计处，以下简称“领导小组办公室”），负责草拟全省会计领军人才培养规划、管理制度；组织开展会计领军人才培养人选的选拔、培养工作，落实培训单位，商定培训教材和培训师资，指导协调培训单位开展培训工作，对学员进行跟踪考核管理；指导各市（州）实施优秀会计人才的选拔培养工作；组织开展会计领军人才的申报、评价、确认、考核、推介等工作；建立会计领军人才信息库，对会计领军人才进行动态管理。

各市财政局要高度重视，加强领导，因地制宜，采取有效措施，积极开展本地区优秀会计人员的选拔培养工作；做好全省会计领军人才选拔组织发动、资格初审、推荐上报等工作；组织发动本地区会计人员申报全省会计领军人才，负责资格初审、推荐上报和后期管理等工作。

四、培养对象及选拔

（一）培养对象。涵盖企业、行政事业单位、注册会计师行业、会计学术领域四个类别的会计人才。

企业类拔尖会计人才：各企业分管财务会计工作的企业负责人、财务部门负责人及其后备人员、具有发展潜力的中青年财务会计骨干。

行政事业类拔尖会计人才：各行政、事业单位分管财务会计工作的负责人、财务部门负责人及其后备人员、具有发展潜力的中青年财务会计骨干。

会计学术带头人：我省高等院校、科研院所从事会计教学、科研工作、有发展潜力的优秀人才。主要通过财政部搭建的“全国高级会计人才——会计学术带头人后备人才培训班”平台进行培养。

注册会计师行业拔尖人才：在我省各会计师事务所执业、专业素养高、职业道德好、综合素质优、年富力强的注册会计师。主要借助财政部搭建的“注册会计师行业领军人才培训班”平台进行培养。

（二）选拔条件和培养基地：

培养对象	选拔条件	培养基地
一、企业类	1. 基本条件 （1）遵守《会计法》等相关法律法规，诚实守信； （2）有较丰富的财会工作经验，从事财会工作5年以上；（3）年龄不超过45周岁，身体健康。 2. 具体条件 除具备以上基本条件外，还应当同时具备下列条件： （1）具有大专以上学历； （2）具有高级会计师专业技术资格，或者通过高级会计师资格考评结合考试（包括通过全国或湖南合格分数线），或者具有注册会计师非执业会员资格，或者特别优秀且担任会计师职务5年以上（含5年）； （3）工作实绩突出，政策理论水平较高，具有开拓创新意识和较强的组织协调能力、分析研究能力； （4）具有较好的英语水平，能够运用英语进行听、说、读、写	1. 在国家会计学院、财经类高校等设立科研培养基地； 2. 以学员所在单位或知名企业作为实践培养基地

续表

培养对象	选拔条件	培养基地
二、行政事业类	1. 基本条件 (1) 遵守《会计法》、《预算法》等相关法律法规，诚实守信； (2) 有较丰富的财会工作经验，从事财务会计工作5年以上； (3) 年龄不超过45岁，身体健康。 2. 具体条件 (1) 具有大专以上学历，具有中级及以上会计专业技术资格； (2) 工作实绩突出，具有开拓创新意识和较强的驾驭政策能力、组织协调能力和分析研究能力； (3) 具有一定的英语水平，能够运用英语进行听、说、读、写	1. 在国家会计学院、财经类高校等设立科研培养基地； 2. 以学员所在单位作为实践培养基地
三、会计学术带头人	1. 热爱会计科研、教育事业，有良好的职业道德和敬业精神； 2. 拥有经济、管理类专业硕士学位，具有8年以上会计科研、教学工作经历，具有副高以上职称； 3. 在国家一级刊物上发表两篇以上论文或出版一本以上专著； 4. 具备熟练运用外语进行听说读写的能力，或具有一年或一年以上国外学习、科研、教学或工作经历； 5. 年龄不超过45周岁，身体健康	以财政部的全国会计学术带头人后备人才培训班为主
四、注册会计师行业拔尖人才	1. 取得中国注册会计师执业证书4年以上； 2. 年龄在45周岁以下，身体健康； 3. 具有良好的执业质量、职业道德记录，近4年执业活动中没有因违法、违规受到处罚； 4. 具有项目经理以上职级或主持大型项目的审计工作经验	以财政部的注册会计师行业领军人才培训班为主

（三）选拔方式。建立公开、平等、竞争、择优的选拔机制，实行推荐+考试+考核的选拔方式。

（四）选拔周期及规模。湖南省会计领军人才培养人选计划每两年选拔一次，按类别每次选拔30—50名。

（五）选拔程序。申报→资格审查→考试→考核→确定人选。

五、培训内容

以能力建设为核心，根据培训学员的特点和需求，按照贴近实际、结合案例、突出前沿、体现创新的原则，确定培训课程。

（一）以会计领军人才能力框架为指导，交流、讲授每类会计领军人才应具备的知识和技能。

（二）以学员的实际需求为出发点，学以致用，解决学员在工作中遇到或将要遇到的实际问题。

（三）关注会计改革、企业改革和经济社会改革等热点问题，组织系列专题讲座和互动讨论等。

六、培养方式

按照因材施教、学用结合的原则，对学员实行集中培训与跟踪学习实践相结合、课堂教学与应用研究相结合的培训方式，全面培养和提升学员的综合能力。

（一）培训周期。湖南省领军人才的培养以2到3年为一个培训周期，每个培训周期分为集中学习培训和跟踪学习培养两个部分。

集中学习培训以专题讲座、专题研讨等方式为主，目的是通过学习与交流，夯实理论基础、提升知识结构、更新管理理念、拓展管理视野，培养组织协调能力，为各位学员之间及学员与师资之间搭建一个相互沟通交流的平台。同时，通过培训和综合考察，确定学员在职学习的方向和参与科研、实践的具体任务。

学员离校期间，实施跟踪培养。主要以学员在职自学为主，采取边实践边学习的方式。实行导师制，由科研培训基地为学员配备导师，提供自学书目、课题项目和辅导服务。在导师指导下，学员按照自学书目、课题项目和工作中碰到的实际问题，进行自学、应用和调研等，定期参加网络论坛等的讨论，通过网络等实施导师和学员一对一的辅导，按时参加领导小组办公室安排的有关活动，定期向领导小组办公室和科研培训基地报送规定数量的学习心得体会、实践应用报告、业绩报告、专业论文、案例研究报告、调研报告、考察报告等，提高学员应用理论知识解决实际问题的能力和科研能力。

（二）在职学习的跟踪管理。建立会计领军人才学习、研究、实践、交流平台，引导学员在集中培训结束后，持续进行在职学习，进一步提升学员的综合素养。主要措施如下：

1. 建立会计领军信息库和培训学员档案，对学员实行动态跟踪管理。在培训周期内，领导小组办公室和培训基地不定期与学员及学员所在单位进行联系，了解、通报学员的学习、工作、科研等情况。

2. 组织、引导学员参加科研和社会实践活动。领导小组办公室和培训基地有计划、有针对性地组织学员到知名单位等实地考察、调研，学习先进管理经验。选择部分单位作为实践基地，安排学员到这些单位挂职锻炼等，增长解决实际问题的才干。组织学员根据培训情况和所在单位实际，撰写研究报告，培训基地提供学术指导。推荐优秀学员参加财政部、中国会计准则委员会、企业内部控制标准委员会、中国会计学会等部门、机构组织开展的课题项目、学术研究、出国考察、学术会议等活动。组织优秀学员参加省内的一些课题研究和学术活动等。

3. 建立培训后持续跟踪评价体系，定期了解学员完成培训后的职业岗位变化，听取学员对学习课程的建议，为测评培训效果提供基础数据。

七、学员的考核与管理

（一）科研培训基地负责培训期间学员的日常管理。由科研培训基地建立学员档案，系统记载学员在培训期间的学习、科研、出勤等情况，定期将这些情况提供给领导小组办公室。

（二）领导小组办公室与培训基地、学员及学员所在单位经常进行联系、沟通，及时收集和更新学员培训等有关信息，定期向领导小组和学员所在单位通报，落实培训管理的各项具体措施，积极研究和解决培训中遇到的问题。

（三）实行淘汰制。建立量化考核体系，根据学员在培训周期中的综合表现，以量化分为依据，对于无故缺课、未完成培训基地规定的全部课程学习、不按规定向科研培训基地和领导小组办公室报送学习心得、实践应用报告、调研报告、专业论文、案例研究报告、业绩报告等的学员，予以淘汰，劝其退学，并将情况通报学员所在单位。

（四）颁发培训证书。培训周期届满，学员完成教学计划规定的全部培训课程，经考核合格的，予以结业，由省财政厅颁发湖南会计领军人才培训证书。

八、培养经费

确立人才投入优先的理念，建立政府、用人单位、培养对象个人共同承担的多元化人才培养经费投入机制。省本级财政安排必要的资金，用于湖南省会计领军人才培养对象的选拔、集中培训、后续跟踪培养等开支，培养对象参加集中培训的往返路费等其他费用由学员所在单位给予资助。

九、建立评价机制

建立以能力和业绩为导向，包括品德、知识、能力等关键要素体现不同领域、不同岗位特点，科学、合理的湖南会计领军人才评价指标体系。按照公开、平等、竞争、择优的原则，开展湖南会计领军人才评价工作，通过媒体公布入选人员名单，对入选人员授予湖南省会计领军人才称号，颁发湖南会计领军人才证书，使会计领军人才脱颖而出，努力打造湖南会计领军人才品牌。

十、培养与使用相结合

积极创造条件，为湖南会计领军人才提供施展才能的平台。主要措施如下：

（一）对符合条件的会计领军人才，择优向财政部推荐为全国会计准则、内部控制制度等方面的咨询专家，聘任为省会计管理咨询专家、会计人员继续教育培训辅导专家，推荐成为湖南高级会计师资格评审专家库成员。

（三）优先取得省资助的重点会计科研项目，在课题立项、投标与经费支持上给予适当倾斜。

（三）组成团队，优先向财政部等推荐申请国家级课题项目，为会计领军人才开展科研活动创造有利条件。

（四）实行奖励制度。对工作实绩突出、在财务管理上有建树、为单位带来明显经济效益的会计领军人才，以及对获得省级或国家级会计科研成果评比奖项的会计领军人才，给予奖励。

（五）择优向国有资产监管部门、组织人事部门、知名企业等用人单位推荐使用。

（六）与学历教育相衔接。将我省会计领军人才的培养与高等院校、国家会计学院会计专业硕士项目（MPACC）有效对接，达成课程免修协议，方便学员攻读会计专业硕士学位。对于已取得硕士学位，成绩优异的学员，推荐攻读博士学位。

十一、实行拔尖会计人才培养工作评比表彰制度

（一）建立全省会计领军人才培养工作目标责任制度。各市（州）财政部门要从加快当地经济社会发展的高度着眼，将会计领军人才的培养纳入重要议事日程，制定科学、可行的培养规划，重点做好优秀会计人员的选拔培养工作，积极创造条件，扎实落实培养规划，努力使本地涌现一批同行公认、有较高知名度的会计行家，为湖南省会计领军人才和全国会计领军人才的培养提供更多高素质的后备人选。

（二）实行会计领军人才培养工作督查制度。省财政厅对各市（州）开展优秀会计人员选拔培养等工作进行督促检查，定期通报各市开展优秀会计人才选拔培养工作的情况，研究解决选拔培养过程中出现的新情况、新问题，指导各市（州）扎实推进各项培养工作。

（三）实行会计领军人才培养工作评比表彰制度。将各市（州）开展优秀会计人才选拔培养工作的努力程度、输送的会计领军人才培养人选数量、涌现的会计领军人才数量等，纳入省财政厅对各市（州）财政部门的考核评比内容，对领导重视、措施得力、成效显著的市（州），省财政厅将定期给予表彰奖励。

甘肃省关于培养
高端会计人才实施办法

（征求意见稿）

为认真贯彻科教兴陇、人才强省战略，根据财政部《全国会计领军（后备）人才培养十年规划》（财会〔2007〕8号）和甘肃省财政厅《关于加强会计人才培养的实施意见》的总体部署，结合我省会计行业实际情况，制定本实施办法。

一、指导思想

坚持以科学发展观为指导，遵循“高端引领、整体开发、服务发展、以用为本”的指导方针，以能力建设为核心，遵循人才成长规律，立足知识前沿，创新培养机制，严格科学管理，着力培养一批复合型高层次会计人才，发挥引领和骨干作用，促进我省会计队伍整体素质的全面提升，为推动我省经济社会和会计事业发展提供优秀的人才储备和强大的智力支持。

二、目标任务

适应当前及未来一段时期我省国有企业加快发展、行政事业单位深化改革、会计师事务所做优做强做大的发展战略、会计理论研究对会计人才的需求，用5年时间培养100名甘肃省会计领军人才（包括企业类、行政事业类、注册会计师类、会计学术类），担负起全省会计行业的领军重任；培养1 000名高级会计师，使全省高级会计师总量达到2 000人，成为全省会计行业的骨干力量；鼓励并支持参加全国会计领军人才的选拔考试，力争向全国输送3—5名国家级会计领军人才。

三、会计领军人才培养措施

（一）学员选拔

按照“高起点、高标准、高质量”的要求，分别四类人才，确定报名条件，严格选拔程序，认真组织选拔工作。

（1）以公开、公平、公正的方式，从全省在职的高级会计师、注册会计师、入选全国会计专业技术资格考试金银榜的会计师、参加全国会计知识大赛获得优异成绩的会计人员中挑选诚实守信、年富力强、潜力较大的人员进行培养，一般每年选拔一次。

（2）学员选拔应当经过个人申报、单位推荐、笔试、面试、考察和公示等程序，重点考察申请人的知识结构、专业素养、外语水平、分析创新能力、政策把握能力、组织协调能力、交际沟通能力、应变能力等素质。笔试环节采取“统一命题、统一考试、闭卷作答、统一评阅”的方式；面试环节采取结构化面试等方式。

（3）财政部门根据考生选拔成绩，按照程序从高到低，择优录取培训班学员。

（二）培训周期

每届培训班的培训周期为3年，分为3个阶段。第一个阶段为培训的第1年，第二个阶段为培训的第2年，第三个阶段为培训的第 3 年。

（1）第一为知识拓展阶段。该周期以组织教学、跟踪管理为主，着重培养学员的专业素养，努力提高学员的理论水平、管理意识以及分析判断、沟通协调、团队精神等方面素质，提升学员的道德修养、职业使命感及社会责任感，为学员实现从执行者向管理者、领导者、决策者的转变夯实基础。该周期的具体任务是：

①拓展知识结构。根据会计人才能力框架，以课堂教学为主要教学手段，主要围绕提高学员理论水平、管理意识以及分析判断、沟通协调、团队精神等方面素质的要求，科学设计培训课程，聘请国内外一流师资，以案例教学为主要形式，讲授科学理论、科学知识、科学方法。

②锻炼研究能力。聘请省内外会计专家进行结对培训，实行一对一辅导培养。为学员提供参与财会法规执行情况检查、会计业务咨询、专题讨论、课题研究、咨询策划、实地考察等多种形式及参加注册会计师协会、会计学会学术活动的机会，提升学员发现问题、分析问题、解决问题的能力。鼓励学员在公开刊物发表论文和出版专著，扩大学员及会计人才培养项目的社会影响。

③培养自学能力。根据会计人才能力框架要求，安排自学任务，促进学员边干边学，边学边干，学以致用，学用相长。构建学员交流碰撞、信息沟通的远程网络平台，增强学员的凝聚力。建立跟踪管理机制，及时了解学员动态，督促学员完成各项培训任务。

④实施考核淘汰。依据学员参与培训情况、提交培训成果质量、理论修养、开拓创新意识、工作业绩、岗位胜任情况、获奖情况、单位满意度等方面以及学员的综合素质和能力，客观评价学员的发展潜力，形成量化考核结果，实施考核淘汰。因客观条件限制不能继续参加培训项目的学员，终止培训。本阶段合格学员进入下

一周期。

（2）第二阶段为能力提升阶段。该周期以高层次论坛、大跨度交流为主，着重培训学员的综合素质，努力提高学员的决策能力、沟通能力，扩展学员的视野，为学员实现从执行者向管理者、领导者、决策者的角色转变集聚能量。该周期的具体任务是：

①完善知识网络。围绕提高学员的文化底蕴、决策能力、沟通能力等方面素质的要求，不定期发放自学教材、安排案例研究任务等，激发学员在成才过程中自我完善、自我提升潜能，逐步熟悉哲学、文化、历史等知识和宏观政策，掌握沟通与协调技巧、决策技巧、人力资源管理等知识，提升学员的思维能力、创新能力、决策能力。

②开阔学员视野。邀请国内顶尖专家学者和跨国公司、上市公司高级官员等，不定期举办高层次专题讲座和高层次论坛等，提高学员的战略意识、全局观念，进一步开阔学员的视野。

③开展省外、境外及国外培训。组织学员到知名院校、跨国企业、上市公司实地考察学习，通过与同行的交流，了解境外、国外会计行业发展的最新信息、学术动态以及先进的管理经验，提高学员的涉外沟通能力，建立学员与外部同行的沟通联系渠道。

④实施考核淘汰。依据学员参加论坛和专题讲座情况、科研成果质量及发表情况、自学课程完成情况、参加培训情况、理论修养、开拓创新意识、工作业绩、岗位胜任情况、获奖情况、单位满意度等方面以及学员的综合素质和能力，客观评价学员的发展潜力，形成量化考核结果，实施考核淘汰。因客观条件限制不能继续参加培训项目的学员，终止培训。本阶段合格学员进入下一周期。

（3）第三阶段为使用提高阶段。该周期以工作实践、推荐使用为主，着重加强对学员的使用，在持续打造学员各项能力的同时，强调对学员实际工作能力的考察，强化对学员的使用，发挥优秀学员的带动作用，提升学员在行业中的知名度和影响力。该周期的具体任务是：

①组织实地考察。组织专家赴学员所在单位，考察学员在单位的实际工作情况，详细了解学员在规范内部管理、保障资产安全、提高工作质量、参与战略决策、实现发展目标等方面的实际工作能力，听取单位领导对学员的评价，督促学员更好地开展本职工作。

②安排担任授课教师。根据学员提交的课题研究成果，安排学员参与全省初、中、高级会计人员继续教育及其他专业培训班的培训授课任务。聘请学员担任后期培训学员的课题辅导专家，进行课外跟踪辅导。

③出版研究成果。整理出版学员课题研究成果，形成会计人才培训系列成果，扩大培训影响，提升学员的社会知名度。

④实施考核淘汰。依据学员承担教学任务完成情况、研究成果社会影响及认可程度、参与会计活动情况、承担科研课题情况、开拓创新意识、工作业绩、职务晋升情况、获奖情况、参加国家人才选拔情况、单位满意度等，结合学员的综合素质和整体能力，客观评价学员的发展潜力，形成量化考核结果。根据考核结果，本周期合格学员，进入人才库，并发相关证书。

（三）培训方式

培训期间实行集中培训与在职学习实践相结合、课堂教学与应用研究相结合的培训方式，通过建立学习、研究、实践、交流平台，系统学习知识，强化能力建设，不断完善学员知识结构，全面培养和提升学员的综合素质。

培训由集中培训和跟踪管理两部分组成。集中培训的地点主要为省内院校，根据情况有计划安排北京、上海、厦门国家会计学院及国内重点院校。结合会计人才工作实际，集中培训采取短期、多次集中的培训方式，每年举办若干次短期集中培训。每个培训周期的首次集中培训时间一般为15天左右，以后各次集中培训时间为10天以内。集中培训结束即进入跟踪管理阶段。

（1）集中培训。集中培训以课堂教学、专题讲座、专题研讨等方式为主，通过学习和交流，夯实基础理论、优化知识结构、完善研究方法、更新经营理念、拓展管理视野。通过培训和综合考察，确定学员在职学习的方向和参与科研、实践的具体任务。

①课堂教学与专题讲座。以会计人才能力要求为指引，合理安排培训课程，以案例教学为主要培训方式，聘请国内外一流的专家、学者、有关领导担任培训授课教师，重点讲授科学理论、科学知识、科学方法，逐步建立以会计理论知识为核心，覆盖社会学、管理学、经济学、法学、哲学、历史及人文学等多学科的知识网络体系，积极打造精品课程。

②课堂互动与专题研讨。建立课堂互动、课后讨论的培训模式，加强师生间、学员间的沟通与交流，及时消化培训内容，让学员在碰撞中吸收知识，拓展视野，不断提升。

③实地参观考察。有计划地安排学员到大型企事业单位、机关、院校和研究机构参观、考察，邀请单位高层管理人员介绍管理经验，引导学员从实践中学习。

④网络信息交流。构建网络交流平台，以网络为载体，拓宽教学手段和方式，增强学员之间的交流互动。

⑤创新培训方式。利用拓展训练、野餐会、班会、体育比赛、模拟教学等多种手段，构建学员的团队意识。

（2）跟踪管理。建立省会计领军人才培养档案信息库，对其年龄、学历、职称、单位、职务、业绩、培养情况等信息实行动态管理，跟踪管理期内以学员在职自学为主。通过培训管理部门建立的会计人才学习、研究、实践、交流平台，完成规定的自学任务，按时参加相关活动，定期报送学习心得体会、业绩报告、专业论文、案例研究报告、调研报告、考察报告等，边工作，边学习，进一步提升学员理论联系实际、解决实际问题的能力。

①实施动态跟踪管理。建立学员档案，详细记录学员在培训期间的各项表现。加强与学员的联系，随时掌握学员动态，在培训周期内，培训管理部门或承担培训任务的学院每年与学员联系1—2次，跟踪了解学员学习、工作、科研等情况，定期编辑出版学员动态。

②敦促学员完成自学任务。结合会计人才能力要求，安排一定的自学任务，要求学员利用业余时间认真完成学习指定阅读书目、承担省级或行业研究课题，通过不断学习，掌握相应的理论知识、科学方法，增强学员发现问题、分析问题、解决问题的能力，提高学员的专业水平和综合能力。

③开设网络课堂。建立培训专属网站，开辟网络课堂，定期将优秀课程制成课件上网，供学员学习。同时，利用网络搭建学员沟通平台，实现培训结束后继续交流碰撞。

④建立后续跟踪评价体系。定期了解学员完成培训后的岗位职业变化，听取学员对学习课程的建议，为测评培训实施效果提供基础数据。

（四）培训管理

实行激励与约束相结合的培训管理机制，建立健全培训管理办法，引导学员按照培训方案完成培训任务，按照考核周期，对学员参加集中培训情况、完成指定自学任务情况、讲课情况、发表学术论文情况、参加论坛情况、参加网络交流情况、工作业绩、职务晋升情况、获奖情况、单位满意度等进行量化考核，结合学员的综合素质和发展潜力，按照考核淘汰机制，每年度按照优秀、合格、一般三个档次对学员进行考评。

四、高级会计师培养措施

（一）人才选拔

高级会计人才包括高级会计师和正高级会计师，宣传、鼓励、组织符合条件的人员积极报名，参加全国统一考试，成绩合格者参加高级（正高级）会计师资格评审。

（二）培训方式

（1）考前培训。聘请省内外会计专家、大学教授和会计实务界人士对报名参加考试的人员，采取面授或网上学习方式进行培训，帮助考生打开思路，增强分析理解能力，掌握最新知识点，提高考试的合格率，从而达到提高质量的目的。

（2）任职前培训。培训评审通过即将任职的高级会计师，参照领军人才培训第一阶段的培训方式进行。

（4）后续教育培训。培训已任职的高级会计师，用5年时间将全省高级会计师轮训一遍。参照领军人才培训第二、三阶段的培训方式进行。

四、经费保障

建立以财政部门为主，用人单位、培养对象为辅的多元化培养经费投入机制。省级财政安排专项资金用于省会计领军人才和高级会计师的选拔培养；相关用人单位要重视和支持省会计领军人才和高级会计师的培养，在资金上给予支持。

五、管理使用

坚持“培养与使用相结合”的指导思想，建立支持、激励和推举机制。省财政厅对高端会计人才在以下几个方面给予支持：

（1）鼓励并支持参加全国会计领军人才的选拔；

（2）承担省级会计科研项目，并给予科研经费支持；

（3）聘任为省级会计管理咨询专家、会计继续教育培训专家，任期内给予适当补助；

（4）将优秀者纳入全省高级会计师资格评审专家库；

（5）吸纳为甘肃省注册会计师协会、甘肃省会计学会会员，特别优秀者推荐为财政部会计准则委员会、企业内部控制标准委员会、中国注册会计师协会、中国会计学会等专业机构的成员；

（6）在高级（正高级）会计师评审中给予适当倾斜；

（7）在评选、表彰优秀先进会计工作者时予以重点倾斜，提高其社会地位、影响力和感召力；

（8）推荐纳入全省高层次人才库，并享受休假疗养、国情考察、政治理论培训等待遇；

（9）积极向组织人事部门、大型企事业单位、大型会计师事务所、科研院所、大专院校等用人单位推荐。

本实施办法自发布之日起执行。

重庆市财政局关于选拔2011年重庆市会计领军人才预赛的通知

（2011年5月3日　渝财会〔2011〕27号）

各区县（自治县）财政局，市级各部门、各企业（集团）、中央在渝单位：

按照财政部会计中长期人才发展规划纲要的总体要求和财政部关于开展2011年全国会计领军（后备）人才（企业类）培训选拔的通知（财会〔2011〕9号）的文件精神，为了适应重庆市国民经济发展要求，迫切需要更高层次、统领会计理论和管理的会计人才，结合我市实际，拟建立重庆会计领军人才选拔培训机制，激励广大高级会计人员更加努力学习，选拔培养更多会计领军人才，更好地为重庆经济社会服好务，为全国会计领军人才输送优秀会计人才。现将有关事项通知如下：

一、报名条件：

比照财政部关于全国会计领军人才的能力框架和素质的要求，今年我市只进行企业类会计领军人才预赛培训。具体报考条件如下：

1. 遵守《会计法》、《预算法》等相关法律法规，诚实守信，廉洁奉公。

2. 具有高级会计师职务资格或通过高级会计师资格考试成绩合格的在库人员。

3. 企业、公司财务部门负责人以上人员；行政事业单位从事财务工作副处级及以上干部。

4. 具有较高的英语水平，能够运用英语进行听、说、读、写。

二、预赛方式：

（一）报名。符合报名条件者填写《重庆市会计领军人才选拔预赛报名表》（略）有关内容，经所在单位同意后，并携带身份证和高会职称证或高会通过成绩单，连同申请表中所填列事项有关证明材料的复印件，直接报市财政局会计考试办公室。报名时间 2011 年 5 月 5 日至 5 月 27 日。

（二）考试。考试内容范围为会计实务、内部控制、财务、法规等知识和英语。其中：英语占 30%。试题类型：选择、判断、问答、翻译、写作等。考试为闭卷考试，考试时间为 2011 年 6 月 19 日上午 8：30—12：30。选拔笔试地点另行通知。

三、预选后培训：

（一）强化培训。根据预赛考试成绩并参考其他相关条件，取前 30 名参加市财政局组织的培训。培训内容：会计及相关知识、英语。集中培训后，参加全国会计领军人才考试。

（二）培训安排。培训对象由市财政局组织在市主城区进行培训，培训时间为 2011 年 7 月至 8 月。具体培训时间和地点另行通知。

（三）培训费用。培训期间发生的培训费用，市财政局全额承担；其他费用由参培人员回单位按规定报销。

四、每年重庆市会计领军人才的选拔将在财政部全国会计领军人才考试、综合评价的基础上进行。具体方案另行通知。

五、各区县（自治县）财政部门、市级主管部门、企业要高度重视，积极做好宣传，推荐并支持本部门的优秀会计人才报名参加培训选拔，鼓励安排他们有更多的时间参加学习、培训和考试。凡符合上述报名条件者，希望踊跃报名，为重庆市会计行业发展贡献自己的力量。

中共山东省委组织部 山东省人力资源和社会保障厅 山东省财政厅关于印发《山东省高端会计人才选拔培养实施方案》的通知

（2011 年 6 月 30 日　鲁财会〔2011〕43 号

各市党委组织部，各市人力资源和社会保障局、财政局，省直各部门、各大企业、高等院校，中央部属驻鲁有关单位：

为深入贯彻落实《国家中长期人才发展规划纲要（2010—2020 年）》和《山东省中长期人才发展规划纲要（2010—2020 年）》，着力培养一批具有国际视野和战略思维的复合型高层次会计人才，全面提升全省会计人员队伍整体素质，我们研究制定了《山东省高端会计人才选拔培养实施方案》（以下简称《方案》）。《方案》既适用于全省高端会计人才培养，也可作为各市和各省直部门组织开展本地区、本部门、本系统高级会计人才培养工作的依据。现予印发，请结合实际认真贯彻执行。

山东省高端会计人才选拔培养实施方案

一、指导思想

以邓小平理论和“三个代表”重要思想为指导，深入贯彻落实科学发展观和科学人才观，更好地实施科教兴鲁、人才强省战略，遵循社会主义市场经济规律和人才成长规律，按照“服务发展，以用为本；健全制度，创新机制；高端引领，整体开发”的指导方针，统筹规划，以综合能力建设为核心，以发挥人才作用为根本，激发人才活力，提升人才效能，努力打造山东高端会计人才品牌，为全省经济社会和会计事业发展提供坚强的人才保证和智力支持。

二、培养目标

从山东经济社会发展对会计人才的需求实际出发，按照高端会计人才能力框架和素质要求，在全省范围内开展高端会计人才选拔培养工作，争取用10年时间，选拔培养600名高端会计人才。其中重点培养400名企业类高端会计人才；100名行政事业类高端会计人才；50名注册会计师类高端会计人才；50名学术类高端会计人才。

三、组织领导

在山东省人才工作领导小组的指导下，成立由有关部门组成的高端会计人才选拔培养工作领导小组（以下简称领导小组），领导小组下设办公室，设在省财政厅。领导小组负责研究制定高端会计人才选拔、培养、使用、激励等有关政策，指导领导小组办公室开展工作。领导小组办公室负责高端会计人才选拔培养工作的组织实施，具体履行制定阶段性培训计划、商定培训教材和师资、建立高端会计人才信息库、实施动态跟踪管理、落实领导小组决议等职责。

四、培养对象选拔

（一）选拔范围：中央驻鲁企业（单位）、省属企业及其他规模以上企业；省内行政事业单位；山东省境内会计师事务所。

（二）选拔对象：各有关单位分管财务会计工作的负责人、财务部门负责人及其后备人员、具有发展潜力的中青年财务会计骨干、会计师事务所部门经理或骨干注册会计师、省内高校从事财务会计学科教学和研究的教师。

（三）选拔条件

1. 基本条件

（1）遵守《中华人民共和国会计法》等相关法律法规，诚实守信、具有良好的会计职业道德；

（2）具有经济管理类专业大学本科以上学历，在职在岗从事财务会计工作 5 年以上；

（3）具有高级会计师资格或会计专业副教授以上职称；

（4）精通业务，熟悉政策，工作业绩突出，具有开拓创新意识和较强的执业判断能力；

（5）具有较高的英语水平；

（6）年龄原则上不超过 45 周岁，身体健康。

2. 专业条件

根据岗位性质特点，分别确定企业类、行政事业类、注册会计师类、学术类高端会计人才选拔专业条件，有关规定另行印发。

此外，对获得市级以上劳动模范、优秀教师、先进会计工作者荣誉称号，或者取得省级以上科研成果一、二等奖，以及在本行业、本系统中具有较大影响力的人员，选拔条件可适当放宽。

（四）选拔程序

1. 申报。具备条件的人员由本人提出申请，如实填写《山东省高端会计人才选拔培养申请表》（略），连同申请表中所填列事项有关证明材料，经所在单位同意盖章、主管部门复核审查后，报领导小组办公室审定。

2. 笔试。考试范围为财务会计实务、企业内部控制、企业管理（财经）综合知识、相关法律法规和英语。考试形式为闭卷。根据考试成绩和申报条件，按1∶1.5确定候选人员，并在山东会计信息网予以公布。

3. 答辩。主要考察综合分析能力、组织协调能力、应变能力、人际交往能力、语言表达能力、逻辑思维能力以及与职位相匹配的其他能力等。

4. 确定选拔培养对象。经综合评定，确定培养人选名单，在山东会计信息网予以公示并无异议后，书面通知入选人员所在单位和本人。

五、培养基地

全省高端会计人才培养以国家会计学院为主要培训基地，山东财经大学为辅助培训基地，学员单位和有关知名企业为补充培训基地。集中培训、项目开发、课程设计在主要基地开展，跟踪培养由辅助基地负责，岗位自学和考察在补充基地进行。

六、培养内容

领导小组办公室按照贴近实际、结合案例、突出前沿、体现创新的原则，负责组织有关专家研究制定课程开发与设计方案。主要包括以下内容：会计职业道德素养、专业会计理论知识、会计综合能力框架构建、会计信息化建设研究、国内外典型会计案例、企业风险管理与内部控制设计、成本控制与全面预算管理、企业税收环境与税务筹划、资本市场运作、会计改革发展前沿问题、会计的国际化趋同探讨等。

七、培养实施

（一）培养周期。以3年为一个培训周期，每个培训周期分为集中学习培训和跟踪培养两个阶段。

（二）培训方式。按照因材施教、学用结合的原则，实行集中学习培训与跟踪学习实践相结合、课堂教学与应用研究相结合的培训方式。集中学习培训通过专题讲座、专题研讨、案例讨论、组织论坛、现场观摩、国内外考察等方式进行。每年集中两次，一次两周左右。集中学习结束后，由培训学校提供自学书目、课题项目和网上辅导服务等供学员自学。

学员在工作岗位期间，实施跟踪培养，主要由指定导师根据学员岗位特点和知识结构，制订个性辅导方案，帮助学员巩固培训效果，拓宽知识面，全面提高业务能力。

（三）培养过程管理。

1. 建立高端会计人才信息库，对学员实行动态跟踪管理。

2. 建立跟踪评价体系。领导小组办公室和培训基地不定期与学员及学员所在单位进行联系，了解通报学员的学习、工作、科研以及职业岗位变化等情况，听取学员对学习课程的建议，为培训效果测评提供基础数据。在培训周期内，每年年终由领导小组办公室与所在单位按照管理计划和目标进行全面考核，考核结果记入个人档案。

3. 实行淘汰机制。建立高端会计人才培养退出机制，对无故缺课、未完成规定的全部课程、不按规定报送学习心得、实践应用报告、调研报告、专业论文、案例研究报告、业绩报告等的学员，予以淘汰。

八、人才评价使用

（一）培训周期届满，学员完成教学计划规定的全部培训课程，经考核合格后予以结业，并由省财政厅颁发“山东省高端会计人才培养结业证书”。

（二）在每期学员中综合考虑学习成绩、学习期间工作业绩及研究成果等因素，选拔出5—10名优秀学员推荐申报“泰山学者”。

（三）每期选拔部分符合条件学员进入省“齐鲁青年英才成长工程”、“优秀企业经营管理人才培养造就工程”、“齐鲁名师培养工程”等重点人才工程计划。

（四）优先成为山东省会计学会常务理事、资深顾问或荣誉会员；优先参加省财政厅、省会计学会等部门（单位）组织开展的课题项目、学术研究等活动。

（五）择优聘任为省财政厅会计制度管理联络员、咨询专家等。

（六）择优纳入省高级会计师资格评审专家库。

（七）优先推荐参评“五一”劳动奖章、山东省劳动模范、“富民兴鲁”劳动奖章、先进会计工作者等。

（八）推荐优秀学员进入山东省人才库，特别优秀者直接推荐到省委、省政府高级专家咨询组织。

九、培养经费

建立财政、用人单位、培养对象共同承担的多元化培养经费保障机制。省财政厅承担高端会计人才选拔、培养阶段的费用，学员及所在单位承担培训往返等其他费用。